Violence urbaine et réaction policière à Kinshasa (RD Congo)

COLLECTION
« Publications du Centre de criminologie de l'Université de Kinshasa »

Collection dirigée par Raoul KIENGE-KIENGE INTUDI

La collection « Publications du Centre de criminologie de l'Université de Kinshasa » est administrée au sein de ce centre. Elle porte sur des études se rapportant au domaine des objets de « la criminologie d'aujourd'hui » et à celui de la sociologie pénale et de l'anthropologie du droit. Il s'agit des études qui abordent des questions du rapport et de l'adéquation ou non des normes juridiques et de la justice pénale étatique avec la culture congolaise et africaine ou qui abordent plus généralement des questions de régulation pénale et sociale (fonctionnement de la justice pénale, de la police et de la prison, modes extrajudiciaires et coutumiers de résolution des conflits sociaux, etc.).

Violence urbaine et réaction policière à Kinshasa (RD Congo)

Sens et non-sens

Sous la direction de
Raoul Kienge-Kienge Intudi
et de Sara Liwerant

Avec la collaboration de
Catherine Mambiko Nyabita,
Bienvenu Malanda Mvibidulu

Publication du Centre de criminologie
et de pathologie sociale
de l'Université de Kinshasa

Avec l'appui financier de Open Society Initiative
for Southern Africa (OSISA)

OSISA
Open Society Initiative
for Southern Africa

academia
L'Harmattan

D/2017/4910/14 ISBN : 978-2-8061-0312-3

Grand'Place, 29
B-1348 LOUVAIN-LA-NEUVE

www.editions-academia.be

Remerciements

Nous remercions tous les jeunes, les policiers, les chefs de quartiers et autorités communales ainsi que les membres des organisations non-gouvernementales, qui ont accepté de collaborer à cette recherche en consacrant leur précieux temps aux chercheurs dans des conditions parfois très contraignantes. Puissent ces mots témoigner de toute notre gratitude et de notre attachement.

Nous exprimons notre profonde gratitude au professeur Luc Van Campenhoudt, professeur émérite de l'Université Saint-Louis à Bruxelles et de l'Université catholique de Louvain, qui nous a offert gracieusement sa disponibilité en s'associant à l'équipe du Centre de criminologie et de pathologie sociale de la Faculté de droit de l'Université de Kinshasa à l'occasion de l'atelier de validation consacré à l'analyse des matériaux de cette recherche. Nous remercions également le professeur Pascal Kapagama du Département de sociologie de l'Université de Kinshasa qui s'est également rendu disponible pour s'associer à notre Centre à la même occasion.

Nous tenons surtout à remercier sincèrement Open Society Initiative for Southern Africa (OSISA) pour l'appui financier ayant permis la réalisation de cette recherche.

Les auteurs

Introduction

La ville de Kinshasa est marquée, ces dernières années, par le phénomène dit « *kuluna*[1] », objet de nombreux discours des Kinois, des médias et des pouvoirs publics. Il désigne, d'une part, des jeunes, qui commettent, en groupe, des actes violents contre la population, en dérobant les biens, et d'autre part, il désigne cette nouvelle forme de violence elle-même. Cette dernière semble être en contraste frappant avec les stratégies de survie utilisées par les enfants dits de la rue (également connus sous l'appellation de « *schegués* » ou « *phaseurs* »), en raison de la gravité de la nouvelle forme de violence urbaine. Kaumba Lufunda faisait observer à ce propos que « *kuluna* » et « *schegués* » « sont des noms d'origine étrangère, liés à des évènements historiques douloureux vécus par nos compatriotes à l'étranger. Ils renvoient à des expériences tragiques et dramatiques »[2] (Kaumba Lufunda, 2012 : 9-10).

1 Nous écrivons « *Kuluna* » avec « k » pour signifier la forme de violence ainsi qualifiée ; et avec « K » pour signifier les jeunes qui se livrent à cette forme de violence. Parfois les officiers de police judiciaire utilisent l'expression de « *Kuluneurs* » pour désigner les jeunes, auteurs d'actes de violence urbaine. Mais les jeunes eux-mêmes préfèrent parler de « *Kuluna* ».

2 Il écrit en effet : « "*Shege*" dérive de Schengen. Ce mot est apparu peu de temps après la signature des accords de Schengen qui créèrent un espace européen unique en matière de visa. Ce qui allait compliquer les divers stratagèmes développés par les immigrés irréguliers. Quant à "*kuluna*", il dérive du portugais "*coluna*" et sert à désigner les colonnes ou groupes de gens désordonnés et indisciplinés. Ce terme a d'abord désigné les compatriotes expulsés d'Angola, en colonnes entières, victimes des violences et des brutalités. Des formes particulières de violence urbaine seraient apparues peu de temps après leur expulsion d'Angola dans les années 2005-2007. La population désignait aussi leurs agressions de "tourbillon". Il serait intéressant

De plus, la majorité des jeunes impliqués dans la violence urbaine de « *kuluna* » reste, malgré un certain nombre d'escapades, en lien avec leurs familles. Le contexte difficile et précaire de ces dernières, est parfois qualifié de « *délestage ya damage* » (délestage alimentaire) (Kamanda Ndombe, 2014 : 13), c'est-à-dire l'on s'habitue à manger par alternance entre les membres de la famille. Il s'agit d'une forme de violence, qui a produit un fort sentiment d'insécurité dans la ville de Kinshasa ainsi que dans d'autres agglomérations congolaises. En effet, il a été relevé que « la criminalité violente, quelle que soit son ampleur, choque particulièrement la conscience humaine dans la mesure où elle blesse d'abord le sentiment naturel de pitié et de compassion, tout en provoquant, par le biais de l'empathie, une certaine terreur dans l'imaginaire populaire » (Kaumba Lufunda, 2012 : 2).

Si aujourd'hui les « *Kuluna* » désignent des jeunes gens violents, cette violence urbaine a été observée pendant la campagne électorale de 2006 où des groupes de jeunes ont été utilisés par les partis politiques, en instrumentalisant leur force physique, produisant ainsi des actes de violence contre les adversaires dans la ville de Kinshasa et dans certaines provinces.

Dans une analyse sur *La justice pénale et la gestion de la violence urbaine des jeunes en contexte de porosité frontalière en Afrique centrale (République Démocratique du Congo – République d'Angola – République du Congo)*, Kienge-Kienge Intudi (2014) met en lumière la complexité de la violence des jeunes et soutient l'hypothèse de son internationalisation. En effet, dans un contexte de porosité frontalière et de conflits armés récurrents en Afrique centrale, ce phénomène de violence sévit entre l'Angola, d'où elle fut importée, la République Démocratique du Congo (Kinshasa), où elle est mise en œuvre, et la République du Congo (Brazzaville) où les jeunes trouvent momentanément refuge pour échapper à la répression policière. Il soutient également que la violence urbaine des jeunes, actuellement qualifiée de « *kuluna* », est d'origine angolaise. Utilisée dans les milieux des forces armées, elle signifierait, déclarait un commissaire supérieur de police « soit

de chercher le lien éventuel qui existerait entre les *bana lunda*, partis dans l'*eldorado* angolais (province de Lunda *Norte*) dans les années 1990, et les expulsés des années 2005 ».

la posture ou la forme physique que doit avoir un militaire, soit la violence que celui-ci applique » dans ses relations avec les citoyens. Ces relations sont souvent caractérisées par la brutalité.

À la suite de la vague du refoulement des Congolais de l'Angola en 1995, pour la plupart des jeunes en situation irrégulière, l'on voit naître ce phénomène nouveau à Kinshasa. Des jeunes congolais s'étaient, en effet, rendus en Angola, à la recherche de survie, convoitant les « *bana lunda* ». Ceux-ci sont des jeunes kinois, qui s'adonnaient à la recherche du diamant dans la région de l'Angola, appelée Lunda. Après avoir trouvé une « graine » de diamant, ces jeunes revenaient au pays pour constituer un fonds consistant grâce à sa vente. Ils optaient pour un style vestimentaire particulier, exhibant leur « richesse » et réunissant leurs amis dans des terrasses ou bars populaires (*Nganda*) pour leur offrir à boire jusqu'au petit matin. Nombreux d'entre eux ont fini par imiter les groupes des jeunes angolais qui leur ravissaient souvent leurs « graines » de diamant.

À cette période, le phénomène « Goldberg » étant « en vogue » à Kinshasa, à l'image du catcheur américain du même nom, les jeunes se regroupaient dans leurs quartiers, apprenaient des arts martiaux pour devenir « invincibles ». Pendant ce temps, les jeunes de plusieurs quartiers populaires cherchaient à s'identifier à l'une ou l'autre de ces stars de la WWE[3]. Dans plusieurs communes de Kinshasa, sont alors nées des « écuries », regroupement des jeunes déambulant dans les grandes artères de la ville en exhibant leurs muscles. Il ne s'agissait pas encore, en ce moment-là du « *kuluna* » (voir Kienge-Kienge Intudi, 2014 ; Kienge-Kienge Intudi, Bungu Musoy et Malanda Mvibidulu, 2013 ; Bungu Musoy, 2012). La majorité de ces jeunes rapatriés de l'Angola se sont alors intégrés dans les « écuries » ou dans des clubs d'arts martiaux. C'est au fil des années, que les jeunes de « la maison » sont arrivés à considérer que le seul fait d'appartenir à un club ou à une écurie ne suffisait pas, ne procurant rien en termes de moyens de survie, pendant que nombreux de leurs amis gagnaient de l'argent par le « *kuluna* ». La plupart des écuries se sont

3 La *World Wrestling Entertrainment* est une entreprise américaine spécialisée dans l'organisation des divertissements, principalement le catch.

donc transformées en « ceintures », au sein desquelles l'activité du « *kuluna* » a pris place.

L'univers de la violence des jeunes « *Kuluna* » a connu des transformations au fil du temps. Des aspects ludiques et territoriaux de la violence des jeunes, on constate un glissement vers les aspects économiques où la violence se révèle comme un capital ou une ressource mobilisable dans des interactions multiples auxquelles participent ces jeunes. Ce changement de finalité emporte aussi un certain changement des logiques. Les jeunes, renonçant à faire la violence pour la violence, se lancent désormais dans une « violence-moyen de survie ». Ce changement s'accompagne d'une évolution du vocabulaire employé. Certains quartiers dans certaines communes, par exemple à Kingabwa dans la commune de Limete, sont subdivisés en partie « est » et « ouest » en référence à la guerre qui sévit aux frontières est de la République Démocratique du Congo avec le Rwanda ; la partie ouest de la commune étant plus calme (car non concernée par les conflits armés) contrairement à la partie est. Le paysage des quartiers populaires où émerge et se développe cette violence est celui « d'une ville aux multiples rivières, mais confrontée à la carence en ponts, à l'absence de curage, à l'inexistence d'égouts, [où] les enfants de la Conférence nationale[4] viennent affronter l'adolescence » (Kaumba Lufunda, 2012 : 9).

Objet d'intérêt particulier, de nombreux étudiants consacrent leurs travaux de mémoire à la violence de « *kuluna* » (notamment Munkana Muke, 2012 ; Bazomba Bitenda, 2013 ; Nkuzini Lankiek, 2013 ; Kaseya Mpiana, 2013 ; Kayembe Tshibangu, 2014) en travaillant sur plusieurs communes de Kinshasa et soutiennent que les situations familiales, scolaires et professionnelles très précaires alimentent la récidive des « *Kuluna* ». Dans une situation familiale marquée soit par le déséquilibre, soit l'expulsion de la famille à la suite de l'accusation de sorcellerie, l'adhésion des jeunes dans les ceintures révèle que leurs actes de violence poursuivent la recherche de survie

4 L'auteur explique cette expression comme synonyme des « enfants de la crise » nés autour de 1990 et 2000 durant la longue transition démocratique ouverte par le discours du Président Mobutu du 24 avril 1990, suivi des pillages de 1991 et 1993 ayant détruit tout l'outil économique dans le pays.

et l'affirmation de soi. Kaumba Lufunda relève, en effet, que « les nouveaux acteurs de la délinquance des jeunes se recrutent essentiellement parmi les enfants de la crise ou les enfants de la Conférence nationale, ceux qui sont nés autour de 1990 et 2000, et dont l'âge se situe dans la fourchette de vingt-deux à vingt-cinq ans » et qui, pour la plupart, se sont retrouvés dans la rue, mêlés à des actes de violence, consommant du chanvre et narguant l'autorité, ayant vécu des traumatismes communs et « sont en quête d'espaces d'affirmation de soi et de recherche de visibilité sociale. » (Kaumba Lufunda, 2012 : 9).

S'interrogeant sur la structuration des groupes de jeunes « *Kuluna* » à Kinshasa, Nkuzini Lankiek (2013) relève que les jeunes de l'écurie « Câble noir » ne vivent pas dans un cadre désordonné. En effet, cette entité est bien structurée et comprend des leaders, appelés « Chaud de guerre », dont le rôle principal consiste à assurer la coordination du groupe au sein duquel l'adhésion est libre. L'écurie est considérée par les jeunes comme une famille de remplacement. Analysant la transformation des actes de violence des jeunes en milieu urbain, pour sa part, Bazomba Bitenda (2013) montre que les actes de violence constituaient, dans un premier temps, l'expression de l'honneur, de la virilité et du respect. Dans un second temps, la violence est devenue une activité « autonome », à part entière, « de nature lucrative », permettant d'assurer la survie des jeunes et de leurs familles.

Eu égard à une telle complexité révélée par les différents travaux, Kienge-Kienge Intudi (2014) affirme que la gestion de cette violence requiert une gouvernance démocratique marquée par la définition et la mise en œuvre d'une politique de sécurité des droits socio-économiques, civils et politiques des jeunes citadins, plutôt qu'une simple politique pénale de sécurité publique, qui instaure une gouvernance marquée par la violence institutionnelle. Car, comme le relève Kaumba Lufunda, « l'apparition de nouvelles figures criminelles particulières met en mal la crédibilité des dirigeants politiques et les force à organiser d'abord la répression avant [au lieu] de mettre en place un cadre de prévention » (Kaumba Lufunda, 2012 : 2).

Afin de lutter contre les auteurs de cette forme de violence, les « *Kuluna* », et en réponse au fort sentiment d'insécurité exprimé par les Kinois (notamment à travers les médias), les forces de police ont lancé une opération dénommée « *Likofi* » (coup de poing en français) à partir du mois de novembre 2013. Cette opération s'est traduite par une répression brutale, ayant donné lieu à des allégations d'exécutions extrajudiciaires et à des protestations de la part des organisations de défense des droits de l'homme[5] et de certains milieux diplomatiques. Les violations des droits de l'homme dénoncées n'ont donné lieu que timidement aux poursuites contre les agents de police, suspectés d'avoir commis des actes répréhensibles. Le 8 juin 2016, le ministre de l'Intérieur a rendu public le rapport interne du gouvernement sur l'évaluation de l'opération « *Likofi* » (non encore disponible) en dénonçant les « accusations hâtives et gratuites » des organismes de défense des droits de l'homme au sujet du nombre des victimes d'exécutions extrajudiciaires et de disparitions forcées, tout en reconnaissant quelques « dérapages » dans l'exécution de cette opération.

Dans la lutte contre la criminalité urbaine, mise en place par les pouvoirs publics à Kinshasa, l'opération « *Likofi* » est présentée comme un chaînon essentiel. Elle s'inscrit dans un contexte politique dominé par une vision répressive et *pénalocentrique* de la prise en charge des situations-problèmes impliquant les jeunes des quartiers populaires. Cette vision s'est déclinée entre autres par l'installation, dans ces quartiers, considérés comme sensibles, des postes « secondaires » de police, appelés « Points chauds », consacrés principalement à la gestion de ce phénomène de violence, ainsi qu'au lancement d'une « politique » de « Tolérance zéro ». Cette dernière, considérée comme une politique de grande envergure, s'est voulue salvatrice pour la population kinoise. Ainsi, on peut lire dans la revue

5 Voir BCNUDH, *Rapport du Bureau conjoint des Nations Unies aux droits de l'homme (BCNUDH) sur les violations des droits de l'homme commises par des agents de la Police nationale congolaise dans le cadre de l'opération « Likofi » à Kinshasa entre le 13 novembre 2013 et le 15 février 2014* ; Human Right Watch (HRW), *RD Congo : Une opération policière a conduit à la mort de 51 jeunes hommes et garçons*, http://www.hrw.org/fr/drc, doc. pour publication immédiate, téléchargé le 5 août 2015.

de presse du 26 juillet 2010 : « *Tolérance zéro : Kabila relance la chasse aux Kuluna* », titre *Le Phare*. Cependant, elle a accusé des signes d'essoufflement. En conséquence, « [l]es *Kuluna* en culotte (professionnels du crime) comme en cravate[6] (criminels économiques et auteurs d'abus de pouvoir) ont cru le moment venu de se croire intouchables et impunis ». Et *Le Phare* de poursuivre : « L'on apprend que lors de la réunion d'évaluation, qu'il a présidée le vendredi 23 juillet [2010], Joseph Kabila a rappelé la poursuite contre les antivaleurs sur l'ensemble du territoire national ». Selon ce journal, « le commun des mortels se réjouit d'apprendre que l'initiateur de la "Tolérance zéro" n'est pas distrait et la peur des prisons de Buluwo, Angenga, Makala, Kansanga, Muzenze et autres Ekafela doit faire de nouveau trembler les *Kuluna* de tous les bords, comme c'était le cas durant le second semestre de 2009. Le relâchement constaté ces derniers mois a redonné de l'élan à l'industrie congolaise du crime », souligne *Le Phare*[7].

La politique de « Tolérance zéro » fut énoncée par le président de la République au cours de son discours sur l'état de la Nation de 2009. Traduite par le ministère de la Justice et Droits humains, cette « politique » a consisté, dans le domaine de la gestion de la violence urbaine, aux arrestations des jeunes dits « *Kuluna* », à l'organisation des procès en procédure de flagrance et à leur déportation de Kinshasa vers certaines prisons de haute sécurité (camps de détention) situées dans plusieurs provinces de la République, comptant ainsi sur la « vertu » de la discipline de ces établissements pénitentiaires, sur l'effet de l'éloignement et sur la reconversion de « ces criminels ».

Cependant, cette politique répressive n'a pas pu permettre la resocialisation des jeunes. À l'inverse, leur violence, tant décriée à Kinshasa, s'est implantée dans les provinces d'accueil des jeunes qui furent condamnés par les tribunaux de Kinshasa. En effet, le rapatriement à Kinshasa des jeunes libérés des prisons situées en pro-

6 Il convient de préciser que cette opération avait visé également de poursuivre des auteurs du détournement des deniers publics, de corruption et de concussion, qualifiés de « *Kuluna* en cravate ».

7 Voir http://www.congoforum.be/fr/nieuwsdetail.asp?subitem=1&newsid=169357&Actualiteit=selected, consulté le 5 septembre 2015.

vince n'avait pas été organisé par le ministère de la Justice et Droits humains. Ne disposant pas de moyens de subsistance, ils se sont livrés aux mêmes actes de violence dans certaines villes de province pour survivre. De leur côté, les « Points chauds » de la police ont été maintenus, et de nombreux abus contre les droits fondamentaux des citoyens ont été décriés sans pour autant arriver à la maîtrise escomptée du phénomène « *kuluna* ».

Près de quatre ans après cette « politique » dans « la lutte contre la criminalité urbaine », les autorités avaient estimé indispensable de donner un « coup de poing » pour endiguer ce phénomène. En 2012, la création d'une brigade spéciale « *Anti-Kuluna* »[8] fut envisagée. Puis dans la première moitié de l'année 2013, le ministère de l'Intérieur, Décentralisation et Affaires coutumières lança une étude, qui devrait permettre de « traquer » les jeunes « *Kuluna* » (Kaumba Lufunda, 2012). Au cours du dernier trimestre de l'année 2013, lors de son discours au Parlement réuni en Congrès, le président de la République réaffirma la nécessité de combattre « une nouvelle forme de criminalité » dans les milieux urbains, particulièrement à Kinshasa, en instruisant la police et la justice d'utiliser « toutes les voies de droit pour y mettre fin rapidement et de manière définitive »[9].

Ainsi, le Conseil supérieur de la défense a tenu des réunions à Kinshasa (le 26 octobre 2013) et à Lubumbashi (le 3 novembre de la même année). Ces réunions ont conduit à l'approbation du

8 Lire http://www.jeuneafrique.com/138310/societe/rdc-gangs-of-kinshasa du 20 février 2013 : « En juillet dernier, le gouvernement a décidé de créer une brigade spéciale "*Anti-Kuluna*". Officiellement, elle sera composée de mille hommes placés sous le commandement du colonel E., mais, dans les salons climatisés des institutions de la République, on ne s'est pas encore mis d'accord sur les modalités de leur déploiement."Dans six mois, on ne parlera plus des *Kuluna*", promet pourtant G. Cette brigade, aussi spéciale soit-elle, pourra-t-elle réussir là où les cinq cent vingt-deux sous-commissariats et trois cent vingt-quatre postes de police de Kinshasa ont échoué ? Rien n'est moins sûr ».

9 Lire à ce propos http://www.congoplanete.com/news/3595/joseph-kabila-annonce-la-formation-un-gouvernement-de-cohesion-nationale.jsp; http://afrique.kongotimes.info/rdc/politique/6768-cohesion-nationale-discours-joseph-kabila-devant-congres.html, consulté le 5 septembre 2015.

plan d'exécution relatif à l'éradication du phénomène « *kuluna* »[10]. Directement concerné, le ministre de l'Intérieur et de la Sécurité a, à son tour, réuni les équipes dirigeantes de la Police nationale congolaise pour préciser les stratégies d'application des recommandations du Conseil supérieur de la défense. L'opération « *Likofi* » était ainsi née.

Cette opération a fait l'objet de quelques travaux centrés sur son évaluation. Dans sa recherche sur *La mise en œuvre de l'opération « Likofi » face au phénomène « kuluna » à Kinshasa*, Kamanda Ndombe (2014), partant des entretiens réalisés avec quelques agents de la police ayant participé à cette opération, relève différents abus et suggère le renforcement des moyens d'exécution d'une telle opération et son encadrement. L'évaluation de l'opération « *Likofi* » par Lukanu Tembo (2014) met en perspective, d'une part, la satisfaction du gouvernement et de la population, et d'autre part, la riposte des activistes des droits de l'homme, des organisations non gouvernementales tant nationales qu'internationales de défense des droits de l'homme. Il soutient que le succès apparent de cette opération s'est transformé en échec au regard des obligations d'un État de droit. Bungu Musoy (2012), étudiant la justice pénale et la gestion de la violence urbaine des jeunes à partir des acteurs de la police judiciaire, relève la faiblesse d'une gestion exclusivement répressive. Il constate l'absence de toute compréhension de ces phénomènes de violence par les instances pénales. Il décrit, par ailleurs, les différentes modalités de gestion de cette violence par la police judiciaire, leurs limites et la perception qu'en ont les officiers de police judiciaire, avant de conclure son analyse sur la nécessité de passer d'une gestion essentiellement pénale à une gestion socio-économique, recommandant une lecture globale de la notion de sécurité, qui intègre les droits fondamentaux tant politiques que socio-économiques et culturels.

Dans son étude publiée en 2011 sur *Le contrôle policier de la délinquance des jeunes à Kinshasa*, Kienge-Kienge Intudi procède par la déconstruction de la catégorie conceptuelle de « délinquance », gé-

10 Lire http://www.lepotentielonline.com/index.php?option=com_content&view=article&id=4394:eradication-du-phenomene-kuluna-aller-jusqu-au-bout&catid=85:a-la-une&Itemid=472, consulté le 5 septembre 2015.

néralement utilisée pour définir les situations impliquant les jeunes à Kinshasa, avant de relever la pluralité d'instances et de ressources mobilisables dans la gestion de ces situations-problèmes. La police apparaît simplement comme une de ces instances, qui ne mobilise la loi que comme une des ressources possibles à côté notamment de la force, la ruse, la transaction, la coutume. Il en arrive à la conclusion selon laquelle le contrôle policier des situations-problèmes des jeunes est traversé par les logiques du bricolage favorisant la capitalisation du pouvoir étatique de contrôle de ces situations.

Intervenant dans un séminaire sur le thème relatif à *La Police nationale et la lutte contre la violence des jeunes en République démocratique du Congo* tenu à Kinshasa en 2012, Kaumba Lufunda suggère une cartographie des gangs des jeunes dans la ville de Kinshasa, en considérant que

> « La situation sécuritaire que nous traversons constitue, sous un certain angle une belle opportunité, qui nous fait prendre conscience non seulement de la nécessité, mais aussi de l'urgence de l'étude scientifique des phénomènes ayant trait aux nouvelles formes de criminalité ainsi que de la formation du personnel qualifié pour la collecte des données et leur traitement, en vue d'une meilleure connaissance et d'une meilleure gestion de ces phénomènes » (Kaumba Lufunda, 2012 : 3).

Ainsi, en considérant les points de vue des jeunes et des officiers de police, l'analyse de la gestion policière de la violence des jeunes dans la ville de Kinshasa trouve toute sa pertinence et doit s'accompagner d'une étude sur le sens de cette violence urbaine. Le « sens » doit être entendu ici comme celui présenté par les jeunes. En effet, la violence des actes posés est telle qu'elle peut être considérée comme un « non-sens ». Si les pratiques de cruauté peuvent paralyser la pensée (Liwerant, 2009), il est essentiel de s'attacher à la signification présentée par ses auteurs et à l'organisation de leur mise en œuvre. C'est pourquoi, les discours des jeunes impliqués dans le « *kuluna* », sont au cœur de cette recherche.

En outre, la compréhension des situations de violence urbaine observées dans la ville de Kinshasa ainsi que l'analyse de leur gestion policière sont susceptibles de contribuer à une réflexion sur sa prise en charge ainsi qu'au renforcement de l'État de droit en République Démocratique du Congo.

L'identification des mécanismes de prévention et de gestion des actes de violence des jeunes en milieu urbain, respectueux des droits fondamentaux, répond à une exigence de la Constitution de la République Démocratique du Congo du 18 février 2006, approuvée par un référendum populaire[11]. Comme le relève Kaumba Lufunda, les différentes formes de violences sur les enfants, les femmes, les vieilles personnes ou les handicapés, suscitent la révolte et attisent la colère des victimes, « qui sont prêtes à la riposte par des actes de vengeance privée individuelle ou collective, quand une vengeance publique conséquente devient problématique » (Kaumba Lufunda, 2012 : 2). En effet, si la réalisation des actes de violence de « *kuluna* », dans plusieurs quartiers populaires de la ville de Kinshasa, traduit l'inefficacité de la politique répressive des pouvoirs publics face à cette violence, elle a amené la population au lynchage public et médiatisé des « voleurs », arrêtés par la population et considérés comme « *Kuluna* », jusqu'à les brûler vifs. La tâche des policiers s'est réduite à la gestion des cadavres. Ainsi, la violence urbaine des jeunes et sa répression policière et populaire violente peuvent paraître dépourvues de sens et questionnent les bases du vivre ensemble ou de la cohésion sociale dans un État de droit.

I. Déroulement de la recherche

La présente recherche a été réalisée pendant une année (du mois de juin 2015 au mois de juin 2016), en mettant en œuvre une mé-

11 L'exposé des motifs de la Constitution de la République Démocratique du Congo du 18 février 2006 précise que « la Constitution ainsi approuvée s'articule pour l'essentiel autour des idées-forces ci-après » : l'État et la souveraineté, les droits humains, les libertés fondamentales et les devoirs du citoyen et de l'État, l'organisation et l'exercice du pouvoir, la révision constitutionnelle. Et au sujet des droits humains, des libertés fondamentales et des devoirs du citoyen et de l'État, il est écrit : « Le constituant tient à réaffirmer l'attachement de la République démocratique du Congo aux droits humains et aux libertés fondamentales tels que proclamés par les instruments juridiques internationaux auxquels elle a adhéré. Aussi, a-t-il intégré ces droits et libertés dans le corps même de la Constitution ».

thodologie qualitative fondée sur des entretiens avec des jeunes, des policiers, des agents de l'administration communale et des organisations non gouvernementales. Ces entretiens ont été complétés par diverses observations réalisées en situation dans trois communes à Kinshasa. Soixante-cinq entretiens au total ont été réalisés, répartis de la manière suivante :

Types d'acteurs / Sites	Jeunes	Autorités administratives	Policiers	ONG	Totaux
Limete / Kingabwa	17	1	12	1	31
Bumbu	11	2	4	1	18
Kisenso	7	1	7	1	16
Totaux	35	4	23	3	65

Les entretiens se sont déroulés sur trois sites, à savoir les communes de Limete, de Bumbu et de Kisenso. Le choix, porté sur ces communes, a été guidé par les raisons suivantes : la stigmatisation dont les jeunes de ces trois communes font habituellement l'objet ; les trois communes ont été l'une des cibles privilégiées de l'opération « *Likofi* » ; ces trois sites présentaient davantage de garanties d'accessibilité en raison de la connaissance d'informateurs sur ces terrains[12]. Les données résultant des entretiens et des observations en situation ont été complétées par la technique documentaire (notamment les rapports de diverses institutions, les coupures de presse et les textes juridiques).

L'étude vise donc, concernant la violence urbaine des jeunes, à dégager leurs perceptions et significations. Outre leur parcours scolaire, socioprofessionnel, leur contexte familial et du quartier, des informations ont été recueillies notamment sur leur perception de leur rapport à l'État, leur discours de justification de leur violence et leurs

12 Des études antérieures ont été menées dans ces communes par des étudiants dans le cadre de leurs travaux de fin de cycle, de fin d'étude et de troisième cycle, sous l'encadrement des professeurs du Centre de criminologie et de pathologie sociale.

modalités de gestion de soi. Concernant les représentations et le sens de la modalité de gestion policière de cette violence, les entretiens ont permis de rassembler des informations relatives aux représentations policières des jeunes, qui ont présidé à l'élaboration de l'opération « *Likofi* », à la stratégie de mise en œuvre de cette opération et à l'évaluation de cette dernière par différents acteurs du point de vue de sa légitimité et de son efficacité.

II. Enquête sur l'enquête : aborder les jeunes et les policiers dans un contexte de tension

La recherche s'est effectuée à un moment où planait encore, d'une part, l'ombre, bien que déjà lointaine, de l'opération « *Likofi* » sur les jeunes ; et d'autre part, le poids des rapports d'évaluation négative des agences internationales de protection des droits de l'homme sur cette opération. Dans ce contexte, le discours des jeunes sur leur pratique de la violence impliquait l'aveu de leurs actes, d'une part, et celui des policiers sur l'opération « *Likofi* », laissait suspecter les chercheurs d'espionnage, d'autre part. Par conséquent, la recherche de terrain était loin d'être une activité aisée. Ces contraintes, qui ont pu être très fortement ressenties pendant les premiers moments du contact avec les différents sites du terrain de la recherche, ont été progressivement vaincues en présentant aux uns et aux autres les objectifs de la recherche. De sorte que de nombreuses données précieuses ont pu être rassemblées.

En outre, les difficultés d'insertion sur le terrain étaient différentes selon les trois sites retenus et variaient selon qu'il s'agissait des rendez-vous avec des jeunes ou avec des policiers. Ainsi, sur le terrain, nous avons respectivement porté le statut de chercheur, en brandissant notre attestation de recherche, ou celui d'étudiants, qui nous conférait une légimité suffisante et permettait de désamorcer toute suspicion d'espionnage. Nous avons fait recours à notre identité de chercheur face aux acteurs institutionnels concernés par l'étude, c'est-à-dire les policiers et les autorités administratives[13]. Face aux

13 Pour beaucoup d'entre eux, nous n'étions que des étudiants, compte tenu de l'en-tête de l'attestation de recherche qui mentionnait « Université de

acteurs non institutionnels, c'est-à-dire les jeunes impliqués dans la violence urbaine, les chercheurs ont eu recours à leur statut d'étudiants, en train de rédiger le travail de fin d'étude, ce qui était facilement compris par eux[14]. Ces stratégies ont permis de faire l'enquête de terrain à visage découvert et avec « une identité fictive » (Bizeul, 1998 : 759) du moins pour les jeunes. À l'égard de ces derniers, cette identité paraissait plus pragmatique que le fait d'avoir à leur exhiber une attestation de recherche qu'ils n'auraient pas été tous en mesure de lire.

La recherche a impliqué les jeunes, les policiers, les agents administratifs des communes ainsi que les organismes de défense des droits de l'homme. Cependant, les deux premières catégories d'acteurs étaient au centre de l'enquête de terrain. Avec les jeunes, le défi consistait à les rencontrer, les faire parler et les écouter. Pour cela, nous avons dû mobiliser notre propre connaissance du terrain et des acteurs et avons eu recours à des personnes-ressources pour pénétrer le terrain et identifier les jeunes impliqués dans des actes de violence urbaine. De trois sites sélectionnés, l'un (Kingabwa) était mieux connu, car il avait déjà été plusieurs fois visité par un des chercheurs dans le cadre des recherches antérieures. Cependant, ce site a connu de profonds changements nécessitant pour les chercheurs de reconquérir le terrain. Pour les deux autres sites (Kisenso et Bumbu), leur caractère quasi nouveau a imposé aux chercheurs de faire recours aux accompagnateurs, non seulement pour trouver plus rapidement les jeunes, mais encore pour tisser plus aisément des relations de confiance nécessaires au bon déroulement des entretiens. Dans tous les cas, la présence d'une personne, autre que les chercheurs, en qui les jeunes avaient plus confiance, était nécessaire pour établir les premiers contacts et assurer la suite du travail. Ainsi, d'entrée de jeu, une personne-ressource fut contactée sur chaque site pour faciliter l'entrée sur le terrain. Les jeunes ont, par la suite, été identifiés en boule de neige : ceux qui étaient interviewés, offraient

Kinshasa et Faculté de droit » avant « Centre de criminologie ».

14 Bien qu'ayant déjà terminé leurs études du second cycle, les deux chercheurs sont en effet inscrits au programme de troisième cycle à l'Université de Kinshasa.

aux chercheurs la possibilité de rencontrer d'autres jeunes et ainsi de suite, soit en servant de guide au chercheur pour identifier d'autres jeunes, soit en arrangeant des rendez-vous ultérieurs.

L'un des sites de la recherche (Kisenso) s'est avéré particulièrement difficile pour accéder aux jeunes. Les premiers informateurs se sont montrés indisponibles, et le manque des personnes-ressources sur ce site a freiné la récolte des données lors de la première phase du terrain. Pour pallier cette difficulté, les chercheurs ont sillonné le site en vue de se familiariser avec les jeunes, observer leurs mouvements, essentiellement à l'occasion des cérémonies funéraires, et ensuite tenter d'engager avec eux quelques conversations. Cette stratégie « de la balade »[15] a permis de tisser quelques liens avec des jeunes. Grâce à ces liens, le contact avec d'autres jeunes a été rendu possible. Bien que compensée pendant la seconde phase, cette difficulté reste cependant perceptible si l'on compare le nombre d'entretiens réalisés à Kisenso avec ceux réalisés sur les deux autres sites.

Rencontrer les jeunes sur le terrain a été un véritable casse-tête « empirique ». Les chercheurs se sont plusieurs fois rendus aux domiciles des jeunes et dans leurs « bases »[16]. Si ces lieux regroupaient

15 La stratégie de la « la balade » a consisté à effectuer des descentes sur le site de recherche pour tenter des entrées, particulièrement dans le cas où le site paraissait fermé au chercheur, c'est-à-dire n'offrait aucune entrée préalable pour le chercheur. Ce fut le cas de Kisenso où jusqu'à plus de la moitié du temps consacré à la recherche du terrain, on était dans l'impossibilité d'atteindre les jeunes. Un jour, nous avons pris l'initiative de faire une balade à Kisenso, dans l'espoir de pouvoir trouver une entrée. Ce jour-là, nous avons pris le bus à Matete jusqu'au terminus des bus à Kisenso. Et là, nous avons trouvé une cérémonie funéraire d'une femme. Nous avons assisté à cette cérémonie jusqu'à la levée du corps pour l'église. L'ambiance qui régnait en ce lieu forgeait en nous la conviction qu'il était possible de trouver une entrée. Ce pressentiment nous a conduits à suivre le cortège jusqu'à l'église, car ce sont des jeunes qui ont été sollicités pour transporter le cercueil. Une fois à l'église, face aux réactions de turbulence des jeunes, la peur nous avait envahis. Nous avons décidé de quitter l'église et de revenir sur nos pas en ayant tout de même l'impression d'avoir gaspillé le temps. Alors que nous étions debout à l'arrêt de bus, nous avions été abordés par un policier, qui s'est avéré être le commandant d'un « Point chaud » de la police. Il s'est rendu disponible pour la recherche et a pu consentir à quelques entretiens de recherche.

16 La « base » désigne le lieu de réunions pour une bande des jeunes. Il fallait passer par plusieurs péripéties pour y accéder. Ces péripéties permettaient une certaine immersion des chercheurs dans les sites. Le travail d'immersion

toujours des jeunes, ils n'étaient pas tous portés à s'offrir aisément aux chercheurs. En outre, ces lieux, dont il était presque impossible aux jeunes de s'en éloigner, pouvaient produire quelques interférences au déroulement normal des entretiens. Pour parvenir au profit maximal des moments d'entretien dans ces circonstances, il était parfois nécessaire d'identifier quelques jeunes, dont la présence était de nature à perturber le déroulement de l'entretien, en leur laissant quelques « cigarettes », le temps de tirer la chaise à côté avec un autre jeune, qui devait s'entretenir avec les chercheurs. Cependant, le fait de rencontrer les jeunes en groupe a permis de réaliser des entretiens collectifs. Dans certains cas, la présence des jeunes autres que l'interviewé offrait des compléments d'information au cours de l'entretien ; des précisions surgissaient à gauche et à droite, permettant de mieux saisir les discours de l'interviewé principal. La présence d'autres jeunes offrait du coup un cadre d'enquête moins contraignant et plus sécurisant pour le jeune interviewé. Du côté du chercheur, quelquefois un sentiment d'insécurité faisait frissonner lorsque l'atmosphère du lieu de rencontre avec les jeunes devenait un peu tendue entre eux, souvent sous la fumée du chanvre, ou lorsque les propos devenaient de moins en moins saisissables. Cela nous amenait à mobiliser tout sens autre que l'ouïe pour comprendre la situation. L'identification des jeunes dont la parole était respectée, constituait un atout nécessaire pour parvenir à gérer l'ambiance.

Suivre les jeunes sur le terrain n'est pas toujours une question spatiale, c'est aussi une question temporelle. Les chercheurs étaient ainsi parfois obligés de s'adapter aux horaires des jeunes dont beau-

---

montre que les données ne sont pas collectées uniquement par l'entretien, mais à partir de toutes les sensations et les impressions ressenties sur le terrain. C'est ici qu'on a enregistré des odeurs du chanvre, de l'alcool, l'état de délabrement des infrastructures abritant les administrations communales et policières que nous avons fréquentées, l'état des routes qui mènent vers les sites ciblés par cette étude, la tenue vestimentaire des jeunes rencontrés, etc. Une fois immergés sur le terrain de recherche, nous avons enregistré des moments de sensation d'insécurité et de peur qui, dans une certaine mesure, ont interféré sur notre conduite de certains entretiens. Il y a lieu de préciser que dans l'équipe des chercheurs, figurait une dame, qui s'est retrouvée parfois toute seule avec les jeunes « *Kuluna* » et a pu réaliser plusieurs fois des entretiens d'au moins trois quarts d'heure.

coup se déplaçaient le matin pour exercer leurs activités de débrouille journalière et regagnaient le quartier aux heures du soir.

Dans la rencontre avec les jeunes, rien n'était autant apprécié par eux que le fait de partager leur situation à travers de petites participations à « l'ébullition de leurs casseroles ». Il arrivait bien souvent de trouver ces jeunes en train de s'affairer à la cuisson du riz blanc sans aucun accompagnement. Un geste de la part du chercheur ne manquait pas de consolider les liens : un peu d'huile de palme et de la tomate en conserve pour colorer quelque peu le plat. La proposition de prendre une boisson sucrée à la fin de l'entretien témoignait aux yeux des jeunes d'un certain sens de l'humanisme du chercheur, renforçant le climat de confiance. On a, cependant, fourni l'effort de contrôler ces gestes pour éviter toute dérive susceptible de biaiser la qualité des informations et de créer des attentes chez les jeunes. La qualité d'étudiants reconnue aux chercheurs, bien comprise par les jeunes, a joué pour beaucoup dans la relation avec eux, et ils ne se sont pas montrés très exigeants quant au temps qu'ils nous consacraient. Le fait de suivre un calendrier sur le terrain a permis de passer d'un site à un autre et d'un point du même site à un autre, ce qui évitait de développer une dépendance chez les jeunes. Mieux, le rapprochement créé permettait de percevoir ce que sentaient les jeunes en partageant leur espace de vie, tant sur le plan psychologique que sur le plan physique, et de saisir finalement la quintessence de leurs propos, de percer le sens de l'insensé.

Quant aux policiers, leur attitude défensive était souvent renforcée dès qu'il s'agissait de l'évaluation de l'opération « *Likofi* ». Si, de prime abord, la rencontre avec les policiers pouvait sembler plus facile qu'avec les jeunes, il n'était pas toujours évident d'obtenir un entretien approfondi sur cette opération. Les rendez-vous pouvaient se succéder sans pouvoir effectuer un entretien, en raison de l'indisponibilité du policier. Il en fut de même avec les autorités administratives. Ensuite, ces acteurs se sentaient plus à l'aise à discourir sur le phénomène « *kuluna* » et sur ses conséquences dans la société, qu'à aborder à fond la manière dont la police traite ces jeunes, moins encore l'opération « *Likofi* ». Les chercheurs ont été ainsi souvent obligés d'introduire directement des interrogations sur le déroulement de cette opération. L'évaluation de l'opération « *Likofi* » était donc une question très sensible. La sensibilité de cette question nous poussait à attendre que l'interviewé arrive par lui-même à aborder ce sujet, de sorte que nous en arrivions à obtenir des précisions à l'aide des relances. Il était bien souvent nécessaire d'évoquer la question lorsque l'interviewé s'enlisait à la périphérie de la question : « et l'opération "*Likofi*" ? ».

En outre, au départ de la recherche, nous avions commencé les entretiens avec les policiers gradés (les commandants), puis, nous avons progressivement migré vers les échelons inférieurs. Ces derniers parlaient un peu plus librement de cette opération et des autres pratiques de gestion de la violence des jeunes à l'œuvre dans les postes de police. Nous avons finalement pu observer deux grandes catégories d'interviewés sur la question. La première catégorie est composée des policiers qui sont totalement hostiles à parler de l'opération, soit en brandissant l'ignorance complète de celle-ci, soit en considérant que cela relève du secret professionnel. La seconde est composée de ceux qui l'évoquent sans atermoiement, soit en mettant l'accent sur leur propre participation de près ou de loin, soit en prenant une certaine distance par rapport à son exécution.

En tout état de cause, si la majeure partie des policiers étaient sur la défensive au moment du premier contact avec les chercheurs, les explications sur la nature de la recherche ont contribué à l'installation d'un climat de confiance : d'abord, il s'agissait d'une recherche universitaire (scientifique) et non politique ; ensuite l'anonymat garanti à chaque interviewé et le choix entre l'enregistrement ou non des propos, permettaient d'instaurer une certaine relation de confiance. Des retours opérés sur le terrain offraient parfois de brefs moments de discussion libre avec les policiers, ce qui permettait de compléter les informations pertinentes. Les policiers ont souvent été interviewés sur leur lieu de travail. Il était plus facile de tirer des chaises à l'écart ou d'utiliser un bureau individuel pendant les moments les moins encombrés de leur journée de travail. Quelques entretiens ont cependant été réalisés en dehors de ce cadre et autour d'un verre de coca, en dehors des heures de service. Cela leur offrait encore une plus grande liberté de parole.

Toutes ces péripéties ont permis de collecter un ensemble d'informations, qui ont rendu possible une analyse scientifique du sens de la violence urbaine des jeunes et de la réaction policière contre cette violence, sans pour autant prétendre à l'épuisement de cette question. En effet, les matériaux obtenus sur le terrain étaient tellement abondants que le temps dont nous disposions pour son analyse s'est avéré trop court[17]. Par ailleurs, la plupart d'interviewés s'exprimant en lingala (langue couramment parlée à Kinshasa), l'exigence de la traduction de leurs propos en français, langue de l'écriture scientifique, demandait davantage de temps.

Une autre difficulté à laquelle les chercheurs ont dû faire face est liée à la définition de la problématique de cette recherche au regard de la nature spécifique des données empiriques recueillies aussi bien des jeunes que des policiers, et particulièrement l'interprétation des actes de violence, qui paraissaient au départ « insensés », tout autant qu'une réaction policière entachée de sérieuses accusations d'exécutions sommaires et de disparitions forcées. Tout en approchant les jeunes et les policiers comme des acteurs sociaux « porteurs chacun d'un point de vue propre » (Debuyst, 1990), nous avons résolu, à partir d'un atelier de validation de l'analyse des matériaux impliquant une expertise méthodologique internationale et nationale ainsi qu'une ouverture disciplinaire – apport des sociologues – de ne pas coller aux matériaux empiriques les théories sur les gangs de rue développées à l'étranger, car ces théories pouvaient ne pas faire ressortir la richesse d'une interprétation spécifique de la violence des jeunes de Kinshasa et de la réaction de la police congolaise face à cette violence. L'analyse s'est efforcée de maintenir une grande proximité avec les données empiriques et avec le contexte local de leur production en demeurant au niveau microsociologique.

---

17 À ce titre, le Centre de criminologie et de pathologie sociale de l'Université de Kinshasa a débuté, depuis septembre 2016 une seconde recherche, financée par OSISA ; ce travail permettra d'approfondir les résultats obtenus par la recherche présentée dans cet ouvrage et d'analyser les prises en charge communautaires de la violence urbaine des jeunes qualifiés de « *kuluna* ».

Première partie

Le sens de la violence urbaine des jeunes : *d'une violence sociale à une violence physique*

L'étude questionne, dans cette première partie, le sens de la violence urbaine des jeunes, dénommée « *kuluna* ». Car, comme cela a déjà été indiqué, les actes perpétrés tels qu'ils sont parfois médiatisés paraissent revêtir une certaine gravité et sont tout à fait préoccupants. Ce constat a justifié, en guise de réponse forte de l'autorité à la demande de plus de sécurité par la population, la mise en œuvre d'une réaction policière tout aussi violente et préoccupante. Dans une démarche d'évaluation de la réponse policière à cette forme de violence urbaine, il paraît pertinent d'accéder au sens que peuvent revêtir ces actes de violence pour les jeunes.

L'analyse empirique de la violence urbaine des jeunes à Kinshasa, dénommée « *kuluna* » relève, comme une caractéristique essentielle de cette violence, le fait qu'elle se produit en bande. En effet, fait remarquer un policier : « on ne peut pas parler de "*kuluna*" sans qu'il y ait une bande de jeunes, bien organisée… Ils s'organisent toujours en bande ».

L'effort de la compréhension du sens de cette violence fait articuler deux séquences importantes, qui déclinent le processus de la production de cette forme de violence urbaine. En effet, lors des entretiens, les jeunes décrivent dans un premier temps leur vie avant « la bande », première séquence, et dans un second temps, le vécu de la bande et les bénéfices qu'elle leur procure, deuxième séquence.

Cette première partie est consacrée au contexte de vie des jeunes impliqués dans la violence, qui décrit, d'une part, une situation familiale et économique extrêmement précaire (chapitre premier) et, d'autre part, un quartier au sein duquel une sécurité doit être assurée (chapitre deux). La violence physique des jeunes est alors tributaire de l'inconfort social, forme de violence sociale que subissent les jeunes kinois. Dans un contexte d'absence de ressources pour une gestion adéquate de leur existence et de leur citoyenneté, le recours à la violence révèle le non-sens d'une stratégie de sécurisation.

Chapitre I

L'inconfort social

Dans ce chapitre, sont décrits le contexte de vie des jeunes en famille (section 1) ainsi que celui du quartier (section 2) en relevant une diversité de situations d'inconfort social auxquelles les jeunes réagissent en décidant d'intégrer une bande, ou d'en créer une, pour répondre à leur quête d'une certaine sécurité. Celle-ci correspond « au besoin d'être et de se sentir sûr dans l'exercice de tous les droits : le droit à la vie, à la liberté, au développement de la personnalité et des capacités, à l'expression et à la communication, à une haute qualité de vie[18] ainsi que le droit de contrôle et d'influence réelle sur les conditions dont dépend concrètement l'existence de chacun » (Baratta, 1999 : 253).

1. Un contexte familial marqué par l'insécurité de vie

L'attachement des jeunes impliqués dans la violence urbaine à leurs familles a été relevé dans des études antérieures. En effet, clarifiant le phénomène « *kuluna* » auquel renvoie directement la violence

18 Selon la définition qu'en a donnée l'Organisation mondiale de la santé (OMS) en 1993, la qualité de vie est « la perception qu'a un individu de sa place dans l'existence, dans le contexte de la culture et du système de valeurs dans lesquels il vit en relation avec ses objectifs, ses attentes, ses normes et ses inquiétudes. C'est un concept très large influencé de manière complexe par la santé physique du sujet, son état psychologique, son niveau d'indépendance, ses relations sociales ainsi que sa relation aux éléments essentiels de son environnement ».

urbaine, par rapport à un autre phénomène, vécu aussi en milieu urbain il y a une dizaine d'années, dénommé phénomène des « enfants de la rue » connus sous le nom des « *schegués* », ces études, basées sur des données empiriques, ont montré que nombreux parmi les « *Kuluna* » vivent en famille, dans la résidence familiale, avec les deux parents, ou avec l'un d'eux ou avec les frères et sœurs, en cas de décès des parents (Kienge-Kienge Intudi [2014 : 263] ; Bazomba Bitenda [2013 : 8] ; Bungu Musoy [2012 : 27] ; Munkana Muke [2012 : 41][19]), alors que les « *schegués* » sont des jeunes qui n'habitent plus en famille et vivent sans être soumis au contrôle des parents. Par ailleurs, l'opération « *Likofi* » a révélé que parmi les « *Kuluna* » figurent non seulement des policiers, mais aussi des fils et filles de militaires et des policiers (Kienge-Kienge Intudi, 2014 : 280)[20]. Par ailleurs, Kanyama Cishiku (2016 : 89) révèle que selon les données enregistrées au Commissariat provincial de la Police nationale congolaise dans la ville de Kinshasa, la majorité des auteurs potentiels d'actes de violence commis dans la ville de Kinshasa attribués aux « *Kuluna* » entre 2009 et 2012 est constituée d'hommes en tenue de la Police nationale congolaise et en tenue des Forces armées de la République Démocratique du Congo, soit en chiffre 840 contre 612 personnes en tenue civile ou non identifiées en 2009, 384 contre 367 en 2010, 382 contre 438 en 2011 et 584 contre 308 en 2012. Au sujet de leur insertion familiale, un officier de police judiciaire déclarait :

19 Ce dernier auteur évoque le cas d'un jeune qui n'a pas connu son père ni sa mère, ni les frères et sœurs de ces derniers (c'est-à-dire ses oncles et tantes) et dont la « famille » est constituée des membres de sa bande. Il est évident qu'un tel jeune ait pu être considéré comme un « *schegué* » et ait développé cette forme de violence qualifiée de « *kuluna* » à partir de son contexte social de rue.

20 D. Ngandu Mupompa, « L'Opération "*Likofi*" : une dizaine de "*Kuluna*" dans les filets de la Police », *Le Potentiel*, 9 décembre 2013. Il renseigne que dans le cadre de l'opération « *Likofi* », une dizaine de malfaiteurs baptisés « *Kuluna* » ont été appréhendés, au cours d'un bouclage au camp de police Kabila de la commune de Lemba à Kinshasa. Les habitants de ce camp de police ont prié les responsables de la police de procéder au déguerpissement des familles soupçonnées de complicité avec ces jeunes « *Kuluna* ». Certains gangsters arrêtés par la police ont comparu en procédure de flagrance devant le tribunal militaire de garnison de N'Djili.

« Ces jeunes-là sont connus, fichés, nous savons où ils habitent... si vous posez la question dans le quartier, tout le monde peut vous dire qu'il habite telle avenue, tel numéro. Ce sont des enfants-maison. En temps normal, tu le verras sortir de la maison. C'est un jeune du quartier, il circule tout bonnement. Il n'a peur de rien, car il est chez eux ».

Ces propos sont corroborés par les déclarations d'un leader des jeunes surnommé « Procureur général » dans l'écurie dénommée Soweto[21]. Il reconnaît qu'il a une famille tout comme certains membres de son « écurie » : « Je connais chacun de mes éléments, où ils habitent, je n'opère jamais avec des étrangers. Nous sommes tous les jeunes du quartier[22]. Nous buvons, mangeons, fumons dans les bars du quartier ; tout le monde nous connaît et nous respecte en tant que tel ».

Certains jeunes tiennent énormément à leurs familles. Un jeune de cette écurie, répondant au nom de Gaby, déclare, en effet : « Je n'aime pas qu'on touche à ma famille. Je sais combien ma mère se démène pour nous soutenir. Malgré tout ce que je fais, la famille, c'est-à-dire mes frères et sœurs ne peuvent pas m'abandonner. C'est le lien de sang. Ils ne peuvent pas me rejeter ».

Au sujet du contexte familial des jeunes impliqués dans des actes de violence urbaine, les données empiriques recueillies durant cette recherche, rendent compte d'une diversité de situations réunissant précarité économique, accusation de sorcellerie, instabilité scolaire et socioprofessionnelle, vécues par les jeunes.

21 L'« écurie » est une bande de jeunes, formée au départ des membres des clubs des arts martiaux dans différents quartiers de la ville. Pour perpétrer des actes de violence, les jeunes sont regroupés en bande qu'ils qualifient de « ceinture ». Les « ceintures » sont généralement une transformation des « écuries » dont les jeunes recourent à la violence. La dénomination de Soweto se réfère au mouvement de lutte anti-apartheid menée par les membres de l'ANC de Nelson Mandela en Afrique du Sud. Cette bande est représentée comme une famille dans laquelle les jeunes luttent pour survivre.

22 *Bana mabele* (littéralement : les enfants issus de ce territoire, entendez, de ce quartier).

A. La précarité familiale

Les jeunes impliqués dans des actes de violence urbaine rencontrés par les chercheurs vivent avec les membres de la famille, restreinte ou élargie, dans des conditions de précarité matérielle et économique. La famille, en tant que cadre pouvant offrir une certaine sécurité de vie aux jeunes, ne sait plus subvenir aux besoins de ses membres (alimentation, frais de scolarité, éducation, culture, loisirs…). Ce constat fait apparaître clairement que les jeunes impliqués dans des actes de violence urbaine de « *kuluna* », ne sont pas en rupture familiale ou encore moins des enfants dits de la rue, « *schegués ou phaseurs* », qui auraient grandi et dont les agissements auraient connu une certaine transformation qualitative. Ce sont bien des « enfants-maison » (Kienge-Kienge Intudi, 2014 : 263) : « Mon père travaille à la SNEL[23], il se prépare même pour que j'étudie cette année-ci… même à l'INPP[24]. Ma mère se débrouille… mais c'est vraiment difficile… Et je suis le cinquième d'une famille de six enfants… On doit se battre ».

Des policiers, en interaction fréquente avec les jeunes qualifiés de « *Kuluna* », soulignent eux aussi la pauvreté des familles de ces derniers : « Quand nous instruisons, nous constatons que ce sont des enfants… des familles pauvres, démunies », affirme un policier de Kingabwa. Son collègue de Kisenso indique que « ce sont des enfants des familles légitimes,… délaissés par la famille, soixante pour cent sont des orphelins. Nombreux sont issus des familles pauvres, démunies, pas trop riches », même si, indique un autre policier de Kisenso, « il y a de ces gens-là, qui ont une bonne vie, par rapport à nous autres ici, ils ont des frères en Europe, il va à l'école, il a le minimum pour vivre,… mais la nuit, il a ses autres affaires (le "*kuluna*") ». Un autre policier précise :

> « Ils ont un problème d'éducation, leurs parents ont échoué dans leur mission. Ces enfants sont le symptôme de l'échec de la mission des parents… Tout ça, poursuit-il, on peut dire que c'est la pauvreté, mais seulement tout le monde, nous ne sommes pas riches et nous arrivons

23 Société nationale d'électricité.
24 Institut national de préparation professionnelle.

quand même à bien nous occuper des enfants avec le peu que l'on gagne ».

Cette précarité conduit les familles à ne pas pouvoir subvenir aux besoins les plus fondamentaux comme le dormir et le manger, générant ainsi des frustrations importantes. Au sujet de ces frustrations, un policier de Kisenso énumère certaines causes de cette violence :

> « Le manque de sommeil : il ne sait pas où vivre. S'il avait un endroit pour dormir, il allait penser ne pas se livrer au "*kuluna*". Quand les autres dorment et que toi tu n'as pas où dormir, pendant ce temps-là tu fais quoi ? Tu commences à penser comment t'occuper pour oublier toutes ces souffrances. Après-demain, s'il dort dehors et qu'il voit une personne bien habillée avec son sac rentrer à la maison, est-ce qu'il va la laisser passer ? Peut-être qu'il va se dire : "moi je suis en train de souffrir dehors, et lui il est en train de rentrer à cette heure pour aller dormir chez lui dans sa maison, alors que moi je dois dormir dehors, il en aura pour son compte"… Manger sans être rassasié : quelqu'un ne mange pas à satiété, que va-t-il faire ? Il faut qu'il cherche comment compenser ce manque dans la poche des autres. Pendant tout ce temps, quelle réflexion va-t-il tenir à ce sujet ? On a préparé du pondu[25], et on demande que chacun amène sa chikwangwe[26] ! Mais où va-t-il avoir cette chikwangwe ? ».

La précarité familiale est accentuée en cas de décès ou de la séparation des parents. Comme le soutient Kienge-Kienge Intudi (2011 : 255), « le décès d'un parent entraîne évidemment la rupture d'un lien sécurisant pour le jeune, et constitue pour lui un problème dont la gestion requiert un plus grand investissement pour le parent survivant ». L'éducation du jeune peut alors connaître un certain relâchement. Un autre jeune, Jures, déclare au sujet des conditions de vie en famille : « Je suis orphelin de père, ma mère est une vendeuse, elle vend juste le fufu[27] au port. En cas de pénurie, elle fait aussi le *bipopola*[28], sans quoi c'est difficile (…). Elle ne peut rien faire pour nous, c'est-à-dire mes frères et sœurs et moi ; avoir un repas c'est une

25 Préparation de légumes à base de feuille de manioc.
26 Pâte de manioc accompagnant les légumes, la viande, le poisson.
27 Farine de manioc.
28 Activité de recueillir les déchets de la farine de manioc.

exception ». Il en est de même de Lolo, dont le décès du père n'a laissé à la famille que Dieu comme le seul appui : « Mon père lui, est mort, ma mère est vivante. Ma mère vend les beignets, quoi encore, ses affaires... Mon père est mort depuis 2007, de maladie seulement, c'est ça qui a fait partir mon père, mais nous aussi nous regardons seulement Dieu qui finira par nous aider ».

Si pour Jures et Lolo, le décès du père a accentué la précarité de la famille sur le plan économique, pour Mpia, le décès du père a engendré un certain laisser-aller dans sa conduite jusqu'à intégrer une bande de jeunes :

> « Mon père est mort, maman est en vie. Mon père est mort en 2001, là j'étudiais encore et il n'y avait pas toutes ces sottises (*makambu wana nyonso ya buzoba*). Là je poursuivais mes études et les parents se réjouissaient de moi comme un bon enfant. Mais lorsque mon père est mort, j'ai seulement regardé que nous sommes restés avec la mère, je suis entré dans ces problèmes de bagarres… ma mère n'était pas contente… ».

Il en fut de même pour Dunga, après le décès de son père :

> « Quand mon père était mort, parce que moi je n'étais vraiment pas dans ces problèmes d'écuries…, tant que mon père était mort, le père parti, dans la famille vraiment il n'y avait personne pour bien s'occuper de moi, ce qui m'a poussé à commencer à faire des choses à ma manière. Étant un homme, j'ai vécu à ma manière… Comme nous étions aussi avec les potes dans les avenues… nous grandissions ensemble, nous dansions, avant nous avions certains rôles, nous dansions dans les concours, jusqu'à ce que le désordre entre dans ces concours… ».

La situation sociale est encore plus difficile pour le jeune, si ses deux parents biologiques ne sont plus en vie et qu'il doit compter sur la fratrie ou les autres membres de la famille élargie :

> « Mon père est mort… quand j'étais encore petit. Je ne me rappelle plus… Ma mère aussi est morte en voyage où elle était partie. Elle était au plateau de Bateké… Elle était tombée gravement malade, ici personne ne pouvait lui venir en aide… Nous ne faisons rien qui aurait pu nous permettre de sauver maman… Le grand frère est dans son foyer, incapable d'acheter le pain à sa fille, qui vivait à tout moment avec nous à la maison […]. Les grands sont là, des oncles paternels sont là, des tantes maternelles sont là, mais que peuvent-ils faire ? Surtout le vieux

[frère aîné], il n'a rien chez lui, pas de chaises, pas de gobelet… laisse seulement, que peut-il apporter…, il vit le système de délestage [manger à tour de rôle] ».

La précarité et le déséquilibre familial conduisent non seulement à une diminution des ressources économiques, mais perturbent tout son environnement. Voici comment un policier de Kingabwa décrit l'environnement des jeunes impliqués dans des actes de violence urbaine :

> « Il y a le manque de scolarité, la pauvreté. Ici, on ne vit que de la pêche et de l'agriculture, il n'y a pas de prise en charge par les parents. Les jeunes sont souvent en groupe et ne font rien, seulement fumer du chanvre. … C'est dû au chômage, beaucoup de naissance, très souvent, il n'y a pas de mariage, seulement "*yaka tofanda*[29]", déjà une fille de 14 ans a deux enfants, à 18 ans, 3 enfants. Ils sont souvent en groupe, les parents sont incapables de subvenir à leurs besoins. Quand ils voient les autres s'habiller, eux aussi chercheront des voies et moyens pour être comme les autres : commencer à arracher des sacs aux femmes, *kokotelaka bato na ba ndako*[30], et là ils n'ont pas de pitié, s'il s'agit de t'éliminer pour avoir ce que tu as, ah ! Ils le font eh ! ».

Les difficultés rencontrées par les jeunes dans le cadre familial deviennent des handicaps insurmontables, face auxquels ils développent de multiples stratégies d'auto-prise en charge. Parmi les jeunes rencontrés, deux catégories de stratégie se dégagent : soit se forger une famille de substitution qu'est la bande (écurie, ceinture), soit négocier son entrée dans une bande déjà existante :

> «… Ça vraiment c'est une famille : à la maison pour qu'on te donne même deux cents francs, c'est tout un problème. Qui va te les donner ? Mais dans la ceinture, que tu sois là ou pas, lors de l'opération, tu auras toujours quelque chose. Ça, c'est la famille. Même si on t'arrête, ils [les pairs] feront tout pour que tu sois libéré… ».

Dans ce discours, la bande est vécue comme une famille, entendue comme une structure de socialisation. De plus, elle joue diffé-

29 Il s'agit des cohabitations sans mariage, particulièrement sans que la dot soit versée aux parents de la fille par le « mari ».

30 Entrer dans les maisons des gens.

rents rôles, particulièrement elle leur confère un sentiment de sécurité, au moment où ils ont besoin d'appui pour assurer leur épanouissement. La situation familiale se complexifie lorsque la précarité ou le déséquilibre familial laisse libre cours aux accusations de sorcellerie contre le jeune.

B. Le rejet du jeune de la famille à la suite d'une accusation de sorcellerie

À la précarité et au déséquilibre familial, s'ajoute parfois le rejet du jeune de sa famille à la suite d'une accusation de sorcellerie par des membres de sa propre famille. Le lien entre la précarité familiale ou, de manière générale, la situation de crise qui prévaut au sein d'une famille et les accusations de sorcellerie à l'égard des jeunes avait déjà été relevé (Kienge-Kienge Intudi, 2011 : 261). Traitant de « la sorcellerie des enfants dans la ville de Lubumbashi comme une forme de gestion des problèmes familiaux », Robins Kamena indique que la précarité de vie des familles constitue même le « contexte d'émergence des "enfants sorciers" » (Kamena, 2007 : 80). En effet, la mort, en contexte africain, est imputée à une puissance maléfique qui, dans la plupart des cas, se greffe à un membre de la société, proche ou éloigné, qui devient souvent victime de stigmatisation et du rejet de la part du groupe familial.

Les soupçons de sorcellerie sont fréquents lorsque survient dans la famille une difficulté quelconque, qu'il s'agisse du manque d'emploi pour le père de famille, de la maladie ou du décès des membres de la famille, de la faillite du petit commerce d'un membre de la famille, de la déperdition scolaire, de l'indiscipline notoire de l'enfant, du fait pour une femme de ne pas trouver de mari ou d'être stérile, de faire une fausse couche, ou encore du sentiment qu'elle peut avoir de ne pas être aimée par son mari. Toutes ces difficultés sont attribuées, à la faveur de l'expansion des églises pentecôtistes et avec le concours des pasteurs des églises, à un esprit invisible, le démon, incarné dans un membre de la famille, dont la conduite est jugée « anormale » par les autres membres. Cependant, après avoir analysé les récits de vie des enfants dits sorciers, Kamena a montré « qu'indépendamment des propos, comportements ou incidents réels pouvant être attribués à un enfant, l'accusation de sorcellerie est un construit social qui naît dans un contexte familial donné, en interaction entre parents, enfant concerné et acteurs religieux et d'autres acteurs sociaux communautaires » (2007 : 101).

Bady relate ainsi certaines « canailles » subies en famille (« *bacanailles elekaki* ») qui l'ont orienté vers une bande de jeunes. En effet, à la suite d'une succession de décès survenus dans leur famille, cette dernière a accusé Bady de les avoir « bouffés » (tués en sorcellerie) et l'a chassé de la maison :

> « Juste après la mort de la mère de mon père, la grand-mère, il y avait beaucoup de méchanceté… Tu sens vraiment qu'il y a trop de méchanceté en famille, on te fait des canailles que tu ne pourrais même pas penser qu'on te les fasse à toi, mais ils les font par plaisir… Des canailles telles que… la petite sœur de notre mère, voyait bien que notre mère était déjà décédée, que nous sommes restés avec elle, – au départ nous étions à trois, puis notre frère aîné décéda, nous n'avons pas vécu longtemps avec lui, et notre grande sœur était allée en voyage à Luanda jusqu'à ce jour. Et étant avec elle [la petite sœur de notre mère], elle avec ses propres enfants et moi tout seul, il arrivait parfois que son enfant se méconduise, et que moi en tant que son neveu, je corrige son enfant. Alors son père ou sa mère se fâchait terriblement contre moi et ils commençaient à me dire des méchancetés au point qu'ils ont fini par me chasser de la maison, alors je suis parti. C'est depuis 2000 ou 2001 qu'ils m'avaient chassé… ».

De la stigmatisation et du rejet du jeune de sa famille, Bady explique sa soif de reconnaissance l'orientant vers la bande (la ceinture) :

> « En fait, moi – expose-t-il – je n'ai pas intégré la ceinture par mon bon plaisir. C'est suite aux problèmes sérieux qu'il y a eu à la maison. Je me suis dit qu'on ne peut jamais me maltraiter jusqu'à ce point. C'est cela qui a fait que je garde une dent, que j'intègre [la ceinture] dans un sentiment de colère envers la famille... Cela a fait… qu'on devienne ainsi [*Kuluna* dans une ceinture] ».

Cette situation a été décrite à plusieurs reprises pour des jeunes impliqués dans des actes de violence urbaine qualifiée de « *kuluna* ».

La précarité de la famille et le rejet du jeune, suite à une accusation de sorcellerie, conduisent certains jeunes à intégrer la bande de jeunes, considérée comme une famille de substitution, où ils sont acceptés et adoptés par les pairs, en quête d'une certaine sécurité de vie.

C. L'instabilité scolaire et socioprofessionnelle

L'instabilité scolaire et socioprofessionnelle renvoie, d'une part, à la déperdition ou à la rupture scolaire, et d'autre part, au chômage, absolu ou relatif, des jeunes impliqués dans des actes de violence urbaine. Ils connaissent une scolarité en échec et vivent de la débrouille faute d'une insertion professionnelle réussie. Cette considération inscrit l'exacerbation de la violence urbaine dans le déficit de socialisation des jeunes à travers les structures formelles comme une famille stable, un circuit scolaire motivant et un milieu professionnel rassurant.

a. L'instabilité scolaire

Le parcours scolaire des jeunes concernés par cette étude est marqué par la rupture : presque tous ont progressivement interrompu leurs études entre la 6e année primaire et la 5e année des humanités. Dans une étude antérieure, il a été relevé que les jeunes impliqués dans les actes de violence urbaine « ont progressivement interrompu leurs études avant d'atteindre la 1re et la 2e année secondaire » et que pour eux « l'école n'a pas pu jouer son rôle de structure de socialisation » (Kienge-Kienge Intudi, 2014 : 264). Les données recueillies pour cette recherche renseignent que certains jeunes ont interrompu leurs études suite aux difficultés financières, leurs parents n'étant plus en mesure de payer les frais de scolarité : « Moi je fais le "*kuluna*", pas par ma volonté. Moi j'étudiais, je faisais la mécanique, j'ai arrêté en quatrième année : mon père, pour payer les frais scolaires, ne faisait que se plaindre… ». Ou encore : « J'étais en train d'étudier, mais il n'y avait pas d'argent. Maman seule ne pouvait pas s'en sortir…, avec quel fonds, dix balles [dollars] ? J'ai compris et j'ai arrêté… Je ne peux pas non plus compter sur les autres. Nous sommes là avec un cousin, chez eux aussi c'est dur... ».

D'autres jeunes ont interrompu leurs études en raison des difficultés d'accès à l'école, empêchés par d'autres jeunes. Des *Yankees*, jeunes ayant interrompu leurs études, s'adonnent à des actes de violence et s'interposent pour empêcher certains autres jeunes de se rendre à l'école :

> « J'étudiais, j'étudiais, les chemins pour aller à l'école !... Tu n'as d'ailleurs rien à voir avec ces problèmes-là [violence des jeunes]... Mais pas moyen d'arriver à l'école, parfois tu vas par un chemin détourné, puis tu tournes, tu finis par arriver à l'école, jusqu'à ce que par ce chemin-là, il arrive encore la même chose : pas moyen que tu passes, finalement j'avais interrompu les études,... Tu vas à l'école comme ça, des *Yankees*[31] t'en empêchent ; tu vas aller à l'école par quel chemin ? »[32].

Des policiers interviewés sur le terrain dans les différents quartiers de notre échantillon indiquent, en effet, que « la plupart viennent des familles vraiment démunies, ils n'ont pas eu la chance d'aller à l'école ». Ils affirment que « les jeunes n'étudient pas, l'oisiveté crée le banditisme. Du matin au soir, ils sont là sans rien faire, tôt ou tard, ça posera problème, c'est ce que nous vivons ». Mais « en général, ce sont des gens qui n'ont pas étudié ».

Au sein des jeunes qualifiés de « *Kuluna* », certains ont étudié, « Parmi eux, il y a des diplômés », précise un policier. Certains sont détenteurs d'un diplôme d'État et ont obtenu une inscription dans l'enseignement supérieur. Il en est ainsi de Edo, qui a commencé les activités de « *kuluna* » en 2005 à l'âge de seize ans, alors qu'il était en troisième année des humanités. Durant l'année académique 2012-2013, il était en deuxième graduat en techniques de laboratoire à l'ISTM[33], après avoir repris les études qu'il avait interrompues pen-

31 Les jeunes, qui se livrent aux actes de violence, se considèrent comme des *Yankees* et s'appellent par le diminutif de « *Yáya* ».

32 « ... *Nabandaki kotanga, nabandaki kotanga, banzela okende classe..., kutu, oza na yo na makambo wana te, mais moyen okende eza te, tango mosusu okokende nzela moko mosika ! Sima o tourner, o koti école,... tii ekomaki lisusu, moyen o leka eza te, tii nakataki classe,... o kokende classe boye bayanke, o kokende classe nzela nini ?* ».

33 Institut supérieur de techniques médicales.

dant trois ans après l'obtention de son diplôme d'État en 2010. Des policiers renseignent également que parmi les jeunes qualifiés de « *Kuluna* », il y a des étudiants régulièrement inscrits dans les autres institutions d'enseignement supérieur de la ville de Kinshasa.

Il convient de préciser que ces éléments ne permettent pas d'établir un lien entre la rupture de la fréquentation scolaire et les actes de violence qualifiée de « *kuluna* ». À ce titre, le même Edo raconte que, lorsqu'il était encore en troisième année des humanités, il se rendait à l'école avec une machette dans son pantalon d'uniforme :

> « … J'étais accompagné d'un de mes vieux qui était venu de Barumbu, c'est lui qui m'a vraiment initié dans ces histoires… Il m'a amené chez lui, il me dit : "regarde, voici des machettes… Si tu as d'autres amis qui sont dérangés par les *Kuluna*, venez !". Il m'a directement donné une machette, j'ai porté la machette dans mon pantalon, là je suis aux humanités hein, en troisième. J'ai commencé à porter la machette dans mon pantalon d'uniforme, personne ne pouvait se dire que j'avais la machette… Si je vais à l'école, on apprend qu'un combat va se livrer, je fuis bien avant, je prends mon uniforme, je plie, je mets dans mon sac, je donne à mes collègues pour qu'ils me la ramènent à la maison, moi je reste là, la machette bien dans le corps, je vais me bagarrer, après le combat, je rentre à la maison. Et si je l'apprends avant d'aller à l'école, je n'irai pas à l'école ce jour-là ».

Dans le même sens, la situation de Lolo est à relever : il pratiquait déjà des actes de violence envers ses instituteurs à l'école, défiant ainsi toute autorité. Il déclare :

> « J'étais en train d'étudier dans une école… Seulement dans cette école… on nous a renvoyés de l'école à cause des bagarres avec les amis… C'est pourquoi, mes parents m'ont dit : "tu ne vas plus étudier… Comme toi tu aimes le désordre, reste dans ta vie de désordre". (…) Nous avons abandonné l'école parce qu'on nous a exclus lorsque nous avons commencé cette chose-là [le *kuluna*]. Nous avons commencé à faire ça contre les instituteurs, ça les dépassait, parce que moi, en classe, si toi, enseignant tu me grondes, il faut que je te tape, je prends mes histoires, je pars. Tu vois seulement que non…, nous étions quatre élèves dans cette école, tous de la même ceinture. Quand nous venions en classe, tu regardes comme ça oui…, ces jeunes viennent très mal ; qu'on vienne en retard ou avant, il faut que tu nous respectes. Tous les

profs savaient que ces jeunes dans mon cours !... Parce que ton cours, si je n'aime pas ça, je sors, je m'en vais, tu ne me diras ni o ni a… ».

L'instabilité scolaire n'est pas toujours la conséquence de la précarité matérielle de la famille des jeunes. Elle résulte parfois de la conduite même de ces jeunes, dans une recherche de soi ou de crise identitaire. Dans un tel contexte, les jeunes banalisent souvent l'autorité familiale et scolaire, et cessent de voir dans l'école une voie de socialisation et d'ouverture aux opportunités professionnelles, parce qu'ils pensent que cette voie ne changera pas leur situation. Dans une recherche antérieure qui questionnait le processus de construction identitaire des jeunes impliqués dans des actes de violence (Kienge-Kienge Intudi, Bungu Musoy et Malanda Mvibidulu, 2013 : 18), il a été constaté que :

> « L'importation par un certain nombre des jeunes de leur code de conduite à l'école, bravant l'ordre scolaire établi à la recherche du respect par la violence, corrobore la perte en eux du sens de l'école et de sa vertu comme voie de socialisation et d'ouverture aux opportunités. L'école devient pour eux un de ces milieux où on peut tout faire selon une logique de la rue. L'enseignant, figure de l'autorité, est banalisé à la suite de la banalisation de l'autorité parentale, dans une logique d'affranchissement des jeunes de toute autorité qu'ils interprètent comme faisant obstacle à leur "réalisation de soi". Cette banalisation de l'autorité, liée souvent à la rupture scolaire, est expressive d'un ensemble d'éléments qui participent à leur ras-le-bol devant une société de consommation qui n'offre pas grand-chose en perspective, ni sur le plan éducatif, ni sur le plan professionnel. La débrouille, et par ricochet le "*kuluna*" [une modalité de la violence], devient ainsi l'univers dominant de la vie "professionnelle" de certains jeunes. La rupture scolaire de la plupart des jeunes constitue donc une des étapes importantes de la construction de leur identité, en ce qu'ils impriment une certaine norme de respectabilité à travers laquelle ils se reconnaissent ».

En situation de rupture scolaire, les jeunes cherchent à se créer une activité pour compenser ce vide. L'école, « miroir aux alouettes » (Brillon, 1980 : 157) se vide de son sens. L'interruption scolaire engendre une situation de marginalité, projette le jeune dans une situation de chômage, et le confronte aux difficultés pour réaliser ses rêves et plus largement à une incertitude face à l'avenir. Tout comme face à la situation de précarité familiale et de rejet suite à une accusation de sorcellerie précédemment évoquées, les jeunes concernés cherchent à mobiliser des ressources individuelles pour tenter de forger un substitut à ce miroir brisé, dans une occupation valorisante, laquelle ne se présente pas non plus, mais qu'ils doivent chercher au point de s'accrocher à tout ce qui semble tenir. Ils se retrouvent alors dans une instabilité socioprofessionnelle.

II. L'instabilité socioprofessionnelle

La situation de chômage parmi les jeunes vivant en milieu urbain, avec ou sans diplôme, est une question très épineuse. Les statistiques des jeunes et/ou diplômés sans emplois ne sont pas disponibles. Lelo Nzuzi (2004 : 54) constate à ce sujet que l'« Article 15, Débrouillez-vous » est utilisé dans le langage populaire congolais, surtout kinois, parmi les stratégies de lutte contre la pauvreté. Dans un tel contexte, la rupture scolaire des jeunes réduit leur possibilité d'insertion professionnelle dans le secteur formel.

Comme relevé antérieurement (Kienge-Kienge Intudi, 2014 : 264), l'inscription socioprofessionnelle des jeunes impliqués dans des actes de violence urbaine, est un échec en raison notamment de leur interruption scolaire :

> « Après la rupture du processus de socialisation scolaire, les jeunes tentent souvent de s'orienter vers la vie professionnelle pour couvrir la défaillance de l'école et de la famille, mais faute de qualification, on observe principalement chez eux des configurations sociales d'une précarité vécue au jour le jour. Ils cherchent à donner du sens à leur vie pour ne pas sombrer dans le chaos. Alors, ils s'engagent dans l'instant présent où le quotidien est très précaire, voire totalement incontrôlable, et où tout peut basculer à chaque instant ».

Face à l'exigence de survie, les jeunes cherchent à trouver n'importe quoi en attendant que la vie puisse décider de leur sort. Ils prennent conscience qu'ils doivent se débrouiller et parfois exercer des activités très précaires, généralement dénommées « *coop* » :

> « Comme je n'étudie plus, maintenant je suis en train de réaliser une "*coop*", je travaille dans une terrasse. Ça me soutient, c'est vraiment un soutien pour moi, ça fait que lorsque j'ai besoin de quelque chose comme un pantalon, donc je prendrais l'argent dans la voie normale, j'achète ; j'ai besoin d'une autre chose, j'achète parce que l'argent est obtenu dans une voie normale… plutôt que d'acheter le pantalon avec l'argent pour lequel tu n'as pas souffert, pour lequel tu n'as pas transpiré. Si tu ravis à quelqu'un, tu n'achèteras rien avec ça, tu ne fais que boire et fumer du chanvre (*kobenda milinga*). Là je gagne ça… avec la sueur de mon front… Mais qu'est-ce que cela représente ? Ah, laisse seulement… Regardons seulement comment ça marche… qu'on te voie seulement que tu travailles et cela fait moins de bruits à la maison…. C'est ça la vie ? Le pays est mort ! ».

Nzeza Bilakila (2004 : 33) explique le terme « *coop* » comme tirant son origine du mot coopération. Il exprime l'idée selon laquelle « un individu en quête d'argent recourt à la débrouille pour résoudre ses problèmes de survie quotidienne, et s'en va à la recherche d'un ou plusieurs partenaires et de clients désireux de bénéficier d'un service, d'une facilitation que ces derniers sont prêts à rémunérer ». Dans cette acception, soutient-il, « la "*coop*" peut aussi être une magouille, voire un vol, conçue comme une activité régulière ». Selon De Villers (2002 : 12), « la "coopération" ou "cop" désigne, par allusion ironique à la "coopération au développement", les combines, magouilles, coups juteux, contraires aux réglementations et normes sociales théoriquement en vigueur ». Le terme « *coop* » est synonyme de « *shida* », expression intégrant diverses stratégies de captation de l'argent dans un contexte de débrouille pour la survie (Kienge-Kienge Intudi, 2005 : 345). Il est curieux de relever que l'expression « *coop* », qui était utilisée pour décrire les stratégies policières de captation de l'argent ou des moyens de survie, est passée dans le langage des jeunes qualifiés de « *Kuluna* » et se réfère aux stratégies de ces derniers d'obtenir de l'argent, toujours en contexte de débrouille pour la survie. La débrouille apparaît ainsi comme un mode de vie en milieu urbain kinois dans lequel s'inscrivent également les actes de violence assumés par les jeunes des quartiers populaires de Kinshasa.

Dans le cadre de la débrouille, en contexte kinois actuel, une des « *coop* » ou « *shida* », consiste en une activité dans le domaine de la fonderie ; activité qui a pris naissance ces dernières années. Il s'agit de la vente des mitrailles, qui fascine de nombreux jeunes. Ces derniers sillonnent les rues de Kinshasa à la recherche de mitrailles (*Mabende ekufa to'osomba),* « les choses qui soutiennent tous les jeunes (*ba Yáya*) de Limete ». Les carcasses de véhicules sont véritablement « cannibalisées » pour en extirper tout ce qui est possible. Ces mitrailles sont rassemblées et vendues au kilogramme, aux sociétés de fonderie gérées par les Indo-Pakistanais. Les mitrailles en cuivre sont achetées à mille sept cents francs congolais le kilogramme (soit un peu moins de deux dollars américains), tandis que les mitrailles des autres métaux (la ferraille) coûtent quatre-vingt mille francs congolais (soit un peu moins de cent dollars américains). La fonderie tend à y extraire quelques déchets de cuivre.

Ces activités donnent lieu à de nombreuses rivalités entre des bandes de jeunes, entraînant un flux d'agressivité et de violence à l'occasion d'affrontements entre bandes ou à l'encontre d'individus solitaires, afin de s'imposer au moment de la collecte ou lors de la vente de ces mitrailles. Cette violence répond à une logique de conquête et de maintien d'un marché ; les jeunes devant rester toujours actifs et éveillés : « Si tu dors, on t'endort [on t'écrase] (*soki o lali ba lali yo*) », déclarait un jeune vendeur. Le jeune doit laisser les traces de son agressivité partout où il intervient : c'est le gage de son intouchabilité.

Cette activité est plus lucrative pour ceux qui se regroupent, accroissant ainsi leur capacité de collecte et de transport des métaux, sur des brouettes ou sur des pousse-pousses extrêmement lourds.

La vente des mitrailles est conçue par les jeunes comme une véritable gestion de leur insécurité de vie, car elle représente une sortie toujours possible et un moyen pour se procurer de l'argent, unique moyen de se sécuriser, de se prendre en charge ou de se protéger : « Avant tout c'est Dieu qui protège, après c'est l'argent qui est maître d'ici-bas. Si tu ne cherches pas, pas moyen ! ».

Un jeune, nommé Mac, explique une autre modalité de « *coop* », qui consiste à « faire n'importe quoi pour avoir de l'argent » :

« … à la maison en ce moment-là il n'y avait pas moyen, chercher une *coop*, il n'y a pas de *coop*, étudier, il n'y a pas moyen d'étudier ; alors que faire ? Que faut-il faire ? Je me concentre seulement, puis, comme je suis aussi un *Yankee*, je fais aussi ce qui me plaît : pas de *coop*, alors on ne va pas vivre ! Je vais chercher à faire n'importe quoi pour avoir de l'argent ».

Dans ce contexte, la vie ne tient qu'à un petit fil, les activités de débrouille ne permettent pas toujours de vivre au jour le jour. Si, par exemple, la vente de mitrailles ne rapporte rien au cours d'une journée, les jeunes doivent trouver d'autres activités de substitution, d'autres « *coop* » ou d'autres « *shida* » qui vont de la danse à la violence qualifiée de « *kuluna* ». Ainsi, pour un jeune impliqué dans des actes de violence urbaine, sa débrouille associe à la fois la danse et d'autres activités répréhensibles :

« Je suis danseur de *coupé-décalé*[34]. On m'invite des fois à faire le tournage des clips à Brazzaville, parfois aussi je fais du *kotazo* ou la danse des *pomba*[35] ; cela me fait vivre. Comme je n'étudie plus, quoi faire encore ? Je joue aux jeux de cartes, une occupation qui finit toujours dans les cas extrêmes à déclencher des bagarres, je trouve de quoi vivre. *Mabé zéro*[36]. […] C'est ça la vie. Personne ne peut accepter de disparaître passivement[37]. Nous réfléchissons, en bien ou en mal, cela importe peu ; car il s'agit là de notre source de revenus, qui nous aide à manger et si possible, à venir en aide à la famille ».

Ce constat a été relevé par certains policiers interviewés : « Beaucoup d'entre eux ne travaillent pas, que voulez-vous ? Il crée lui-même son emploi, parce qu'il doit vivre, comme nous tous, nous nous battons pour vivre ! ». Dans le contexte de débrouille, les jeunes poursuivent une logique similaire à celle des agents de l'ordre, à savoir considérer la population comme le champ du soldat (militaire ou policier) :

34 Il s'agit d'une danse africaine, originaire de la Côte d'Ivoire, qui est exécutée aussi en Afrique centrale.

35 Danse des hommes forts, qui pratiquent les arts martiaux.

36 Expression qui veut dire « ce qui est mauvais c'est de manquer » symbolisé par le chiffre zéro.

37 Traduit de lingala « *a límua kaka boye* ».

« Ce sont des jeunes qui sont là, manquant quoi faire, ils se cherchent une occupation au détriment des autres, c'est comme si la population *ekomi bilanga na bango* [est devenue leur champ]. Maintenant ces groupes de ces jeunes-là ont des matériels qu'ils utilisent, comme j'ai dit tantôt là, *neti kaka bilanga* [vraiment comme s'ils allaient au champ], il faut des machettes, *pao* (bèches), *kongo* (houes) *po na mosala* [pour le travail du champ], c'est comme ça eux aussi ».

On constate également que certains jeunes exercent certains emplois, qui paraissent précaires en contexte congolais : mécaniciens, chauffeurs… Cependant, ces occupations ne les empêchent pas de se livrer la nuit à des actes de violence urbaine, comme l'explique un policier de Kisenso : « La majorité sont des mécaniciens, des chauffeurs, mais la nuit, ils font autre chose. Dans leur grande majorité, ce sont des chauffeurs des motos, toute la journée ils travaillent, mais la nuit, ils ont d'autres activités qu'ils font ». L'instabilité de ces occupations résulte du fait que parfois, elles demandent toujours de sortir de l'argent. C'est ce qui ressort des propos de Edo : en effet, la majorité de ces activités demande toujours de faire sortir de l'argent (achat des documents, « petit rien » donné aux policiers pour qu'ils laissent les chauffeurs exercer leur activité…), rendant ainsi ces emplois très précaires.

« On peut même faire un métier, il y a des auto-écoles partout maintenant… quatre mois [après] je sors mécanicien, six ou sept mois [après] tu es chauffeur-mécanicien… J'avais une fois tenté, mais il fallait chaque jour avoir l'argent pour les pratiques… Où trouver tout ça avec le minerval, toi-même tu dois manger et beaucoup d'autres problèmes. J'ai abandonné après deux ou trois semaines. Il fallait que je cherche l'argent. Mais si quelqu'un m'aide à faire ça, je vais rentrer… ».

S'identifiant comme un général d'armée autoproclamé dans sa « ceinture » (sa bande), et ayant autorité sur les jeunes qualifiés de « *Kuluna* », un jeune propose quelques pistes pour aider les jeunes à quitter la violence de « *kuluna* » en ces termes :

« Vous voyez, s'ils [les gouvernants] mettent en place l'apprentissage de métiers…, parce que tu marches du matin au soir, sans rien faire, tu manques à faire comme disent les Français, qu'on me donne un petit job, vous me dites : “non ! Désormais, tu feras ceci”, ONG tel, faites ceci, faites cela, on le fera facilement, car je sais que là je gagnerai un petit rien, un jour je pourrai faire quelque chose de moi-même, car c'est déjà un acquis. C'est comme ça qu'en cherchant, on a fait le marché de métal [les mitrailles], d'ailleurs cela n'est pas un métier, l'emploi c'est quoi ? C'est comme je suis en train de faire le laboratoire, pour qu'un jour je devienne laborantin, là c'est déjà un métier. D'autres encore peuvent faire la mécanique, pour devenir mécaniciens, d'autres des informaticiens, c'est question de leur chercher une occupation. Ceux avec qui je suis, s'ils [les gouvernants] disent qu'il faut les réunir pour faire quelque chose, je vais le faire. D'ailleurs, vous avez été avec moi vers la rivière, vous avez vu comment ils m'obéissaient. Tous les amis avec qui on était, qui sont vivants, s'il s'agit de les appeler, on va les appeler ! S'il y a du boulot, ils seront calmes. Chaleur de Ngaba a quitté aussi le "*kuluna*" seulement comme ça hein, parce qu'un parti politique l'a soutenu : "non, sois calme, fais seulement la sécurité des ligues des jeunes". Vous voyez ce qui l'a fait quitter [le "*kuluna*"] ! S'il y a seulement du boulot tout le monde va laisser [le "*kuluna*"] ».

L'absence d'emploi de ces jeunes les conduit à se procurer de l'argent pour vivre par d'autres moyens que « la voie normale », et particulièrement au moyen du « torchon », l'une des modalités de la violence urbaine consistant à ravir les biens des autres[38] :

« Comme on est assis comme ça, nous manquons d'argent, nous imaginons que nous sommes des jeunes au Congo, *eloko ya makasi* [un pays riche] !, mais les étrangers viennent nombreux et trouvent du travail, nous nous ne trouvons pas de travail… Nous voyons que des journaliers existent ! Pourquoi ne pas au Congo donner à un journalier cinquante dollars, cent dollars par mois ? Maintenant, ce qui donne aux gens des mauvaises idées c'est cela : je regarde que j'ai déjà un enfant à mon âge, mais mon enfant vient me trouver sans parcelle, ni quelque chose. Nombreux en Europe, à notre âge, ont déjà une vie bien organisée, pourquoi pas nous ? C'est pourquoi, maintenant si je manque d'argent, si je n'ai rien, je dois seulement ravir pour avoir de l'argent et mettre dans la poche, pour que tout ce qui est à toi devienne à moi, comme ça mon cœur se calme. Si je prends ça, je réalise vraiment que non j'ai

38 Voir supra le « torchon », comme modalité de la violence urbaine décrite par les jeunes.

eu de l'argent et je l'ai mis dans ma poche, je sors je m'en vais. C'est pourquoi, tu vois que "torchon" est arrivé ».

Les situations familiales complexes traduisent « une inscription sociale problématique des jeunes impliqués dans des actes de violence » (Kienge-Kienge Intudi, 2014 : 263) et révèlent une insécurité de vie présente et future. Les frustrations sont présentées par les jeunes comme une forme de violence sociale contre laquelle ils tentent de réagir en définissant des stratégies de survie. De plus, les frustrations familiales vécues vont s'extérioriser et prendre forme au sein du quartier, atteignant ainsi l'espace public et matérialisant leur rapport aux autres et à l'autorité publique.

III. Le contexte d'un quartier insécurisé

Au contexte familial insécurisant des jeunes s'ajoute le contexte tout aussi insécurisant du quartier. En effet, les familles, bien que regroupant une diversité de situations bien complexes, sont territorialement situées dans certains quartiers, qui exposent les jeunes à une autre forme d'insécurité en lien avec la défaillance étatique.

A. L'insécurité subie par les jeunes au quartier

Les quartiers ciblés dans cette recherche révèlent un relâchement du dispositif sécuritaire, social et sanitaire de l'État. Ce dernier est vécu comme absent, particulièrement dans son rôle régalien de protection des populations et de leurs biens. Dans un contexte social général de la débrouille, où presque chaque famille vend quelque chose devant la parcelle, et où les gens sortent tôt et rentrent tard de leurs démarches pour trouver « quelque chose » pour la survie de la famille, les actes d'insécurité subis de la part des jeunes d'autres quartiers, constituent un véritable problème : des actes d'agressions physiques et sexuelles exercées sur les filles du quartier, les extorsions des biens ou des sommes d'argent, etc. qui se produisent sur un fond de rivalités entre les quartiers. L'absence de réaction de l'autorité publique conduit les jeunes du quartier, encouragés par leurs familles, à s'organiser pour faire face à cette forme d'insécurité, en assurant l'autodéfense du quartier, qu'ils nomment la défense du territoire *(mabélé)*. Roy expose dans un entretien :

> « Eh, au quartier, nous étions calmes. Dans mon cas, ma mère vendait au marché Elengesa. Elle avait pas mal de choses qu'elle vendait. Des jeunes "*Kuluna*", dès qu'ils arrivaient chaque jour, ne faisaient que voler à ma mère... Nous aussi les jeunes, comme cela arrive toujours, nous n'acceptions pas ça. Nous avons dit non : "il faut que nous nous regroupions ! Ils sont aussi des hommes comme nous, ils ne peuvent jamais nous dominer ni aujourd'hui, ni demain, nous sommes tous des hommes comme Dieu nous a créés…". Qu'ils voient une fille, ils la violent, et beaucoup d'autres choses : confisquer l'argent pour faire le marché, quelqu'un va au marché comme ça, comme nous ne nous entendons pas avec eux, ils le blessent… ».

À l'instar de ce discours de Roy, d'autres jeunes rencontrés attribuent le développement de la violence à la dégradation progressive des conditions sécuritaires du quartier. La violence des jeunes semble s'inscrire dans un ensemble de situations-problèmes subies au quartier (insécurité des personnes et de leurs biens). Les pouvoirs publics semblent inactifs et absents devant la vie quotidienne du quartier. Pourtant, ce dernier étant l'entité la plus proche des jeunes et des populations, ils ressentent le devoir d'assurer la défense de leur « territoire ». Pour les jeunes, en effet, le territoire fédère le groupe en créant la conscience d'appartenir à un même quartier et plus encore, fait naître un sentiment communautaire. Le quartier est « leur territoire » (*mabélé na biso*). Cette appropriation du quartier, comme leur territoire, conduit les jeunes à le défendre contre les intrusions des jeunes d'autres quartiers, dont les agissements pourraient constituer une violation du code du vivre ensemble dans le quartier.

Les expressions comme « l'État n'est rien », « l'État ne fait rien », plusieurs fois reprises par les jeunes, sont révélatrices du contexte sociopolitique de déliquescence de l'État et de son indifférence, de son impuissance face aux problèmes sociaux. Les propos de Jures sont très éclairants :

> « Je me souviens d'un autre jour : maman avait perdu tout son capital au port où elle vend le *fufu*[39]. Elle est rentrée les larmes aux yeux. J'étais

39 Farine de manioc.

rempli d'esprit de vengeance sachant qu'on n'avait plus rien pour notre survie à la maison. Nous avons opéré cette nuit-là avec les potes sans pitié, et le matin, j'avais de quoi remettre à maman pour qu'elle reprenne son activité… Tu vois, où est le mal ? Le problème ce n'est pas nous. Ainsi va le monde d'ici ».

Les jeunes présentent alors la violence subie comme un élément déclencheur de la violence à l'égard des autres, qui génèrent des cycles de violence entre jeunes des quartiers populaires de la ville. C'est ce qui explique l'expansion de la violence dans la ville.

B. Les agressions subies par les jeunes de la part d'autres jeunes et des policiers

La situation d'insécurité au quartier, présentée ci-dessus, expose certains jeunes aux agressions, de la part d'autres jeunes impliqués dans la violence, laquelle violence forge pour certains la motivation d'intégrer, ou de créer une bande pour répliquer ou assurer sa sécurité personnelle.

Parlant de l'agression qu'il a subie, un jeune nommé Edo raconte comment cette dernière a déclenché son basculement dans la violence :

« L'évènement qui était arrivé [pour que je devienne "*Kuluna*"] : nous, nous venions d'acheter du cuivre, nous étions à Kimbangu à côté de chez notre vieux Ize. Arrivent deux vieux, S. et O., de Kingabwa est, pour me ravir le cuivre que j'avais. J'étais accompagné d'un de mes vieux, qui était venu de Barumbu, celui qui m'avait vraiment initié dans ces histoires. Quand S. et O. voulaient me ravir le cuivre, mon vieux leur dira : "ne faites pas ça". Ce vieux, si tu le vois comme ça, tu ne peux pas t'imaginer qu'il peut frapper, il est mince. Les deux ont commencé à crier sur lui : "qui es-tu pour intervenir ?". Mon vieux a commencé directement des démonstrations, il les a sérieusement frappés, il a sorti la machette, les messieurs ont fui, on a récupéré leur cuivre, on est parti avec, on a pesé et leur cuivre et le nôtre, tout l'argent on a mis dans la poche, on est parti. Personne ne nous a suivis jusqu'aujourd'hui. Mon vieux m'a directement dit : "mon petit, tel que tu es là, je t'ai beaucoup apprécié, tu dois savoir que moi, je suis de Barumbu, mais ces jours-ci je suis à Kingabwa. Je dois être avec vous, tu comprends ? Tu as une bonne taille, je t'ai vu tel que tu es là, il faut fortifier l'esprit…". Ce vieux m'a dit : "on doit arriver avec toi chez moi à la maison". Il m'a amené chez lui, il me dit : "regarde, voici des machettes… Il m'a directement donné une machette, j'ai porté la machette dans mon pantalon… puis j'ai commencé à intéresser mes amis. Quand ce vieux est rentré à Barumbu, ils sont allés livrer leur combat, il a été blessé, il a été hospitalisé pendant un temps. Quand je suis resté, je me suis directement autoproclamé général, je me suis directement approprié le nom de général. J'ai pris toutes les machettes qu'il avait dans sa maison, j'ai donné à mes amis. Alors on a commencé à passer nuit dans la maison de ce vieux-là. Des fois, j'allais chez nous à la maison, puis je rentrais, c'est comme ça que j'ai formé mon écurie, et c'est comme ça qu'on a réussi à créer cette ceinture. Donc à partir de ce jour-là, comme on avait voulu m'arracher mon bien et la démonstration qu'avait faite ce vieux, comme il avait blessé les gens et comme il m'avait apprécié, j'avais directement pris l'allure. C'est vraiment ce jour-là que j'étais devenu "*Kuluna*" ».

Pour Dady, le choix de la violence s'est effectué dans d'autres circonstances, mais toujours à l'occasion d'agressions subies de la part des jeunes, qui se livraient déjà aux actes de violence. Il raconte :

> « … Nous autres, nous n'avons pas fait ces choses-là par simple plaisir. Au quartier, les *Yankees* étaient là… Moi, j'étais vraiment un *Play boy*, vraiment un *Play boy*. Un samedi comme ça, je me lave, je me fais propre, je vais passer les week-ends. Tu vas aller comme ça, dans certains endroits, on t'arrête, tu rentres comme ça, on te ravit tes ketchs [baskets], des téléphones, de l'argent, tout ça… Quand tu rentres à la maison, tu as seulement des motivations de colère jusqu'à ce que je me suis dit : ah ! Trop c'est trop. Moi, on m'a aussi beaucoup "mangé" [dépouillé], il faut que j'entre maintenant dans ces histoires. C'est comme ça que je suis entré dans ces histoires… ».

Au cours de l'entretien, Dady explique que, fatigué par cette insécurité produite par la présence des *Yankees*, impavides et jouissant d'un complexe de supériorité, d'une image de tout-puissant, il a finalement été conquis par ce mode de vie. Victime d'insécurité, il est devenu producteur d'insécurité pour les autres. C'est ainsi que les jeunes expliquent les cycles de violence qui s'installent dans plusieurs quartiers de Kinshasa.

L'insécurité dont il est question lors des entretiens n'est pas produite uniquement par les *Yankees* du quartier, mais aussi par les tracasseries policières. Ces dernières auraient suscité, chez certains jeunes, le désir d'intégrer une bande afin de se sentir en sécurité :

> « … Comme moi là, vraiment je n'avais pas rêvé de tenir une machette, ce n'était pas mon idée, mais… Moi, j'étais coopérant en ville, je faisais circuler des articles en ville [vendeur ambulant]. À un moment donné, quand on sort pour vendre seulement comme ça, tu vois la Jeep des militaires entrer, ils ont commencé à nous arrêter, nous les vendeurs ambulants, nous ravir des choses… Tu vois tes choses, tu les avais vraiment achetées, ç'a la valeur de soixante-dix dollars, quatre-vingts dollars, cent dollars, mais on te les ravit vraiment, tu n'as rien fait, seulement comme tu es en train de faire circuler les articles en marchant, c'est parti. Tu reviens à la maison comme ça, les petites économies que tu gardais, tu prends ça encore, ah ! Je vais encore tenter ma chance. Tu vas aller comme ça, tu achètes tes choses [articles] par une voie normale, chez les Libanais, les Ouest-Africains, mais si tu sors avec ça en ville, sur le boulevard, tu commences seulement à vendre comme ça, beaucoup de services de militaires, des policiers, des agents de bureau deux [services de renseignements], ils circulent, ils vous ravissent des choses… Parfois deux cents dollars, partis. J'ai vu que ah ! Je suis en train de faire quelque chose par la voie normale, ça m'embrouille, maintenant je fais quoi ? ».

Examinant les interactions entre les policiers et les justiciables, Kienge-Kienge Intudi désignait les tracasseries policières comme « la face insécurisante de la police » qui, avec l'autre face d'une police insécurisée, constituent les deux faces de la misère de la police (2011 : 204). Le terme tracasserie renvoie, a-t-il indiqué, « aux ennuis causés à la population ou aux jeunes par des policiers à travers certaines attitudes ou certains propos jugés peu dignes de la bienséance ou de la bienveillance généralement attendue d'un agent de l'ordre ». L'interaction avec les policiers, poursuit-il, « est considérée dans ce cas par la population ou par les jeunes comme une situation importune (*mutungisi*), dont ils se plaignent ou face à laquelle ils se résignent ». Il a relevé aussi que « ce qui caractérise une tracasserie c'est surtout son aspect arbitraire, que l'on subit injustement *intuitu personae*, parce que le policier abuse de son pouvoir, soit suite à l'ignorance de la personne, soit suite à sa situation de faiblesse, étant entendu qu'une autre personne n'aurait pas à subir cette tracasserie ». C'est donc « une pratique contraire au principe d'égalité de traitement des administrés dans leur rapport avec la police, en tant qu'un service public ». Dans sa forme monétaire, a-t-il relevé, « la tracasserie correspond à la recherche policière des bénéfices indus, définie comme problématique par les justiciables » (Kienge-Kienge Intudi, 2011 : 205). Elles traduisent « le dicton kinois selon lequel "*civil a zâ elanga ya sodat*" [le civil, c'est le champ du soldat] ». Le terme « soldat » est pris ici dans le sens général de tout agent de l'ordre. Le civil est donc une source de revenus pour le policier, qui est capable de lui chercher des ennuis pour se faire remettre de l'argent.

Il apparaît que, dans un contexte d'aggravation des conditions de précarité des forces de l'ordre, ces tracasseries constituent des actes d'extorsion des biens de valeur ou des marchandises des jeunes, qui se débrouillent dans des activités de vente ambulatoire le long des grandes artères ou au centre-ville.

Ainsi, face aux agressions et aux tracasseries dont ils sont victimes, certains jeunes recherchent la sécurité en intégrant une bande, d'autant que les membres, qui la composent, semblent « s'en sortir », et réaliser des bénéfices à la suite d'actes de violence impliquant l'usage d'une machette :

> « Ceux qui d'ailleurs sont en train de faire le "*kuluna*" à la cité, nous voyons qu'ils sont calmes. La nuit, nous les voyons avec des machettes, dans notre entourage à la cité, nous sommes avec des "*Kuluna*", quand je suis avec lui, je vois qu'il sort parfois cinquante dollars, qu'il avait arrachés entre les mains de quelqu'un la nuit, cent mille [francs congolais], cent cinquante mille [francs congolais]. Maintenant, moi je regarde... Hier, je suis sorti le matin, j'ai même payé le transport pour aller au grand marché, aller vendre. Arrivés là au grand marché comme ça, les soldats viennent nous ravir les choses, allez ! Moi aussi je suis devenu méchant, non ! Vaut mieux que moi aussi je tienne la machette, que je sorte... ».

La débrouille est d'autant plus difficile que les quartiers retenus pour l'étude, tout comme plusieurs autres quartiers de la ville de Kinshasa, sont enclavés.

C. Des quartiers urbains populaires enclavés

Les quartiers urbains de Kinshasa constituant le site de la recherche empirique, sont marqués par une très forte précarité matérielle : routes défoncées ou coupées rendant l'accès difficile aussi bien par véhicules que même par motos, permanence de l'obscurité, absence de toute activité économique formelle ou de services de santé et d'écoles… Voici comment un policier de Kisenso décrit le quartier de son affectation :

> « À Kisenso, il n'y a pas du courant à tout moment, les routes sont obscures. Tu fais un long trajet dans le noir, tu ne sais pas qui vient, qui est caché. Ça peut être un jour de repos, je ne suis pas allé au boulot, je sors faire mes *coop*, mais dès qu'il est dix-huit heures, je commence à m'inquiéter, si je suis encore loin de chez moi… Il y a des avenues qui peuvent commencer, arriver quelque part, elles s'arrêtent, il faut entrer dans les parcelles des gens… Ce n'est pas partout où il y a des routes où les véhicules peuvent passer contrairement à d'autres communes ».

Un jeune de Kisenso a pu se plaindre de la situation extrêmement dégradée de son quartier :

> « Ici à Kisenso, il n'y a pas moyen de faire une activité [donner un coup de main]. À part cette grande route qui rejoint Matete, il n'y a rien. Pour faire quelque chose, il faut aller à Matete. Ici, même un petit garage où tu peux apprendre un métier, il n'y en a pas. L'eau et le courant, n'en parlons pas. Maintenant, dis-moi, toi jeune, que feras-tu ? ».

Il en est de même à Kingabwa où le fin fond du quartier est inaccessible en voiture ou même en moto. Seul le déplacement à pied est possible et, fréquemment dans l'obscurité. À Bumbu, les jeunes rencontrés se plaignent de l'absence de routes. Éloignés de la grande avenue asphaltée, ils éprouvent d'énormes difficultés à développer une activité commerciale. Un jeune de Bumbu se plaint également de la situation reculée de son quartier en ces termes :

> « … La conjoncture du pays ne change pas, c'est la souffrance : il n'y a pas de courant, il n'y a pas d'asphalte. Si nous avions l'asphalte ici à Elengesa, on ne mourrait plus de crise (*to kokufa lisusu na ba mpiaka te*) : je peux vendre des cigarettes (*shimboki*), je peux créer un parking, je ne manquerai pas cinq cents francs congolais. C'est parce qu'on n'a pas

d'asphalte. Pour nous, l'asphalte c'est l'argent ; quand tu vois l'asphalte, tu es à l'aise. Maintenant, tu n'as pas d'argent ; si quelqu'un vient te proposer une *coop*, allons faire le "torchon", je ferai quoi ? Je vais acheter des machettes nuitamment, je vais faire le "*kuluna*" parce que le pays va mal (*mboka eza mabé*) ».

Les jeunes vivent « comme au village », se plaint un jeune de Kisenso :

« Il n'y a même pas un seul magasin des Chinois, même pas un endroit où on peut te mettre, tu te dis : ici j'aurai quelque chose, non ! Comme tu vois des motos passer comme ça, à vingt heures ici c'est comme au village, tu ne sauras même pas voir. C'est parce que tu es venu la journée. Viens la nuit et tu verras comment nous vivons. Un vrai village. Mais on est à Kinshasa ! Il y a des endroits où même une jeep ne peut pas entrer. C'est impossible. Le véhicule n'y arrive pas. Vous pouvez tuer quelqu'un là-bas, on ne saura pas vous atteindre ; il n'y a pas de route, à l'intérieur il y a des montagnes. Si vous vous cachez là-bas, c'est fini. C'est difficile de vous attraper ».

L'obtention facile des moyens de survie par la voie d'actes de violence, ou à l'aide d'une machette la nuit, a conduit certains jeunes à s'engager sur cette voie de la débrouille au sein d'une bande. Voyons alors comment ils y vivent.

Chapitre II

Le vécu des jeunes au sein de la bande

Dans la plupart des travaux publiés, indique Marwan Mohammed (2011 : 7), « la bande est généralement caractérisée par les actes délictueux et de violence commis par les jeunes qui la composent ». Il s'agit, poursuit-il, « des regroupements juvéniles qui émergent dans des espaces déclassés. Mais l'antériorité des bandes, leurs formes, leur ampleur numérique ou criminelle, leur inscription territoriale, leurs configurations identitaires et symboliques, ainsi que la réaction sociale qu'elles provoquent, diffèrent selon les contextes, ce qui implique de les appréhender dans leur espace et dans leur temps » (Marwan Mohammed, 2011 : 7).

En contexte kinois, la bande des jeunes est dénommée par les expressions de « ceinture » ou d'« écurie ». Elle désigne les regroupements des jeunes, issus d'un même ou plusieurs quartiers. La plupart des jeunes rencontrés dans le cadre de l'étude parlent spontanément de « ceinture » comme d'un groupe d'amis de longue date. Un jeune déclare à ce propos : « Ces choses [ceintures] ont commencé parce que nous étions toujours avec les potes dans le quartier… Nous grandissions ensemble et on se connaissait bien… ». La plupart des jeunes se sont rencontrés vers l'âge de onze ou de douze ans. La majorité d'entre eux habite un même quartier, sont inscrits dans la même école, voire parfois dans la même classe. Ils ne sont pas seulement amis depuis plusieurs années, ils partagent aussi généralement, mais pas nécessairement, les mêmes conditions de vie, des histoires de vie semblables, le même type de difficultés, familiales ou sociales,

les mêmes besoins et aspirations vis-à-vis de l'avenir. Par-dessus tout, ils revendiquent avec fierté leur appartenance identitaire à la ceinture. Un autre jeune, Lolo, déclare : « Nous étions quatre élèves dans cette école, tous de la même ceinture ».

Le groupe de pairs, comme univers de vie possible, a son sens pour les jeunes, en l'intégrant, d'une certaine manière, à la réalité de la vie kinoise. En effet, la vie dans les quartiers de Kinshasa est hétérogène. Et il est souvent difficile de tracer une ligne de démarcation claire entre les populations, qui se côtoient et interagissent, et de pronostiquer *a priori*, sans risque de dénaturer la réalité, sur une ségrégation spatiale entre les jeunes de niveaux de vie différents. Car, la précarité de niveau de vie n'empêche pas à bien de jeunes de faire bonne figure et de participer, à côté des autres, à la vie du quartier. Les groupes de pairs sont ainsi multiples, allant du quartier à l'école en passant par l'église et le club sportif. Et, dans de nombreux quartiers de la ville de Kinshasa où l'interconnaissance et le vivre-à-côté-de-l'autre constituent un mode sécuritaire par excellence face à une insécurité de vie galopante, il n'est pas étonnant de voir se développer des groupes de jeunes, qui, au départ, ne se créent pas sur fond d'une certaine pensée ségrégationniste. Il s'avère parfois difficile de conjuguer directement un certain nombre d'échecs (scolaires et autres) avec la formation des groupes de pairs, aussi longtemps qu'il existe, au départ, une complexité de situations et de positions parmi les jeunes, qui forment un groupe déterminé. Les échecs atteignant les uns, n'atteignent pas toujours tous les autres membres du groupe au même moment.

Dans une recherche antérieure sur *La pauvreté des jeunes et la violence urbaine* (Kienge-Kienge Intudi, Bungu Musoy, Malanda Mvibidulu, 2013 : 22), il a été constaté que

> les jeunes ne créent pas des groupes dans le but de commettre des actes infractionnels, bien qu'à un certain moment de leur parcours, les comportements problématiques viennent prendre des proportions inquiétantes, souvent à travers un processus d'imitation induisant un changement dans le parcours.

Le groupe de pairs ne se comprend pas comme palliant le manque d'affection et d'attention familiales envers les jeunes, mais il est un espace de partage entre pairs, un lieu de sociabilité, de dialogue et d'échange d'expériences personnelles. Cependant, cet espace peut devenir, à un moment de la vie du jeune, le seul espace possible d'expression de son identité, voire de sa liberté. « Il se crée là une espèce de reconnaissance groupale dans le sens tribal du terme » (Maffesoli, 1988 : 48), incluant tous les comportements qui s'y rattachent (création d'un langage connu par les initiés, de codes vestimentaires, d'affinités). Lolo expose les origines de la ceinture *Bibende*[40] dont il fait partie :

> « Nous avons commencé la ceinture *Bibende*... sous diverses façons : on a commencé par la danse, exhibition des muscles et on nous applaudissait. On s'est rendu compte que danser ne convient pas..., ce n'est pas rentable (*ezo futa te*). On s'est rendu compte qu'on ne devait pas seulement danser, pas seulement exhiber, il fallait qu'on commence à défendre notre territoire et chercher la vie. Lorsqu'on nous appelle ceinture *Bibende*, nous avons fait tout ce qu'un gang (*Yankee*) fait sur terre. On a ravi, on a tapé, on a tout fait ».

Tandis que pour Zoulou, la ceinture s'est constituée plus tard à la suite d'un constat d'insécurité due aux menaces dont les jeunes du quartier étaient victimes :

> « Bon, le problème des ceintures, ce problème de "*kuluna*", nous ne le connaissions pas. Nous étions des enfants de la maison, nous étions en train de faire nos études. Mais tellement que nous commencions à voir que notre quartier commençait à changer, ça devient... pour aller de l'autre côté, on te menace, que tu reviennes comme ça, on te menace. Ainsi, nous sommes arrivés à nous mettre ensemble avec des amis. Kata, lui, venait de Lunda [en Angola], et la ceinture est née ».

L'intégration, voire la création, d'une bande (ceinture[41]), engage un processus de socialisation. En effet, les jeunes décrivent une intégration progressive au sein de la bande. La réussite de ce processus rend possible la réalisation des différentes modalités de la violence re-

40 *Bibende* ou *mabende* en lingala se traduit par le terme « métaux ».
41 Ils l'appellent *kamba*.

levant du « *kuluna* ». Pour les jeunes, la bande apparaît alors comme un tremplin et la violence, qui s'y exerce, comme une ressource mobilisable, qui leur procure divers bénéfices.

I. Le processus de socialisation au sein de la bande

La violence urbaine des jeunes au sein de la bande nécessite pour sa production, comme dans toute structure sociale formelle ou non, un processus de socialisation, qui passe par quatre phases consécutives, pour une intégration réussie, à savoir le rattachement ou le rapprochement, l'adoption et l'apprentissage du code et des normes de la bande, l'initiation et l'incorporation.

A. Le rattachement ou le rapprochement d'une bande

Le rattachement à une bande s'organise de deux manières : soit un jeune confronté aux diverses difficultés relevées ci-dessus (précarité familiale, rejet de la famille, instabilité scolaire ou professionnelle, agressions de la part d'autres jeunes ou des policiers), décide d'intégrer la bande, soit ce sont les membres d'une bande qui vont vers un jeune du quartier pour lui proposer de faire partie d'une bande (ceinture). Un jeune déclare : « … Avant, je restais là avec des aînés du quartier, causer… Des fois, ils m'envoyaient acheter quelque chose. Quelquefois, ils disparaissaient, je restais seul. Quand ils rentraient comme ça, après deux heures, ils mangeaient, ils buvaient à l'aise… ». Cette aisance a dû exercer un attrait sur ce jeune pour intégrer la bande de ces aînés.

Tout commence généralement par la fréquentation de certains amis, qui cherchent parfois des bagarres pour se mesurer ou avoir un certain leadership au niveau du quartier. Pour y parvenir, tous les moyens semblent permis : médisances, colportages de ragots ou provocations :

> « Si moi je suis arrivé à faire le "*kuluna*", c'est parce que… le monde est mondain…, une certaine personne trouble ton esprit. Comme nous sommes arrivés à nous promener comme ça, ton ami avec qui vous êtes ensemble, c'est lui ton ennemi. Il peut aller parler du mal à ton propos

chez quelqu'un d'autre. Celui-là lorsqu'il entendra que tu as parlé en mal de lui, ça va chercher que vous vous bagarriez vous deux. Lorsque vous allez vous bagarrer, ses amis lorsqu'ils l'entendront, ils viendront se bagarrer encore avec vous, c'est ça qui fait le "*kuluna*". C'est ainsi que tu vois que les amis portent des machettes, nous, nous avons perdu des doigts à cause du "*kuluna*"... Nous avons perdu des doigts. Par le fait de trop rester avec les amis... d'autres mauvais esprits entrent ».

Le rattachement peut aussi devenir méchant ou forcé, comme dans le cas du « torchon », si le jeune, à qui la bande va proposer d'en devenir membre, oppose de la résistance ou refuse. Edo expose le sort qui sera réservé à ce jeune récalcitrant :

« Quand je viens sur votre avenue te dire : "Viens, que nous constituions une ceinture, que tu marches avec nous", si tu refuses, quand on t'attrape, là vraiment tu seras hospitalisé [tabassé au point d'être hospitalisé], c'est un passage obligé, parce qu'on va te frapper, tu finiras même par fuir votre maison. Même si tes parents viennent, on n'aura pas peur, toi-même quand tu vois qu'ils m'avaient déjà frappé, quand on va encore t'appeler, tu seras contraint de venir, si tu ne viens pas, partout où tu iras, on va te suivre, on va continuer à te frapper... ».

Ces agressions finissent par « convaincre » un jeune dans un quartier à rejoindre la bande.

B. L'adoption et l'apprentissage du code et des normes de la bande

Lorsqu'un jeune se rattache ou est rattaché à une bande, il est dans la ceinture, c'est-à-dire il est simplement présent sans y participer, car ses membres s'expriment dans un langage codé. Tant qu'il n'a pas encore accès à ce code, il est presque un étranger et peut inspirer de la méfiance, voire de l'insécurité, si les autres membres de la bande ont peur d'être trahis. En effet, lors des réunions de la bande, certaines opérations sont planifiées et les rôles sont distribués. La présence de la jeune recrue peut donc susciter la crainte de la trahison, et cette situation ne peut être que de courte durée. C'est pourquoi, la jeune recrue[42] devra être rapidement adoptée et com-

42 On l'appelle « Miniature ».

mencer un processus d'apprentissage pour faire entièrement partie de la bande. L'assimilation du jeune est un gage de sécurité pour la bande, dans la mesure où les stratégies de cette dernière pourront rester internes : « Si nous continuons à le laisser ici, il va nous trahir… Allons avec lui, il est courageux, il pourra s'adapter facilement… ». Ainsi s'exprime un membre de la bande. Le nouvel arrivé dans la bande doit être adopté rapidement pour ne pas apparaître comme un « infiltré », qui peut provoquer la perte de l'identité et la force de la bande.

L'acceptation de la recrue traduit la confiance qui lui est faite par les membres du groupe. Dès lors, on peut commencer à l'envoyer, généralement acheter du chanvre (*boule*) ou une liqueur (*zododo* ou *supu na tolo*[43]), pour les membres de la bande[44]. Cette mission constitue aussi une modalité de probation, permettant de vérifier si la recrue est en mesure de rompre avec son identité et sa conduite antérieures pour intégrer des manières de faire du groupe, y compris les plus problématiques ou illicites. De manière individuelle, certains aînés dans la bande peuvent également l'envoyer acheter du pain, des cacahuètes, de la boisson sucrée ou la cigarette. Cette commission permet de tester l'allégeance de la recrue envers ceux qui commandent ainsi que sa promptitude à exécuter les ordres donnés. L'acceptation d'une recrue au sein de la bande implique directement l'apprentissage de ses normes et de son code langagier. Rolly explique à ce titre que le langage de la bande n'est accessible qu'à ses membres :

> « C'est de même avec nos termes, si tu n'es pas gangster (*Yankee*), tu ne peux pas comprendre. Nous pouvons être avec toi, on utilise ça… parce que nous avons beaucoup de langues à parler : "*ah, do eza ndenge nini ? – deux mombenga…*". Tous ce sont des termes, comme "*ado yo ado zado…*". Ce sont des termes ! Comme "*pustura*" : c'est le verbe "*pusturer*" [qui signifie] : saccager, aller voler. C'est ça ce que nous appelons "*pustura*" ».

43 Il s'agit d'une liqueur importée de l'Angola (de Lufu) et qui est vendue par les marchands qui font le trafic entre Kinshasa et Lufu chaque semaine. Initialement vendue en sachet, son entrée sur le territoire congolais avait été interdite par l'autorité étatique. Mais actuellement, elle est vendue en bouteille et parfois en petite quantité pour toutes les bourses.

44 Nous verrons ultérieurement que ces produits servent d'adjuvant pour des actes de violence des membres de la bande.

Un autre jeune, Chico, précise d'autres aspects du code langagier :

« Tantôt aussi je peux parler de toi, je peux faire un plan contre toi : ah, pote, ce type comme il est là, nous allons le "torchonner" (*ah do masta do type o do yo do ya mupanzi do "torchon" do mupanzi o…*), toi tu ne sauras rien, tu vois seulement qu'on vient prendre ce que tu as. J'ai déjà dit aux potes qu'on doit te ravir telle chose ou tout ce que tu as… Dans la ceinture, nous tous nous devons comprendre aussi si tu n'es pas quelqu'un de la ceinture, mais que tu es un *Yáya*. Si tu es une certaine personne qui écoute aussi les codes, tu vas comprendre. Donc, quelqu'un comme toi, tu ne peux pas comprendre ça ».

Cet apprentissage s'effectue en interagissant avec les autres membres de la bande, particulièrement avec ceux qui commandent ; la recrue va apprendre et comprendre la vie au sein de la bande. Ainsi, les jeunes qualifiés de « *Kuluna* », répondent au sein de leur ceinture à des règles et des codes, consacrées par eux. Chacun sait ce qu'il a à faire et comment il va le faire.

La codification du langage dévoile un mode de vie dans la ceinture, et constitue une identité partagée par les initiés. Ce système de repérage peut être commun à plusieurs ceintures ou propre à une ceinture. Lorsqu'il est particulier à une ceinture, il est utilisé soit pour identifier ses membres lors des affrontements entre ceintures, soit pour donner une consigne, lorsque les membres d'une même ceinture veulent mener une opération. Ce code va leur permettre de transmettre un message ou de réaliser les activités convenues au vu et au su de tout le monde sans que personne ne puisse le déchiffrer, pour reprendre une de leur expression « sans cicatrice ». Une opération peut être préparée de telle sorte que la plupart des jeunes qu'on retrouverait aux alentours du lieu, et qui pourront courir à la suite de l'auteur suspecté d'un acte délictueux, ne seraient en réalité que les membres de sa ceinture, qui ont un point de rencontre. Ainsi, la phase de l'adoption et de l'apprentissage précède celle de l'initiation.

C. L'initiation

L'apprentissage des codes et normes de la bande n'est pas à confondre avec l'initiation. En effet, celui-là maintient la recrue dans un certain rapport externe à ce qui est illicite ou problématique socialement, et qui caractérise la bande, mais sans l'y engager. C'est ainsi que dans le cadre de l'apprentissage, le jeune sera envoyé pour acheter, par exemple, du chanvre ou de la liqueur, sans qu'il soit convié à la consommer. Par contre, lors de l'initiation, la consommation est de rigueur.

L'initiation est une phase qui détermine en quelque sorte le devenir de la recrue dans la bande. Elle se fait souvent par immersion : le jeune est amené au champ de bataille et doit agir sans aucune expérience. Pour tenir sur le terrain lors de l'opération, la recrue devra consommer du chanvre[45] ou de la liqueur (*supu na tolo* ou *zododo*)[46]. Il s'agit là d'un préalable à toute opération du « *kuluna* » comme l'expose un jeune :

> « Un jour, je suis sorti de la maison comme si j'allais à l'école, alors que j'allais rencontrer les vieux. On est resté là. À un moment donné, ils m'envoient : "Va acheter du chanvre". Je suis allé, j'ai acheté trois boules, j'ai amené. Ils ont pris, puis ils me demandent : "Petit, as-tu déjà pris ça ?". J'ai dit non, non. Et ils me dirent : "Aujourd'hui tu vas gouter". Ils m'ont donné, j'ai pris, puis je commençais à avoir des vertiges. Quelque temps après, ils m'ont pris, nous sommes allés à un coin, mais avant que nous y allions, ils m'ont demandé d'enlever l'uniforme. J'ai enlevé la chemise, je suis resté en singlet et j'ai plié le pantalon, c'est devenu comme une culotte. Alors nous sommes partis. Et comme il faisait déjà noir, nous avions ravi cinq téléphones et l'argent. Quand nous sommes rentrés, ils m'ont donné cinq mille [francs congolais]. Vraiment, je vous dis, ce jour-là, manger c'était rien ».

En d'autres termes, ce jeune a conclu son initiation par les actes posés, lui permettant de trouver l'argent pour pouvoir manger : « ce jour-là, manger c'était rien ». Un policier de Kisenso explique la place de la consommation du chanvre ou de l'alcool dans les opérations de « *kuluna* » en ces termes :

> « Certaines personnes le font (le "*kuluna*") sous l'ivresse. C'est cela qui les pousse à cette réaction. Peut-être ils prennent de la cigarette, du whisky, ça les amène dans la divagation, ce qui les conduit à agir comme

45 Se dit *nua* dans leur jargon.
46 Se dit *drink*

les "*Kuluna*". Peut-être depuis le matin, il n'a pas mangé, il va s'enivrer. Quand il est ivre, il a faim, il n'a pas où trouver l'argent. Quand il descend dans la rue, quand il croise quelqu'un, directement son agissement change, et surtout s'ils se regroupent à deux ou trois ».

Il précise que « c'est après avoir bu, sous cette ivresse qu'ils vont opérer, mais quand ils n'ont pas bu, ce sont des enfants polis ». Aussi poursuit-il, ils se livrent à « la prise des liqueurs fortes, car ces jeunes, quand ils n'ont pas encore bu, ils sont calmes. Une fois ivres, ils ne reconnaissent plus que celui-ci c'est un papa, c'est une maman, un aîné ». C'est pourquoi, dans la plupart des cas, ils évitent d'opérer dans leurs propres quartiers où il y a des personnes qui leur sont familières (parents, voisins, vieux du quartier…). Ils s'en vont ailleurs. La consommation du chanvre et de l'alcool (la liqueur) réalise l'initiation de la recrue et l'intègre immédiatement dans la bande et dans les actions de celle-ci. Durant cette phase de l'initiation, des sacrifices doivent être endurés, comme le déclare un jeune :

> « La vie dans la ceinture : il faut endurer. Vous devez passer par beaucoup d'étapes, dormir à l'extérieur pour attendre des gens dans un coin. Ce sont des sacrifices qu'il faut faire, mais en réalité c'est une initiation. On veut se rassurer que tu peux tenir bon, que tu ne peux pas trahir les autres. Nous avons des maisons, mais nous n'y allons pas. Ça nous forge (*esprit konzo*) pour devenir effectivement responsable, avec sa femme et ses enfants… ».

L'initiation réussie détermine l'incorporation de la recrue dans la bande.

D. L'incorporation

L'incorporation est effective lorsque la recrue « entre dans le jeu ». Il s'agit de conformer sa conduite aux objectifs de la bande, en mettant en œuvre des stratégies particulières et en organisant son temps pour la réalisation desdits objectifs. Ainsi, raconte Rolly : « Le lendemain, je suis directement entré dans le jeu. Je commençais à porter l'uniforme à la maison, je prends un autre habit, je mets dans le sac, une fois au siège, je me change directement. C'est comme ça qu'on vivait ».

Les exploits réalisés par la recrue lors des opérations permettront aux autres membres de la bande de l'identifier en lui donnant un nom ou à lui-même de se donner un nom, qui correspond à ses exploits lors des opérations. En effet, les jeunes s'identifient par de simples sobriquets, un nom dont la signification a un sens pour les jeunes et dépend de ses capacités sur le terrain, comme le décrit ici Lolo :

> « Parce que nous dans cette ceinture… le pouvoir (*luyalu*) et le nom (*kombo*) chacun les cherche. Tu chercheras qu'on t'appelle comme ceci, lui aussi cherchera qu'on l'appelle comme cela, mais autant qu'on t'appelle comme ça, il faut que nous voyions des actions : tu blesses, tu coupes, tu mets les gens K.O., et après oui, par la prononciation de ton nom, nous confirmons que tu fais ça… ».

Le nom peut aussi être imposé par les amis, comme l'explique Godé : « Pour le nom… c'est seulement la motivation des amis, qui te voient à l'œuvre. Ils marchent avec toi, tu as un mauvais esprit, qui frappe, qui ravit, et pendant la bagarre, tu blesses. C'est comme ça que les amis se disent : “non, toi il faut que tu portes tel nom” ». Le nom est, pour ces jeunes, porteur d'une histoire et d'une vie intérieure qu'ils pensent concrétiser sur la scène sociale. Chacun doit donc assumer le nom qu'il porte, ce qui conforte son identité personnelle au sein du groupe, qui a aussi sa propre identité.

Dans la description de leur quotidien, on constate chez ces jeunes une forte identification à leur groupe et à leur quartier. Cette identification les protège et les contraint à la fois. Elle les protège, en leur donnant un cadre où ils trouvent leurs marques et, de leur point de vue, une certaine « tranquillité », un cadre d'expression. La ceinture est aussi perçue comme un cadre contraignant, de par ses normes et la très forte interconnaissance, qui permet que « tout de suite, tout se sait, de par le contrôle qui peut être exercé par les leaders » (Kokoreff, Barron, Steinauer, 2005 : 11).

Certains noms veulent simplement traduire l'hégémonie de la ceinture sur les autres et la sécurité qu'elle assure à ses membres :

> « Ce nom que nous avions donné, et ce que nous, nous étions en train de chercher dans la ceinture, est que nous soyons seulement le champion des ceintures. Nous aimions être toujours au-dessus de tous, comme

cela, où que vous soyez, même dans une autre commune, que vous sachiez seulement que la ceinture *Bibende* existe ».

De même, pris individuellement, le jeune veut se construire une identité dans la bande.

> « Moi, je suis celui que tu entends, celui qu'on appelle, Vice de loi. Vice c'est comme dans un pays où il n'y a pas la loi, même si tu fais le mal, je t'encouragerai. Parce que c'est moi le Vice de loi, l'homme de la loi : mes lois sont seulement mauvaises, seulement que si tu vas à la bagarre et que tu ne blesses pas, là nous n'allons pas nous entendre. Il faut que tu ailles vraiment, lorsqu'on dit vas-y, c'est comme un soldat qui va en guerre, lorsque tu croises l'ennemi, il faut le tuer pour que le commandant soit satisfait de la bataille de son soldat. C'est ce que nous jouons dans la ceinture *Bibende* comme Vice de loi. Lorsque tu es en train de partir au combat, tu vas avec la consigne, c'est comme l'armée, il faut que tu ailles tuer, me couper quelqu'un, me blesser quelqu'un, le mettre K.O, et là je me réjouis ah non ! Ma ceinture a le pouvoir ! Et mon nom est conforme à ce que je fais ».

D'autres noms font la part belle à la dimension virile, voire parfois agressive ou combattante que les jeunes veulent montrer aux yeux des personnes de l'extérieur. Cette dimension prime dans la désignation de ces personnes et les jeunes mettent généralement en avant leur appartenance à ce groupe spécifique. Certains noms de ceintures font souvent référence à un quartier précis, une appartenance à un territoire, qui constitue pour eux un des éléments essentiels de l'identité du groupe. Les jeunes se surnomment ainsi pour affirmer leur identité sociale et la ceinture ne peut pas exister en dehors du territoire auquel ses membres s'identifient.

Le mode de vie dans la ceinture se caractérise aussi par des sanctions contre les récalcitrants, ceux qui veulent marcher en dehors de la norme consacrée :

> « Si tu es dans la ceinture, on doit le sentir… Si tu ne te fais pas voir dans la ceinture, tu fais un mois, une semaine, trois semaines alors que tu es toujours sur le territoire… si nous te croisons comme ça, il faut qu'on te ligote… il faut que nous nous rencontrions. Il faut que nous t'arrêtions. C'est comme le travail militaire, le gang que nous avons choisi ».

Il y a une diversité des faits déviants dans la ceinture, et les sanctions sont indéterminées. Le leader n'est pas institué officiellement comme tel, par une autorité quelconque. Il s'investit lui-même dans ce rôle, en raison soit de son âge, de son ancienneté ou de son expérience dans la bande, soit par sa force d'intervention. Ce qui fait qu'un plus jeune en âge, mais plus fort sur le terrain, peut régenter tous les autres. S'il n'y a pas vraiment de « chef » dans la bande, certains de ses membres sont pourtant capables d'exercer une ascendance sur les autres, bien que ceux-ci s'en défendent farouchement. Certains jeunes refusent de reconnaître une quelconque hiérarchie entre eux, ce qui supposerait l'existence probable d'oppositions au sein du groupe. L'organisation qui prévaut au sein du groupe, permet de réaliser efficacement les objectifs de la bande : vivre de la violence.

II. Les modalités de la violence urbaine

L'univers de la violence des jeunes qualifiée de « *kuluna* » a connu des transformations au fil du temps. Des aspects ludiques et territoriaux, la violence urbaine des jeunes a évolué en s'inscrivant dans des enjeux plus complexes, embrassant les dimensions économique et sociopolitique, qui seront développées au point III ci-dessous. Elle a commencé par des affrontements entre bandes de jeunes, puis elle s'est dirigée contre les passants sous le code de « torchon », avant de consister en des attaques dirigées contre les exploitants des activités économiques diverses dans le cadre de la débrouille ou des activités économiques informelles, dans l'objectif de ravir des biens présentant une certaine valeur vénale. Il s'agit là de la modalité dénommée « *pustura* ». Cette modalité semble avoir ravalé les affrontements entre bandes dans la mesure où ces derniers sont devenus une occasion de se livrer au « *pustura* ». Le « torchon » et le « *pustura* » ont rendu nécessaire un marché noir dénommé « *mogroso* » pour l'écoulement des produits du « torchon » ou du « *pustura* ».

A. Les affrontements entre bandes de jeunes

Les affrontements entre bandes de jeunes constituent historiquement la première modalité de la violence urbaine des jeunes. Ils concernent des jeunes de différents quartiers constitués initialement en « écuries », qui se sont transformées finalement en « ceintures » (bandes). Ils traduisent une conflictualité enracinée sur certaines valeurs intrinsèques à leur mode de vie dans la ceinture, à savoir la défense du territoire, l'honneur du groupe ou de ses membres qu'il faut défendre à tout prix, la virilité ou la primauté du groupe et sa réputation qu'il conviendrait aux membres de préserver. Il n'est pas toujours évident d'établir clairement les « valeurs » qui sont protégées dans tel affrontement ou dans tel autre, au point que la rivalité peut être justifiée au départ par une « valeur » pour en embrasser plusieurs autres.

L'attachement au territoire du quartier, comme un élément d'identité ou d'inscription sociale, renvoie curieusement à certaines valeurs, qui ont fondé la société américaine dans ses débuts : « l'esprit de frontières » et « l'importance du territoire » (Molina, 2013 : 72). Pour les jeunes « *Kuluna* », le territoire fédère la bande en créant la conscience d'appartenir à un même quartier et de faire naître un sentiment communautaire. C'est « leur territoire » (*mabélé na biso*). Cette appropriation du territoire du quartier conduit donc les jeunes à le défendre contre les intrusions des jeunes d'autres quartiers, dont les agissements pourraient violer le code du vivre ensemble dans le quartier.

Ces affrontements représentent un enjeu de pouvoir entre quartiers, en ce qu'ils visent à conquérir et à dominer la population d'un autre quartier, à la malmener par des extorsions ou d'autres actes de violence. Ils créent un climat de peur dans les quartiers visés, en raison des agressions violentes qu'ils commettent. La population de ces quartiers se sent alors en insécurité. Comme souligné auparavant, c'est dans ce contexte que peuvent se comprendre les plaintes adressées par la population aux jeunes de ne pas défendre leur quartier contre les invasions de jeunes d'autres quartiers.

Ces invasions sont toujours l'occasion de ravir les biens de valeur, surtout si les assaillants ne sont pas repoussés. C'est ainsi que plusieurs jeunes du quartier s'engagent à défendre le territoire de leur quartier. Certains commencent à pratiquer les arts martiaux pour devenir plus forts et être en mesure de se défendre, de maîtriser un assaillant et de défendre ainsi le territoire ; ce qui maintient une certaine porosité entre les clubs des arts martiaux dans les quartiers et la naissance des écuries, puis des ceintures. Le territoire doit, en effet, être défendu par « des gens qui grincent les dents… car s'ils [les assaillants] grincent les dents, nous aussi nous grinçons les dents, on se regarde face à face », pour reprendre les propos de Lolo déjà cités, afin de ne pas être supplantés (*ba moneli bino*). C'est ainsi que, expose Lolo, s'adressant à un des assaillants : « … Mon pote, pour moi, il n'y a rien [aucun problème], si nous devons nous entretuer, qu'on s'entretue, parce que le combat de la rue c'est la mort : tu peux me poignarder, je meurs ; moi aussi je peux te poignarder, tu meurs, on va à perte ».

Le territoire se pose comme un élément fédérateur, qui permet aux jeunes de faire naître un sentiment identitaire communautaire entre individus d'un même quartier. L'appropriation du territoire implique une certaine limitation d'accès aux personnes, qui n'appartiennent pas au groupe, et rend le quartier presque inaccessible pour elles. Ce dernier fait l'objet d'un autocontrôle, d'une autosurveillance ou d'une autodéfense assurée par les jeunes forts du quartier. Et les ceintures des jeunes protègent le territoire contre les jeunes des autres ceintures, comme l'explique Lolo :

> « Ils ont cherché toutes les façons de nous combattre, mais ils n'ont pas trouvé… parce que à l'est lorsque Soweto [une écurie] est née, les autres petites écuries sont aussi nées : les BSRS, État-major, Bataclan… Maintenant, nous, à l'est, ceux à qui nous avions confiance c'était Bataclan, en tant que des amis parce que nous étions en train de chercher l'argent ensemble avec eux à la 18e rue, toujours dans la compagnie des mitrailles… Les membres de Soweto étaient comme nos vieux dans l'est, Bataclan était comme leurs petits. C'est avec Bataclan qu'on fait tout. Mais, le jour où nous nous sommes retournés contre eux, nous étions vraiment conscients que ceux-là sont nos petits, mais jamais nous ne pouvons continuer à causer avec eux, il faut seulement que nous

ayons une dent contre eux. Nous avons eu une dent contre eux, ils ont réalisé par eux-mêmes que ces gens ont, sans blague, gardé une dent contre nous ».

Mais dans un contexte de précarité familiale, d'instabilité socio-professionnelle où s'installe la logique de débrouille pour la survie, le territoire devient le lieu de l'affrontement, relève Bungu Musoy (2012 : 69) « parce qu'il met en scène des activités illégales, qui font intervenir un aspect lucratif ».

La prolifération des ceintures dans les quartiers a eu comme un premier effet de donner lieu à une lutte de positionnement et à la création des alliances entre les ceintures, qui se sentaient unies par le sort. La bipolarisation des quartiers en termes de l'est et l'ouest, par exemple, paraît significative à cet égard. Ces alliances ont souvent abouti à la formation d'un bouclier concentrique répondant à la chronicité de « naissance » des ceintures alliées et à la notoriété acquise. Et lorsqu'il faut défendre la cause du territoire, le premier mur du bouclier est généralement constitué par des ceintures nouvellement nées en quête d'estime. Le dernier mur n'agit que lorsque les affrontements se montrent plus sérieux et dépassent la capacité de réaction ou de résistance des murs précédents pour mettre fin aux affrontements. C'est alors que se produisent des attaques et des frappes sanglantes. Et l'on a recours à l'arme blanche (objets tranchants ou contondants) tant que la police n'a pas pu intervenir à temps. La « revanche du mal », selon l'expression des jeunes, fait ressortir la nécessité pour les jeunes de prendre eux-mêmes en charge la gestion ou le contrôle des situations d'insécurité au quartier, devant un déficit du contrôle étatique de ces situations, que les jeunes trouvent inacceptables. Aussi un jeune, nommé Jures, déclare-t-il :

> « Lorsqu'une écurie vous veut du mal, nous aussi nous lui voulons du mal. Nous, nous aimons que, lorsque nous nous retrouvons face à face, on allume seulement le feu (*to tia moto epela*)… que nous nous battions, que nous voyions du sang. Que nous voyions celui-ci percé, celui-là blessé… C'est toujours comme ça… ».

Parfois, les affrontements entre bandes sont une réaction à une situation, qui entame l'honneur ou la réputation des jeunes d'un quartier ou d'une bande, comme le déclare Chico :

> « Ces affaires ont commencé ici et là-bas... ça commençait ici à l'ouest et à l'est... parce qu'ils venaient avec leur désordre dans notre bar, au moment des concours [de danses] ; s'ils sont disqualifiés, ils sortent et commencent des menaces. Comme nous aussi nous sommes des gangs (*ba Yáya*) du territoire, nous refusons, ici dans notre territoire, qu'eux viennent semer des désordres et fuir. Nous sommes des hommes nous tous, s'ils font des désordres, nous allons nous entretuer avec eux. C'est donc cela qui a vraiment causé le problème... à Kingabwa ».

Un autre jeune, Zoulou, explicite :

> « Nous pouvons rester comme ça, tu vas les voir venir dans notre base, là où nous passons nos moments. Ils lancent des bouteilles de partout. Lorsqu'ils vont faire ça, si nous sommes là [présents], nous allons directement nous battre. Si nous ne sommes pas là en ce moment, nous aussi nous irons jusque chez eux, dans leur camp, nous allons toujours nous battre avec eux. Bon, on ne peut pas ne rien faire lorsqu'un ami est menacé comme ça, nous allons voir comme s'ils nous ont marqué un but fort, surtout si celui qui est blessé est un élément fort de l'écurie, envers qui on a de l'estime parce qu'il sait se battre. Nous ne pouvons pas accepter comme ça qu'on le blesse, ce ne sera pas propre. C'est toute notre réputation qui est menacée ».

Des travaux scientifiques ont démontré que la sociabilité des jeunes en bande s'organise à partir de deux valeurs importantes : l'honneur et la réputation (Marwan Mohammed, [2009 : 181] ; David Lepoutre [1997 : 343]). Ces deux dimensions ne forment pas moins que l'armature centrale du système de représentation, qui donne du sens à ces affrontements entre jeunes des plusieurs quartiers à Kinshasa. On a relevé que l'honneur est un principe d'action intériorisé, qui a une profondeur culturelle et historique forte dans les quartiers populaires. C'est une norme de référence. Les jeunes de ces quartiers ont donc un sens élevé de l'honneur individuel et collectif, en dépit des conditions de précarité matérielle des familles ou de leur instabilité scolaire et socioprofessionnelle. L'honneur, écrit Marwan Mohammed, « est un système moral d'action », et la réputation « un objectif social et symbolique qui vise à multiplier les opinions favorables et à produire de la notoriété » (Marwan Mohammed, 2009 : 181). L'honneur et la réputation servent souvent de justification aux affrontements entre bandes de jeunes, dans la mesure où les membres de chaque bande n'admettent pas l'échec, car il signifie dans ce cas une indignité, un déshonneur au niveau individuel et collectif. Tous les moyens semblent alors bons pour le rétablir, quelle que soit la position sociale, comme le fait remarquer un jeune, nommé Mpia :

> « Parfois tu peux voir un jeune bien habillé, mais avec une machette sous les habits… parce que lorsque vous allez à la bagarre comme ça, vous savez qu'aujourd'hui nous irons nous battre… tu te laves… peut-être qu'à la maison on te demande : "où est-ce que tu vas à cette heure ?". – "Non maman, je vais passer nuit au deuil…" ; un deuil que les parents ne connaissent même pas… Tu peux voir que vous allez vous battre peut-être depuis une heure jusqu'à quatre heures, vous commencez à rentrer à la maison… La bagarre qui m'a marqué, c'est celle que nous avons livrée à Kin… Cette bagarre-là, c'était dans le deuil d'un lutteur… contre l'écurie Soweto, qui nous a menacés, parce qu'on était dans son territoire. Nous n'avons pas voulu baisser l'étendard ou faire baisser le drapeau (*ko sopisa bendela ekweya te*). Ce qui m'a plu dans cette bagarre… parce qu'on a commencé de vingt heures à cinq heures… c'est que pendant la bagarre, on est arrivé à un endroit qu'on ne connaissait pas très bien, lorsqu'on les poursuivait, ils fuyaient et nous enfonçaient dans leur base. On est arrivé à un endroit où ils nous ont cernés avec des armes blanches en mains, nous, les mains vides… On a écroulé un mur pour nous approvisionner en pierres de bataille. Lorsqu'ils ont vu que le mur est tombé, ils ont fui… ».

Le capital physique est mis en exergue dans la trajectoire de la recherche ou du rétablissement de l'honneur et de la réputation. C'est un gage dans la construction identitaire individuelle et collective. Il est utilisé et mis en valeur lors des interactions violentes, à travers des multiples défis associés à la virilité. Marwan Mohammed (2009, 183) pense à ce sujet que la domination par le corps apparaît dans ce registre comme « la base de l'estime de soi ». Il existe dans une certaine mesure une logique guerrière, qui imprègne les activités sportives, les défis ludiques et les joutes oratoires. Comme on peut s'en apercevoir dans l'extrait d'entretien repris ci-dessus et dans beaucoup d'autres, dans ces affrontements, les références stratégiques et terminologiques ou symboliques sont d'ordre militaire. Dans la bande, il y a des généraux qui commandent, il y a des majors… Il y a quelque part l'étendard, comme le drapeau d'un pays, qui symbolise le quartier (*bendele ekweya te*), etc. Aussi, le jeune Mpia parle-t-il d'un des affrontements en le comparant à la guerre de quatre-vingts jours sous la Deuxième république (sous le règne du Président Mobutu) pour débouter les rebelles dans la province du Katanga (ancienne région du Shaba), tout en relevant les risques très sérieux auxquels ils s'exposent à l'occasion de ces affrontements, allant parfois jusqu'au sacrifice suprême :

> « La guerre de quatre-vingts jours, c'était la vie ou la mort. Nous nous rendions à Yolo contre deux ceintures de ce quartier… Il n'était pas donné à tout le monde d'y participer, parce que c'était plus qu'une guerre, je ne sais pas comment qualifier ce que nous avions vécu. Tu sais… c'est parce que nous sommes les gens d'esprit (*batu ya molimo*), nombreux ont perdu leurs membres, ils sont là, tu peux les rencontrer, d'autres encore sont morts : Hulk, Baptista… Le jour des obsèques de celui-ci, il y a eu encore un mort… Nous n'avons pas peur parce qu'il faut s'attendre à ça si tu t'engages… ».

Ces représentations des jeunes, comparant les affrontements à la guerre, ont amené Bungu Musoy à présenter « la ceinture comme une armée » (2012 : 66). En effet, écrit-il, « la structuration, le rôle que le leader joue et les normes contraignantes dans certaines ceintures véhiculent chez les jeunes l'idée d'un service militaire… et la base devient réellement une base militaire ». Et aller à un affrontement, c'est comme aller en guerre. Aussi Lolo déclare-t-il :

> « Lorsqu'on dit : "Vas-y (à la bagarre) !", c'est comme un soldat qui va en guerre : lorsque tu croises l'ennemi, il faut le tuer pour que le commandant soit satisfait de la bataille de son soldat… Lorsque tu es en train de partir au combat, tu vas avec la consigne, c'est comme l'armée, il faut que tu ailles tuer, couper quelqu'un, blesser quelqu'un, le mettre K.O.… Le règlement dans la ceinture c'est comme le règlement militaire, c'est le gang que nous avons choisi ».

Aussi a-t-on affirmé que le « *kuluna* », apparaît comme « un avatar des conflits armés récurrents en Afrique centrale » (Kienge-Kienge Intudi, 2014 : 275-276). En effet, l'analyse herméneutique du discours des jeunes impliqués dans la violence urbaine traduit une référence claire aux conflits armés récurrents dans la partie est de la République Démocratique du Congo : on recourt à la violence des armes pour s'enrichir, pour piller les ressources naturelles ou pour accéder au pouvoir politique ou encore pour jouir d'une reconnaissance sociale. Ainsi, les jeunes, s'inspirant de la division du pays en partie ouest (couvrant les anciennes provinces de Bandundu, Bas-Congo, Équateur et la ville province de Kinshasa) et en partie est (ancienne région du Kivu frontalière avec le Rwanda et l'Ouganda), qui enregistre des tensions armées, ont subdivisé un des quartiers ayant servi de terrain de recherche[47], en partie est et en partie ouest. Cette subdivision ne correspond pas aux points cardinaux, puisque la partie est correspond normalement au point nord et la partie ouest au point sud. Cette subdivision s'est inspirée de la logique de guerre, qui sévit dans la partie est du pays où la partie ouest est considérée comme relativement paisible. En effet, cette subdivision est motivée par la logique des tensions qui sévissent dans le quartier. La partie « est » qui, selon la première subdivision correspond à vrai dire aux parties nord-est et nord-centre du quartier, est réputée « chaude » depuis un certain temps par la persistance et la montée excessive de la violence des jeunes que l'on qualifie de « *kuluna* » ; alors que la partie « ouest » qui correspond aux parties sud-est et sud-centre, sans être un havre de paix, ne vit pas le phénomène avec la même acuité que la partie « est ».

L'engagement aux affrontements appelle donc pour les jeunes des ceintures un grand dévouement à y participer, au risque de perdre son estime à l'intérieur même de sa propre bande. Ce dévouement implique de la part de chaque membre de la ceinture la force d'âme et permet à la bande de survivre sur le plan psychosocial pour pouvoir distribuer le bénéfice de l'estime externe à ses membres et à tout le quartier.

47 Il s'agit du quartier Kingabwa dans la commune de Limete.

Il y a lieu de remarquer tout de même une sorte d'indifférence de l'autorité étatique pour rétablir l'ordre et affirmer la nécessité pour les jeunes de ne pas se faire justice et de laisser l'autorité étatique garantir leur honneur, leur réputation en cas de l'invasion de leur quartier par des jeunes d'autres quartiers. Face à l'atrocité de ces affrontements, les agents de la police des sous-commissariats urbains n'interviennent pas ou le font avec une efficacité limitée, généralement parce qu'ils ne disposent pas de moyens adéquats et évitent de s'exposer. Les jeunes savent, en effet, qu'un policier, même s'il porte une arme, ne dispose pas de suffisamment de munitions. Par conséquent, il ne pourra s'en servir pendant longtemps. Dès qu'il aura épuisé ses munitions, il ne pourra plus rien faire. Ils pourront alors le maîtriser facilement. D'où l'expression fréquemment utilisée par les jeunes : « l'État n'est rien » ou « l'État ne fait rien » ou encore « l'État est déjà mort ». En effet, déclare un policier de Kisenso : « Ce que nous demandons pour la police, il faut que les autorités cherchent à résoudre ce problème. On peut être à douze au poste de police, mais nous n'avons que deux armes. En cas d'affrontement brusque, comment faire ? ». Tandis que son collègue de Kingabwa expose les difficultés que les policiers rencontrent pour intervenir face aux affrontements entre bandes de jeunes :

> « Le "*kuluna*" est plus venu des sportifs. Chacun veut se faire voir. Quand ils se rencontrent, ils se battent comme des fous, mais l'État finit par les attraper. La grande difficulté qu'on a, c'est que la population a toujours eu peur de dénoncer les "*Kuluna*", il n'y a pas de gens pour les dénoncer. Même si on les arrête, on nous les amène au bureau, il n'y a toujours pas de plaignant. Un autre problème, c'est la difficulté d'atteindre les lieux où les "*Kuluna*" opèrent, faute de moyens matériels et humains. Tu peux prendre la moto, mais parfois les motards [motocyclistes] refusent d'entrer au fin fond du quartier pour accompagner des policiers, qui vont chercher des "*Kuluna*", par peur d'être repérés par les "*Kuluna*" et d'être un jour agressés. Le temps pour vous de progresser à pied jusqu'à atteindre le lieu où les "*Kuluna*" étaient en train d'opérer, vous trouverez qu'ils ont déjà fini, ils sont partis. Donc il nous faut des motos, des véhicules, augmenter l'effectif des policiers pour le déploiement rapide des policiers aux lieux des interventions ».

Si ces affrontements témoignaient au départ d'un aspect ludique dans la mesure où ils étaient contemporains soit aux rencontres sportives ou aux concours des jeunes des quartiers populaires, ils rendent de plus en plus compte d'un processus de construction identitaire individuelle et collective, et accroissent la valeur ou l'estime de soi par le refus de « perdre la face ». Et c'est sur le fond de ces affrontements, marqués par un état d'esprit des jeunes qui s'y livrent (*batu ya molimo*), que vont se développer le « torchon » et le « *pustura* ». Ces deux modalités de la violence urbaine des jeunes témoignent plutôt d'un aspect utilitaire de cette violence et participent de la dynamique de la vie quotidienne des jeunes des quartiers populaires en quête de sécurité de vie.

B. Le « torchon »

Le « torchon » est une déformation de l'expression « extorsion », qui est une infraction prévue et punie par le Code pénal congolais, livre II, à son article 84, et qui se définit comme le fait de se faire remettre ou d'obtenir à l'aide des violences ou des menaces un objet appartenant à autrui. Par le passé, plus particulièrement sous la Deuxième république, en République Démocratique du Congo, cette pratique était souvent l'œuvre des hommes en uniforme, qui, face à leurs médiocres conditions de vie et de travail, s'y livraient de jour comme de nuit, parfois armés, pour obtenir de l'argent. Le pouvoir en place les qualifiait toujours d'éléments indisciplinés des forces de l'ordre (de la Gendarmerie, de la Garde civile, des Forces armées zaïroises…).

Il n'est pas exclu qu'à la suite des changements intervenus dans ces forces depuis l'avènement de l'AFDL[48], ou des démobilisations, qui ont eu lieu par la suite, cette pratique soit passée dans le rang des jeunes des quartiers populaires précarisés et soit actuellement mobilisée par les jeunes qualifiés de « *Kuluna* ». En effet, dans les rangs de ces derniers, on retrouve un certain nombre de fils des militaires et des policiers. Dans sa livraison du mois de décembre 2013, *Le*

48 L'Alliance des forces démocratiques pour la libération du Congo conduite par feu le Président Laurent Désiré Kabila.

Potentiel renseignait sous la plume de Ngandu Mupompa dans l'article intitulé « L'opération "*Likofi*" : une dizaine de "*Kuluna*" dans les filets de la police », que dans le cadre de l'opération « *Likofi* », une dizaine de malfaiteurs baptisés « *Kuluna* » ont été appréhendés, au cours d'un bouclage au camp de police Kabila de la commune de Lemba à Kinshasa. Les habitants de ce camp de police ont prié les responsables de la police de procéder au déguerpissement des familles soupçonnées de complicité avec ces jeunes « *Kuluna* ». Par ailleurs, il s'avère qu'un chef de bande des « *Kuluna* », qui s'est autoproclamé *général* ou *béret rouge*, est fils de militaire. Il a également séjourné en Angola.

Cette expression « torchon » est utilisée, en fait, comme un code de langage, que les jeunes se lancent entre eux pour communiquer sur l'action qu'ils vont entreprendre, et ce, sans que la victime s'en aperçoive. En effet, le « torchon » ne peut se définir et se comprendre qu'en référence aux différentes descriptions qu'en font les jeunes impliqués. Voici comment Lolo explique le « torchon » et son avènement dans les ceintures :

> « Si je manque d'argent, je n'ai rien, je dois seulement ravir pour prendre de l'argent et mettre dans la poche, pour que tout ce qui est à toi devienne à moi, et que mon cœur se calme. Si je prends ça, je réalise vraiment que non j'ai eu de l'argent et je l'ai mis dans ma poche, je sors, je m'en vais. C'est pourquoi tu vois "torchon" est arrivé…, "torchon" est entré dans les ceintures… ».

On peut donc dire que le « torchon » consiste dans le fait pour les jeunes de ravir ce que possède sa victime. Le « torchon » est donc, chronologiquement, une pratique postérieure aux affrontements entre bandes de jeunes. Il a une motivation plus économique (avoir de l'argent) que les affrontements et s'opère face à une situation de manque d'argent. Dunga décrit comme suit la manière dont le « torchon » peut se réaliser :

> « Lorsque je vois que je n'ai pas d'argent, je vois qu'aujourd'hui je ne sors pas, toi tu t'habilles bien avec des téléphones, tu passes devant moi… ah ! Moi, maintenant je n'ai pas d'argent… qu'est-ce que je vais faire ? Il faut que je te "connaisse" !... hein… Premier choix : je chercherai à te ravir d'abord le téléphone-là, hein… parce que lorsque je

vais te ravir ce téléphone, tu chercheras à me poursuivre. Au moment où tu vas me poursuivre, mes amis vont te tabasser… Là on appelle ça "torchon" ».

Dans la plupart des cas, le « torchon » ne se négocie pas avec la victime. C'est une stratégie d'attaque. Les jeunes ravissent à leurs victimes ce qu'elles possèdent. Toutefois, si la victime se laisse faire et remet ce qu'ils veulent, ces derniers la laissent partir sans la violenter physiquement. Il est arrivé qu'une victime, qui s'est fait ravir son téléphone, ait pu négocier qu'on lui donne simplement la carte SIM. Un numéro de téléphone lui a été communiqué pour appeler le lendemain. Et quand elle appela, il lui a été exigé cent dollars américains pour que son téléphone lui soit restitué avec la carte SIM. C'est ce qu'elle a fait. Elle a donc « racheté » son téléphone. Généralement, le « torchon » est appliqué aux passants, aux personnes qui n'habitent pas le quartier, aux « étrangers » du « territoire », comme l'explique un jeune dénommé Mak : « Moi, je ne détruis pas la confiance… Quelqu'un que je connais comme ça, que je connais très bien… je ne peux pas lui faire ces choses-là (*kobotola* ou "torchon") ». Il explique que dans son quartier, ce sont des jeunes qui viennent d'ailleurs, qui pratiquent le « torchon » : « De ce côté-ci, ceux qui viennent gâcher (*kobebisa*), ce sont les jeunes de Yaoundé, les jeunes de Manzenze : ils savent que quand ils sont de ce côté-ci, ils ne connaissent personne, et personne ne les connaît, donc il va gâcher (*a kobebisa na ye*) ». Comme l'explique Kienge-Kienge Intudi (2011 : 174), le verbe « gâcher » fait ici référence aux relations sociales. Gâcher les relations sociales constitue un *mabé*, c'est-à-dire un problème au regard de la convivialité, c'est violer le code du vivre ensemble.

Le « torchon » se réalise de jour comme de nuit. Dans tous les cas, il ne se réalise pas de manière solitaire. « Pour faire le "torchon", vous pouvez être à deux, vous pouvez aussi être à quatre, c'est toujours du "torchon" », explique Edo. D'ordinaire, ces jeunes se présentent en groupe, et entourent le passant, munis parfois, mais pas toujours[49],

49 Mais il est difficile de le savoir, car la machette peut être dissimulée dans un pantalon.

d'armes blanches (comme la machette). Celles-ci ne sont pas appliquées directement sur la victime à l'instant même. Elles constituent plutôt un moyen de dissuader la victime de ne pas opposer de la résistance. Ces armes blanches ainsi que la constitution physique des jeunes (qui sont des sportifs), intimident les victimes et les amènent à leur remettre ce qu'ils demandent dans le calme.

Le « torchon » peut devenir un « torchon méchant », lorsque la victime oppose de la résistance à remettre les biens qu'elle possède. Les jeunes feront alors usage de leurs armes blanches ou de la force physique pour parvenir à leurs fins. La résistance de la victime est alors considérée comme un défi que ces jeunes, membres de la bande, chercheront à tout prix à relever par tout moyen y compris en utilisant leurs armes blanches, comme le relate Godé :

> « On te demande de tout abandonner, tu résistes. On le répète deux fois, tu ne comprends pas. On lance un code "torchon-méchant !" : on t'obligera à tout lâcher… un coup dur sur l'épaule te permettra de tout laisser… Là, ce n'est pas de notre faute, tu n'as pas obéi ».

La méchanceté du « torchon » par l'utilisation des armes blanches, à l'instar de la machette, lorsqu'elle devient « nécessaire », varie selon le degré de résistance de la victime à obtempérer. Il s'agit de soumettre la victime, la dominer, lui montrer qu'elle doit obéir aux « ordres » que les jeunes lui donnent. C'est là une forme de gouvernementalité au sens de l'exercice d'un certain pouvoir sur une personne et sur un espace, mais un pouvoir non institué. Soumise à leur autorité, la victime devient leur sujet (elle leur est soumise). On peut remarquer un usage progressif dans le recours à la force : ils commencent par un avertissement, en utilisant la machette de son côté plat. Si la victime résiste et qu'ils se sentent menacés, l'un d'eux peut alors utiliser la partie tranchante de la machette. Cet usage de la force, par le recours à une arme blanche, est considéré par eux comme « légitime », dans la mesure où il aura été rendu nécessaire par l'attitude de la victime. « Ce n'est pas de notre faute », dit Godé, c'est de la faute de la victime elle-même, qui a opposé de la résistance.

Mais le mal, déclare Edo, c'est de commettre une violence sexuelle : « Maintenant le mal, c'est de violer, le mal c'est lorsque tu entends que ces gangs ont violé, là c'est mauvais[50] ». La violence sexuelle ne cadre plus avec la recherche de l'argent et la faute revient, dans ce cas, au jeune de la bande. La finalité de l'opération n'est donc plus la même. Pour Bady, le « torchon » consiste, en effet, à ravir (*kobotola*), suite à une situation de manque :

> « Donc ravir, blesser seulement pour avoir… Donc tu vois qu'à ce moment-là, tu n'as personne qui pourrait acheter pour toi même des babouches, qui pourrait faire pour toi quelque chose, il n'y en a pas. Finalement, cela va demander que vous vous mettiez en groupe, que vous alliez ensemble, que vous créiez des problèmes (*bobebisi*), puis vous obtenez l'argent ».

Qu'en est-il de la participation des jeunes filles au « torchon » ou lors des affrontements ? Dans une recherche antérieure (Kienge-Kienge Intudi, Bungu Musoy, Malanda Mvibidulu, 2013 : 13, 58), on relevait que les ceintures manifestent une grande crainte à associer les filles dans leurs actions, car déclarait Lolo, « les filles ne savent pas garder le secret, elles finissent par vous trahir ». Il n'est pas cependant étonnant de retrouver dans la ceinture, une ou deux filles, connues sous l'appellation de « *ba nionio* ». Elles ont souvent un statut particulier : copines des leaders. Dans ce dernier cas, elles ne sont pas un danger pour eux, car déjà initiées, elles ont intérêt à préserver la relation pour pouvoir survivre. Jolie, qui fréquentait les membres d'une ceinture et qui était emmenée parfois par son copain dans certaines opérations, déclarait :

> « Je ne les fréquente plus souvent… c'est vraiment horrible, ça fait peur… et très souvent j'avais pitié des gens à qui on ravissait, je pleurais, parce que c'était trop fort à mes yeux… Après l'activité, souvent ils me menaçaient et menaçaient aussi maître Chan qui m'emmenait… ».

Dans la plupart des ceintures, les filles jouent le rôle soit d'éclaireur, soit de victime provocatrice en se livrant, dans ce cas, comme un appât tendu à l'adversaire. Lolo expose le rôle d'éclaireur d'une

50 On pourrait mieux traduire les expressions « le mal » par « le problème » et « là c'est mauvais » par « là c'est problématique » si l'on ne tient pas à faire une évaluation morale. Il ne s'agit pas de ne pas la faire, mais parce que ce n'est pas ce registre qui doit être mobilisé pour cela. On est plutôt dans un registre événementiel, qui est plus descriptif que normatif.

fille en ces termes : « Avant d'aller à un endroit, nous allons l'envoyer : "Vas-y, fais comme si tu cherchais un tel, regarde leur position, comment ils sont assis ? Ils sont à combien ? Est-ce qu'ils sont en position de se battre ? ». La fille jouera ce rôle aussi périlleux, lorsqu'une ceinture prépare une attaque contre une autre ceinture, c'est-à-dire dans le cas des affrontements entre bandes. Ce rôle, insistait Lolo, est souvent bien joué avec succès :

> « La fille va aller et elle va bien jouer ce rôle, sans que vous vous rendiez compte que cette fille est venue faire une enquête. Elle va nous dire : "Ils sont comme ci, comme ça". Et nous, nous allons chercher la méthode, qui pourra nous permettre d'entrer chez vous et vous attraper… ».

Au-delà de ce rôle d'éclaireur, la fille constitue un appât : elle est utilisée par les membres de la bande pour attirer les victimes :

> « Pendant la nuit, nous ciblons les grandes artères principales par où tout le monde transite pour entrer dans le quartier. En ce moment, nous les plaçons devant. Dès que nous constatons qu'il y a un groupe de gens qui avance, vous savez, ces gens ne vont même pas se rendre compte de notre plan. Ils vont seulement se dire que ce sont des filles, nous pouvons faire route ensemble avec elles. C'est à cet instant que nous apparaissons… ».

Ces opérations sont très fréquentes. Souvent les jeunes « *Kuluna* » peuvent donner l'impression de traiter ces filles impliquées au même titre que toutes les autres victimes afin de tromper la vigilance. Jolie déclarait, en effet : « Ils font semblant de nous menacer en promettant de nous violer ». C'est juste une astuce pour contraindre les éventuelles victimes à laisser tout ce qu'ils peuvent avoir sur elles. Les filles sont ainsi instrumentalisées comme un outil de communication par les membres de la bande.

Certaines catégories professionnelles sont plus exposées au « torchon » : les vendeuses de pain, qui sortent parfois très tôt sur les rues pour aller acheter du pain à la boulangerie, les motocyclistes, dont le travail repose sur la confiance envers leurs clients, généralement des personnes inconnues. Aussi Edo décrit-il le « torchon » comme suit :

> « … Poursuivre même des mamans qui vont faire la commande de pains le matin…, tu vois quelqu'un avec son bien, il faut le lui ravir. Des

motos : tu fais semblant d'arrêter un motard pour une course, quand le motard arrive, vous le frappez à l'aide de quelque chose, il s'évanouit, voire même à l'agonie, alors vous prenez la moto, vous fuyez, vous allez vendre, c'était comme ça ».

Le manque, l'envie de posséder, comme pour toute personne, créent de fortes frustrations dans un contexte où la richesse nationale est répartie de manière inéquitable. De plus, on peut s'interroger sur leur aspiration à intégrer la société de consommation, modèle de plus en plus présent à Kinshasa. Les propos d'un jeune cités par Trésor Kibangula (2013 : 1) parlant des « *Gangs of Kinshasa* », dans le magazine *Jeune Afrique* du 20 février 2013, illustrent cette problématique :

> « Nous sommes aujourd'hui ce que nous sommes parce que l'État nous a abandonnés. Chaque jour qui passe, nous voyons les riches devenir plus riches et les pauvres devenir plus pauvres. Que faire lorsqu'on galère ? Que faire lorsqu'on croise des gens qui se la coulent douce ? "*Kobotola* !" (ravir !) ».

Un policier de Bumbu explique le comportement des jeunes par la démission de l'État, comportement qui, selon lui, en est la réaction subséquente :

> « Ces enfants ne sont pas encadrés, ils sont abandonnés à leur propre sort. L'État a démissionné, les parents qui travaillent ne sont pas payés, même s'ils sont payés, c'est quel salaire ? Un salaire qui ne permet pas de prendre en charge sa famille ! Les enfants doivent se débrouiller pour s'habiller, voire même manger ! On prépare le *matembele*[51], il n'y a pas de *fufu*[52], chacun doit s'acheter une chikwangue, parfois même cette unique chikwangue ne lui suffit pas. Que fera-t-il ? Il cherchera à se nourrir des poches des passants ! Tout celui qui passe sous leurs yeux est une victime potentielle, les femmes surtout ».

Un agent communal cite les réponses des jeunes, lorsqu'il leur prodigue quelques conseils : « Vous me dites des choses dont je n'ai pas besoin : eux [les gouvernants] mangent [l'argent du pays] alors

51 Ce sont des feuilles de patates douces consommées comme légume dans les familles congolaises modestes.

52 Pâte de manioc qui constitue un accompagnement de base en République Démocratique du Congo.

que nous autres nous ne faisons que souffrir ! ». Aussi se demande-t-il : « qu'est-ce qu'on peut faire ? ». La mauvaise redistribution des richesses du pays est ressentie comme une violence institutionnelle et sociale des gouvernants conduisant les jeunes à réagir par des formes de violence comme le « torchon ».

Cependant, certains jeunes évaluent le bénéfice des différentes opérations du « torchon ». À ce titre, Bady, qui n'est plus actif dans la ceinture et se considère comme « pensionné », s'explique comme suit :

> « Dans la ceinture, ce dont j'ai bénéficié… je n'en vois vraiment pas, donc je n'ai bénéficié de rien ! Il n'y a vraiment rien de bien que j'ai pu gagner, car tout ce qu'on voudrait avoir, on arrivait à en avoir d'une mauvaise manière (*na ndenge ya mabé*) ! Donc, ravir, blesser seulement pour pouvoir obtenir de l'argent… »

L'absence de plainte de la victime du « torchon » constitue une difficulté importante pour la gestion policière de cette modalité de la violence urbaine des jeunes. Comme le relève un policier de Bumbu : « On a constaté qu'ici la population ne dénonce pas les gens à la base des situations problématiques (*bato ya mabé*) ». Son collègue de Kisenso déclare également :

> « Il y avait des gens qui ne connaissent pas leurs droits, ils ne savent pas dire face à une telle situation, à qui recourir. Aujourd'hui, nous vivons avec la population, nous les aidons à comprendre qu'à chaque fois que vous êtes menacés, venez vite informer la police, car c'est vous qui nous donnez la force. Car on peut bien arrêter un "*Kuluna*", mais si son plaignant, n'est pas là, le travail est sans effet. C'est la population qui avait entretenu ce phénomène, elle l'avait entêté, elle ne voulait pas dénoncer les actes de "*kuluna*", même les victimes elles-mêmes avaient peur ».

En revanche, quand la victime porte plainte, les policiers recherchent les jeunes impliqués dans le « torchon ». Cela peut donner lieu à des affrontements violents entre jeunes et policiers :

> « Et quand vous allez créer des problèmes comme ça, les policiers vont vous rechercher. Les victimes vous feront une plainte. Les soldats [policiers] commencent à vous chercher. Et quand ils viendront pour vous arrêter, s'ils arrivent comme ça ah… il n'y a pas de problème, nous

> nous entretuons [nous nous en prenons à eux]. Certains partiront avec eux [au commissariat], d'autres resteront, d'autres encore recevront des balles ; il y en a qui sont restés inaptes jusqu'aujourd'hui, d'autres ont des défauts aux deux jambes, chez d'autres encore une jambe ne marche plus, donc [c'est] *mystique* ».

Les jeunes sont souvent protégés par la population du quartier. Opérant en dehors du quartier, les jeunes viennent chercher refuge dans leur quartier, et peuvent y être cachés :

> « Moi, mes opérations, je ne les faisais pas souvent dans le secteur. J'allais les faire ailleurs. C'est pourquoi, au secteur, même si le policier vient vous chercher comme ça, la population du secteur vous protège en disant au policier : "non, lui ne reste pas ici, il ne reste pas ici !" ».

Un policier de Bumbu relève, en effet, que « même si on voit vraiment quelqu'un entrer dans une parcelle, ils (les habitants) vous diront : "non, il n'est pas entré ici" ». Et dans le cas où le policier arriverait tout de même à arrêter les jeunes, qui ont fait le « torchon », et les mettrait au cachot, la population du quartier se cotise l'argent pour payer l'amende transactionnelle en se disant : « celui-là, c'est notre enfant », comme l'explique ce jeune ci-dessous :

> « Si on t'arrête et qu'on te met au cachot, ce n'est même pas la famille qui enverra l'argent pour qu'on te fasse sortir, peut-être qu'elle ne sait même pas qu'on t'a arrêté. Tu verras seulement les habitants du quartier, qui vont voir que "non, celui-là c'est notre enfant", ils feront ne fût-ce qu'une cotisation de l'argent ; ils vont te suivre à la police, ils négocient tout, ils donnent de l'argent ; la police te libère, tu sors ».

Que peut signifier cette protection des jeunes « *Kuluna* », recherchés par la police, par les habitants ou la famille, allant parfois jusqu'à s'investir pour les libérer des mains de la police ? Plutôt qu'un obstacle à l'efficacité de la police locale, ces pratiques peuvent désigner une forme de légitimation des aspirations des jeunes, un soutien à cette défense du territoire, une représentation de leur débrouille, au moyen de la violence, comme une garantie de survie et de soutien aux familles, une mise en valeur de l'estime de soi de l'ensemble des habitants du quartier et de l'honneur de ce dernier, etc. Il y a lieu de se rappeler, en effet, de l'interpellation des populations aux jeunes du quartier, afin qu'ils le défendent contre les intrusions des jeunes d'autres quartiers, qui viennent y semer du désordre et les insécuriser.

Si dans le cas du « torchon », l'interaction s'engage entre une bande de jeunes et au moins une victime, dans le cas du « *pustura* », il y a généralement plusieurs victimes, qui perdent des biens.

C. Le « *pustura* »

Les jeunes qualifiés de « *Kuluna* » entendent par « *pustura* » une modalité de violence. D'origine portugaise, cette expression est utilisée dans les milieux des forces armées, et signifie « soit la posture ou la forme physique que doit avoir un militaire, soit la violence que celui-ci applique »[53] dans ses relations avec les citoyens, lesquelles sont souvent caractérisées par la brutalité[54].

Le « *pustura* » est une stratégie d'appropriation des biens de valeur là où se développent des activités économiques informelles (marché de fortune, cabine téléphonique dans la rue, studio de photo en plein air…), qui dominent le paysage de presque tous les quartiers de la ville de Kinshasa, marquée par « la débrouille », rendant cette ville paradoxalement « invisible » (De Boeck et Plissart, 2005). Il consiste à ce qu'un groupe de jeunes lance subitement un assaut dans un lieu où s'exerce une activité lucrative, de manière à créer la débandade, afin qu'ils ramassent les biens de valeur abandonnés par les exploitants dans leur fuite. Ces assauts sont directs lorsque ce sont les exploitants concernés qui sont visés. Cependant, ces attaques peuvent être indirectes : les jeunes font semblant de s'affronter entre eux, créant ainsi une débandade, de manière à ce que, dans ce cafouillage, certains membres de la bande s'approprient des biens des marchands. De cette expression découle le verbe « *pusturer* », tel que l'explique le jeune Lolo :

> « … "*pustura*" c'est le verbe "*pusturer*" : saccager, aller voler, c'est ça ce que nous appelons "*pustura*". Je vais, nous allons "*pusturer*". Nous pou-

53 Propos recueillis d'un commissaire supérieur de la police.

54 Les aspects de l'importation de la violence qualifiée de « *kuluna* » et de ses manifestations à travers notamment le « *pustura* » ont fait l'objet d'une étude antérieure (Kienge-Kienge Intudi, 2014).

vons venir, par exemple, dans ces cabines [téléphoniques], nous "*pusturons*" ; toutes les histoires deviennent à nous, nous prenons, nous partons. C'est ça le terme que vous entendez "*pustura*, *pustura*", c'est ça ».

Actuellement, se développe dans certains quartiers de la ville de Kinshasa, après l'opération « *Likofi* », une activité de vol de motos, qui est également qualifiée de « *pustura* ». Elle s'analyse en une transformation du « *kuluna* », induite par cette opération. Néanmoins, la réalisation de cette nouvelle activité diffère du « *pustura* », rattaché à la violence qualifiée de « *kuluna* ».

Le « *pustura* » exige une certaine organisation et de la discipline, car l'opération est collective et simultanée. Elle n'est jamais solitaire comme le précise Jures : « Faire ça seul, tu n'arriveras pas... Tout se fait en groupe : vous faites semblant de courir, un peu de mouvement, les gens vont fuir d'eux-mêmes et vous passez après, vous partez. Il faut éviter de rester seul ». Les jeunes débarquent en groupe, faisant fuir les vendeurs, et ils emportent avec eux tous les objets qu'ils considèrent comme ayant de la valeur (argent liquide, téléphone, appareil de photo, bijoux, ordinateurs portables, bagues...) en évitant de s'encombrer avec des objets difficiles à transporter. Pour réaliser le « *pustura* », le groupe doit être beaucoup plus important que pour le « torchon » et aussi important que pour les affrontements contre d'autres bandes.

Dans sa planification, le « *pustura* » requiert la consommation des adjuvants ou des excitants comme le chanvre ou la liqueur, ainsi que le précise Jures : « Tu prends du chanvre, il faut qu'il y ait du chanvre, une forte dose pour avoir le courage et la force de prendre tout ce qui se trouve là ». Le « *pustura* », dans ses deux formes, est présenté comme l'expression d'une même logique : celle de l'appropriation.

> « Tout ça, ce sont des effets de la colère pour manque d'argent. Tu regardes vraiment que je suis dans le manque... je n'ai pas vraiment d'argent et il faut que j'en aie. Parfois tu réfléchis qu'à tel endroit, on ne s'entend pas avec certains jeunes, les choses de valeur se trouvent là, il faut seulement qu'on arrive sur le lieu et qu'on emporte tout ce que nous allons trouver... et que ça devienne à nous et que nous puissions avoir l'argent... Parce que si moi je n'ai pas d'argent, je ne me sens pas bien ; j'aime seulement que j'aie obligatoirement de l'argent pour que

je réalise mes besoins, et mes besoins ne coûtent toujours pas très cher ! Vous allez à un endroit, vous "*pusturez*" : vous prenez de l'argent et vous partez vous reposer… ».

Le « *pustura* » se pratique sur le territoire d'autres ceintures avec lesquelles ils sont en conflit. C'est là une dimension de la domination d'un quartier par un autre, telles des razzias en territoire ennemi.

Pour réaliser le « *pustura* », les jeunes sont toujours munis d'armes blanches : machettes ou autres objets tranchants ou contondants. Ils peuvent soit fracasser les bouteilles contre les murs, soit faire grincer les machettes et autres instruments du genre sur les pavés, etc. Ils n'utilisent pas d'armes à feu comme le précise Jures :

> « Non ! Nous n'utilisons pas les armes à feu (*munduki*), nous ne sommes pas là pour ça, jamais. Ça, ce sont des assassins qui utilisent… Nous, si nous venons comme ça en groupe, les gens ont peur, ils abandonnent avant même que nous n'arrivions ».

La stratégie consiste plus à surprendre les exploitants et à créer la panique. Le jeune Edo, chef d'une bande de jeunes, évoque une autre forme de « *pustura* », qu'il qualifie de « *pustura anarega* », engageant des actes extrêmement cruels, y compris à l'encontre des dépositaires de l'autorité étatique, tels les policiers :

> « Ça, c'est "*pustura anarega*" eh ! Donc, ravir, blesser, saccager, donc sans aucun souci. Qu'il s'agisse de papa, maman, enfant, donc on s'en fout de tout quoi, voire même des policiers, on les a frappés, la preuve en est qu'on avait démoli le "Point chaud" [de la police], moi-même avec mon écurie et d'autres écuries, sans commentaire, [il] est tombé à Kulumba[55] ! C'est nous qui avions fait tomber cela ! ».

L'ajout du qualificatif « *anarega* » à la dénomination de « *pustura* » change ainsi sa nature et sa logique. Cette nouvelle qualification permet d'exprimer l'annulation de la logique d'appropriation du « *putsura* ». L'interlocuteur vient nommer par là la séquence du passage à l'acte où toute symbolisation est annulée : « Qu'il s'agisse de papa, maman, enfant, donc on s'en fout de tout quoi ! ». À ce titre,

55 Il s'agit d'un sous-quartier de Kingabwa où l'on avait installé un « Point chaud » de la police, bureau secondaire de la police pour assurer une proximité policière dans certains quartiers de Kinshasa.

le terme « *anarega* », signifiant en swahili « s'affaiblir » peut conforter cette interprétation, en désignant l'affaiblissement de la logique d'appropriation du « *pustura* », au profit d'une violence qui semble n'avoir plus de sens. Pour autant, si ce sentiment est « idiot » aux dires de l'acteur, ce dernier le justifie par une logique dont le sens devient celui de la défiance de toute autorité et de refoulement de tout sentiment de pitié envers la victime.

Ainsi, l'extrait de l'entretien montre qu'il y a une autre forme du « *pustura* », qui n'est pas dominée par une logique d'appropriation, mais de défiance de l'autorité policière. La logique est plus celle de dominer, non seulement les bandes de jeunes d'autres quartiers, mais même la police, au point de détruire un dispositif policier de gestion de la violence des jeunes, « le Point chaud », dont il sera question dans la partie suivante. C'est une question du leadership y compris sur la police ; c'est une question de renommée, ainsi que l'expose Edo ci-dessous, en précisant le sentiment, qui l'anime, comme motivation de cette forme de « *pustura* » :

> « C'était vraiment un sentiment idiot : qu'on me voie, qu'on me connaisse moi, et donc moi, donc en voulant trop se faire voir devant les gens quoi ! Qu'ils sachent que non ça c'est [le] général, celui-là c'est tel, ce sont des titres qu'on s'était donnés. Qu'ils sachent que celui-là c'est un général, celui-là c'est un lieutenant, celui-là c'est un major, ce sont des titres qu'on s'était donnés. Or l'auditorat militaire existe, nous aussi, nous avons créé l'auditorat civil, à notre manière. On s'est attribué aussi des grades à notre manière ».

Dans la quête de la renommée, et en se mesurant à l'autorité étatique, ce jeune a organisé dans sa bande un auditorat civil composé des « *Kuluna* », en référence à l'auditorat militaire :

> « Là-bas, c'est un auditorat militaire, ce sont vraiment des soldats, nous c'est l'auditorat civil, on s'est attribué aussi des grades et des titres : il y a des généraux, comme moi-même le Général Edo, à d'autres endroits Beret rouge. Tout l'album de Decalé qu'il a chanté à Kingabwa, Manix connaît, il avait dédicacé *cinquante-cinq ya ba rouge, cinquante-cinq ya ba rouge*, c'est moi. Qui dit rouge, dit esprit de blesser, de verser le sang, donc je ne te laisse même pas un peu de temps, que j'aie la machette, je vais te blesser, que j'aie des bouteilles, je vais te blesser, je n'aurai même

pas pitié de toi, je vais vraiment te blesser, pour que j'aie la renommée, c'est ça qui était comme [à la] base, c'est aussi un sentiment, tu connais, non, un sentiment idiot ! ».

En définissant le sentiment qui l'animait de « sentiment idiot », il disqualifie moralement sa stratégie de « *pustura anarega* », peut-être en raison de sa situation actuelle d'étudiant dans un institut supérieur ayant repris les études après l'opération de traque des « *Kuluna* », l'opération « *Likofi* ». Toutefois, l'analyse de ces propos permet de distinguer deux séquences : celle où ce jeune était dans le « *kuluna* », puis celle où il est, pourrait-on dire, momentanément sorti, quoiqu'il soit toujours en contact avec les membres de sa bande. Il est donc en processus de sortie du « *kuluna* ». Dans la première séquence, il s'agit clairement d'une stratégie de défiance de l'autorité étatique dans une logique de pouvoir, qu'il s'agit de faire « sentir », au besoin par des atrocités, dans un processus de construction identitaire pour soi, pour sa bande et pour son territoire, parce qu'il n'existe pas pour lui, une autre identité valorisante, susceptible de donner du sens à ses actions passées. Il se donne cette identité de « général » dans la bande, il la construit, la fait valoir et la fait reconnaître socialement. Et lorsqu'il entrevoit une autre identité plus valorisante socialement (par exemple dans son cas, le fait de devenir laborantin), qui est reconnue sur le plan professionnel, alors il disqualifie la première identité (celle de général dans une bande de jeunes).

Il ressort, à travers ce cas de figure, que le développement de cette violence urbaine et de son degré élevé de cruauté, s'inscrit dans un processus de construction identitaire, comme celui de tout jeune. Ce processus, loin d'être irréversible, est en continuelle évolution, particulièrement lorsque s'ouvrent de nouvelles perspectives. Cette analyse s'adapte aussi au cas de Chaleur, un chef de bande à Ngaba, qui est sorti du « *kuluna* » parce qu'un parti politique lui a ouvert d'autres perspectives identitaires plus valorisantes sur le plan professionnel. Il a pu ainsi bénéficier d'une place sociale. De nouvelles perspectives identitaires plus valorisantes permettent aux jeunes « *Kuluna* » d'obtenir un territoire social et ils peuvent ainsi abandonner le territoire physique, symbolisé, – celui du quartier – qu'ils ont dû défendre en recourant à la violence.

En même temps, il y a lieu de considérer qu'en dépit de l'ampleur et des atrocités des actes posés par les jeunes impliqués, la violence qualifiée de « *kuluna* », reste une situation passagère dans le parcours de la vie des jeunes concernés. La sortie de cette violence étant possible, la disqualification de cette catégorie de *citoyens congolais* comme des sujets dangereux, barbares, etc., s'avère problématique et pourrait paraître discriminatoire et attentatoire aux droits fondamentaux garantis par la Constitution congolaise et les instruments internationaux des droits de l'homme régulièrement ratifiés par la République Démocratique du Congo. Comme on aura l'occasion de le souligner plus tard, la gestion adéquate de cette violence urbaine requiert la définition courageuse de politiques publiques en faveur des quartiers précarisés ou insécurisés de la ville pour ouvrir aux jeunes des horizons de perspectives identitaires valorisantes.

Le point qui suit, intitulé le « *mogroso* », révèle une dimension importante de la violence urbaine, qui dépasse le niveau des jeunes opérant sur le terrain. Elle implique également des acteurs étatiques, institutionnellement investis. Ces derniers constituent un maillon important dans le développement de cette violence d'appropriation des biens, particulièrement en participant au marché de blanchiment des biens ravis par les jeunes à travers les modalités de « torchon » et de « *pustura* ».

D. Le « *mogroso* »

Le « *mogroso* », a-t-on relevé, « n'est pas à proprement parler une activité de violence » (Kienge-Kienge Intudi, 2014 : 269). C'est le marché noir qui s'ouvre sur les opérations du « *kuluna* » et constitue, à ce titre, un élément clef de la stratégie du « *kuluna* ». Quant à l'origine de ce terme, nous pensons qu'il s'agit d'une déformation de l'expression française « mon gros » et fait référence à un protecteur. Il s'agirait d'un « gros » au sens de gros poisson ou de « mon vieux ». En effet, les produits (téléphones, bijoux, ordinateurs portables, sacs à main…) issus du « *pustura* » ou du « *torchon* », ne sont pas écoulés sur le marché officiel. Les jeunes développent un circuit informel, qui implique plusieurs acteurs de niveaux différents, chacun devant jouer un rôle spécifique. Le « *mogroso* » correspond à un réseau de blanchiment du produit du « *kuluna* » et de sécurisation des jeunes « *Kuluna* ». Un jeune, Mak, énumère quelques acteurs de ce réseau :

> « Le "*mogroso*" ne se réalise pas bêtement. Il faut savoir avec qui tu dois faire l'opération : [un] vieux du quartier, qui vous soutient de temps en temps ; à la maison aussi, si tu penses qu'on peut garder [le] secret ; nos vieux qui sont à la police ou dans les services de renseignement… Surtout si vous avez quelqu'un dans ce service, ah ! Vous êtes quitte… ».

Le « *mogroso* » désigne plusieurs réalités à la fois : le protecteur, le négociateur, le réseau, les membres du réseau, le partage du produit. Le réseau est constitué, d'abord, du cercle familial où vit le jeune : les parents ou l'un d'eux, un frère, un oncle ou une connaissance, qui hébergent le jeune. Ce dernier arrive dans la « ceinture » (la bande) avec un capital relationnel important : des contacts et des relations, qui lui sont naturels. On comprend pourquoi les familles des jeunes les suivent fréquemment au parquet lorsqu'ils sont arrêtés, ou lorsqu'ils sont détenus au cachot du commissariat et négocient leur liberté provisoire moyennant paiement des amendes transactionnelles. Un policier de Kisenso déclare, en effet :

> « Très souvent quand ils sont arrêtés, il y a des parents qui les suivent, les défendent, voire même paient pour eux de l'argent pour qu'ils sortent [du cachot] ; ces enfants-là supportent leurs familles, que ce soit pour pouvoir manger ou pour beaucoup d'autres choses ».

À la différence des enfants dits de la rue, les jeunes qualifiés de « *Kuluna* » sont soutenus par leurs parents. Le même policier explique :

> « … mais les "*Kuluna*" ont leurs domiciles, ils ont des parents. Vous l'arrêtez comme ça, quelqu'un vient vous dire : "c'est l'enfant de tel". Ils ont des adresses connues, il y a beaucoup de parents qui suivent leurs enfants, ils disent : "nous mettons au monde les enfants, mais pas leurs

cœurs, nous ne les avons pas éduqués comme ça, *le sang d'une blessure sur la langue, on finit par l'avaler*[56]" ».

Ces propos des parents des jeunes « *Kuluna* », tels que repris par ce policier, renvoient à ceux, déjà cités, du jeune Gaby qui déclarait que, malgré ses activités, sa famille ne pouvait pas l'abandonner.

Les contacts des jeunes « *Kuluna* » sont aussi créés dans l'interaction avec les acteurs de la justice pénale, au moment où le jeune a pu être interpellé par un officier de police judiciaire, un inspecteur de police judiciaire ou un officier du ministère public, lorsqu'il a été incarcéré au cachot ou en prison. Ils sont constitués également des acteurs politiques que les jeunes ont pu aider lors des campagnes électorales, etc. Le réseau, ainsi constitué, forme une ceinture de sécurité pour les jeunes, – en fait une deuxième ceinture, la première étant constituée de la bande elle-même – au vu de l'apport de chacun de ces acteurs dans la réussite de l'opération de blanchiment du butin du « *kuluna* », et même dans la gestion des conséquences judiciaires des actes de violence qualifiée de « *kuluna* ». Un policier explique sa participation au « *mogroso* » comme suit :

> « Ce sont nos petits[57] [les jeunes], il ne faut pas les laisser souffrir. Nous savons tous que tout va mal. S'ils sont en difficulté, il n'y a que nous qui pouvons faire quelque chose, demain ils pourront nous aider. Tu vois cette confiance, s'ils ont quelque chose, ils viennent nous proposer… souvent à des vils prix, c'est comme si c'est jeté, que faire ? Nous prenons. Je peux à mon tour proposer à quelqu'un de plus haut, il prend… Si ça barde (*eyindi*), on éteint le feu (*to bomi moto*)… c'est ça ».

Le facteur déterminant de ce réseau est la confiance : « savoir garder le secret » avec les membres de la famille, et même avec les acteurs de la justice pénale. On comprend ainsi toute la portée des propos de Bady, qui déclarait : « moi, je ne détruis jamais la confiance ». La solidité du réseau permet aux membres de la bande d'opérer sans

56 Ce proverbe signifie l'impossibilité de se débarrasser de quelque chose qui est à soi.

57 Cette expression renvoie à la relation de confiance décrite par Kienge-Kienge Intudi (2011 : 224 et 297) entre des jeunes en situation de rue ou au marché (*schegués*) et les policiers ou « la mère de confiance ». Elle traduit cette relation de confiance entre ce policier et les jeunes « *Kuluna* ».

crainte d'une dénonciation, y compris par les personnes extérieures, qui doivent être « crédibles », comme cela ressort des propos ci-dessous d'un jeune :

> « On a rencontré beaucoup de problèmes et nous avons compris qu'il ne faut pas impliquer plusieurs personnes… C'est pour cela que tout est déposé chez notre vieux, il est beaucoup connu (*mutu ya batu*)… Il sait qui voir pour telle chose. Cela nous évite des contacts fréquents avec l'extérieur… Mais pour des grandes causeries, on préfère aller directement intéresser nos contacts crédibles… *"Mogroso" eza grand shida* (le "*Mogroso*" est un grand *shida*) ».

Le « *mogroso* » est une véritable « *coop* », stratégie de la débrouille, de survie. C'est un moment essentiel pour développer des liens amicaux ainsi que des contacts pour les opérations futures. C'est pourquoi, les négociateurs doivent éviter de faire naître un conflit avec le « *mogroso* ». Un tel conflit risquerait d'empoisonner une relation. Même si le partage du butin du « *kuluna* » ne se passe pas toujours comme prévu, et que les jeunes, ayant participé à une opération, n'arrivent pas à s'entendre sur la répartition du butin, même si des bagarres éclatent au sein de la bande, tous s'efforcent d'étouffer les faits, d'oublier et de reprendre la vie comme si de rien n'était, comme l'expose Zoulou :

> « Ah ! Ce n'est pas aujourd'hui qu'on a commencé, on se connaît très bien… Tu vas garder une dent jusque quand… tu sais ce qu'il a fait, nous tous l'avons déjà fait : tu es délégué pour un marché, mais tu ne rends pas fidèlement compte aux potes. Tu vois, c'est aussi rare entre nous, mais si ça nous arrive, nous sommes des gangs, *"ba Yankee, ba Yáya"*. On ne doit pas s'entretuer pour ça. Ce n'est pas la fin du monde, le mal c'est la mort ».

Le « *mogroso* » initie les membres à développer l'esprit d'échange et d'ajustement des points de vue. Il fait peu appel à la force physique. En ce sens, c'est une modalité de « *coop* » ou un « *shida* », dans la mesure où il développe la dimension coopérative. C'est essentiellement un marchandage et un « troc », c'est-à-dire une série d'entretiens, d'échanges de vues, de démarches qu'on entreprend pour parvenir à un accord, pour conclure une affaire. Le « *mogroso* » développe chez les jeunes des techniques de négociation, et à ce titre, forme des négociateurs, car n'importe qui ne peut pas être envoyé par la bande pour négocier ou faire la transaction. Selon les propos de Zoulou ci-dessous, le négociateur doit développer certaines aptitudes et même certaines attitudes : savoir parler, avoir de la patience, la force physique…

> « "*Mogroso*" ne signifie pas muscle (*ba paquets*), c'est la parole (*ndinga*)… On envoie ceux qui savent parler tout en étant forts (*konzo*). Il faut que ça soit celui qui est patient, parce que si tu es trop pressé, tu veux être servi à la minute, ce n'est pas toujours très sûr… Il faut seulement avoir aussi confiance en la personne avec qui tu traites. Tu sais… des fois on accepte de perdre, mais si tu n'es pas du groupe, le mal peut t'arriver partout par des gens que tu ne vas par reconnaître… Ce n'est pas la vengeance, mais tu paies toi seul… C'est ça aussi "*mogroso*"… ».

L'alliance des jeunes, considérés officiellement comme des « hors-la-loi », avec les policiers et les autres acteurs de la justice pénale, considérés comme « organes de la loi », alliance fondée sur la confiance, esquisse une forme de gouvernance ou de régulation *sui generis* où l'État est à la fois présent symboliquement par la qualité de son agent qui intervient, mais en même temps absent par le fait que ses normes (pénales) destinées à rétablir l'ordre public sont mises de côté, au profit d'autres intérêts. Car, comme le déclare un policier, « tous nous savons que tout va mal ». Tout en révélant la crise de la société congolaise officielle, le « *mogroso* », en tant que marché noir du « *kuluna* », montre les bases sur lesquelles la société congolaise pourrait se (re)construire : *la confiance entre gouvernants et gouvernés*, entre les citoyens du centre-ville de Kinshasa et ceux des quartiers périphériques, marqués par la précarité, le manque d'emplois, etc., et qui se forgent une identité dans et par la violence.

Le marché noir (le « *mogroso* »), en permettant à certains jeunes de développer les techniques de négociation, réalise une transformation du statut social des jeunes : à la force des muscles (*ba paquets*) s'ajoutent la capacité de convaincre par la parole (*ndinga*) et d'obtenir ce qu'on attend. Ainsi, dans un contexte de grande précarité, les jeunes situés au bas de l'échelle sociale, passent par la violence en exploitant leur capacité physique et d'organisation, afin d'atteindre les autorités de l'État au sommet de l'échelle sociale, avec lesquelles ils négocient, et développent leur capacité de convaincre.

L'efficacité du réseau réside dans le secret que doivent garder les membres. Dans ces réseaux circulent un ensemble de valeurs, d'idées et de normes qui peuvent se résumer dans l'expression, « secret professionnel » ou « la loi du silence » dans les organisations mafieuses, ce qui implique bien la confiance ou une certaine solidarité entre les membres du réseau. Les uns et les autres doivent se couvrir mutuellement, bien que la solidarité apparente ne doive pas masquer des alliances parfois volatiles, des agrégats d'intérêts qui se modifient continuellement.

Le « *mogroso* » est vraiment la clef de compréhension de cette violence urbaine qualifiée de « *kuluna* ». Il montre l'enchevêtrement des intérêts, qui ne se réduisent pas aux jeunes, auteurs d'actes de violence, mais révèlent de nombreuses alliances occultes. En effet, le « *mogroso* » survit grâce à l'implication de diverses personnes ayant des positions sociales diverses. Il traduit par le bas les stratégies mafieuses pouvant exister au sommet des instances étatiques (en haut). Cette analyse renvoie à l'ouvrage de Bayart, Ellis et Hibou, *La criminalisation de l'État en Afrique* (1997). La ville de Kinshasa connaît donc plusieurs formes de « *kuluna* » : les « *Kuluna* » en culotte et les « *Kuluna* » en cravate ou en tenue, que le « *mogroso* » réunit parfois au sein d'un même réseau.

Le « *mogroso* » permet aussi de comprendre que le « *kuluna* » s'inscrit dans le fonctionnement de la corruption au sein de la fonction publique. Cette relation étroite entre le « *kuluna* » et le « *mogroso* » limite l'intervention de la justice pénale dans la gestion du « *kuluna* » comme cela sera développé ultérieurement dans la seconde partie de l'étude.

Ces analyses montrent la complexité de la violence urbaine des jeunes : le « *kuluna* » apparaît comme un « fait social total », c'est-à-dire une « totalité dynamique dans laquelle s'expriment conjointement tous les aspects de la vie collective et psychique » (Van Campenhoudt, 2001 : 250). Et penser l'éradiquer sans prendre en compte les éléments, qui le constituent, ne pourrait être qu'une politique chimérique.

III. La violence qualifiée de « *kuluna* » : ultime ressource mobilisable pour une diversité de bénéfices

Dans le discours des jeunes, la force physique est centrale. Ils la développent et la valorisent à travers des actes de violence qualifiée de « *kuluna* ». À ce titre, la force des muscles fait l'objet de « capitalisation » (Kienge-Kienge Intudi, 2011 : 434, 450) à travers des actes de violence. Les bénéfices que les jeunes en tirent, résident dans la possibilité de survivre moyennant la violence en gagnant de l'argent, par le truchement du « *mogroso* » ; la jouissance d'une certaine reconnaissance sociale personnelle (pour soi) et collective (pour sa bande et pour son quartier) ; dans le fait que la violence est perçue carrément comme un travail (un « boulot »), quoique non valorisé formellement ; la sécurisation du territoire et la garantie de sa sécurité personnelle ; enfin la jouissance d'un leadership. Tous ces bénéfices, décrits par les jeunes, constituent par ailleurs les attentes des jeunes lorsqu'ils décident de constituer une bande ou d'intégrer une ceinture existante. Cette quasi-équivalence entre les justifications avancées par les jeunes pour intégrer une bande et les bénéfices qu'ils en tirent, fait apparaître un discours construit légitimant, dans une certaine mesure, leurs actes de violence.

A. Obtenir l'argent pour survivre

Dans un contexte de la vie des jeunes des quartiers urbains populaires, marqué par une situation familiale précaire, la rupture scolaire, la difficulté d'insertion professionnelle, la décision d'intégrer une bande et d'y recourir à la violence est motivée par l'exigence de la survie : chercher l'argent pour pouvoir survivre :

> « Moi, je vis seulement. Et mes amis (*ba masta na nga*) de la ceinture Câble noir à Kingabwa le savent. Nous vivons seulement… Il y a des moments où nous cherchons vraiment l'argent par la voie normale, lorsque nous faisons la "*coop*" des mitrailles, du cuivre. Mais il y a aussi des moments où nous cherchons l'argent selon notre manière des *Yankees*, qui est problématique (*ya mabé*). S'il faut ravir, on va ravir, s'il faut blesser pour ravir, on va blesser et on va ravir ce qu'on devra ravir, bon… de plusieurs manières. Comme nous devons avoir de l'argent, si nous voyons que

nous cherchons et nous ne trouvons pas, ah… Champion, [s'adressant à son ami de la bande] c'est comment ? Allons du côté des infiltrés créer des problèmes (*to bebisa*) ! Qu'on crée seulement un peu de rancune à un endroit comme ça toujours ici à Kingabwa, en bas de chez-nous ou en haut, tantôt à l'est, tantôt au nord, il y a là beaucoup de choses [à ravir]. En créant un désordre avec eux (*na sima ya koluka mwa désordre envers bango*), nous savons comment trouver quelque chose… ».

Confrontés à la précarité familiale, les jeunes se lancent à la recherche d'une survie à double facette : celle de leur propre survie et celle de leurs familles. Dans cette quête, l'intégration d'une bande de jeunes est généralement considérée comme une voie de sortie :

« Moi j'étais un enfant de la maison,… Tu rentres de l'école, tu arrives à la maison comme ça, il n'y a rien à manger, au quartier, tu vois tes amis vivre, toi tu as faim. J'ai vu qu'il n'y a pas moyen, j'ai dit : cela persiste, si je me contente de rester à la maison, je vais mourir pour rien. J'ai commencé à sortir de la maison comme si j'allais à l'école, alors que j'allais faire des *coop* »[58].

Face aux difficultés de ses parents qui ne parviennent pas à subvenir à ses besoins, ce jeune en vient à abandonner son statut, théoriquement sécurisant, « d'enfant-maison » (*mwana ndako*), qui attend tout de ses parents, pour s'assumer et se prendre en charge afin de ne pas mourir de faim. Si pour Rolly, il constitue une charge pour sa famille, pour d'autres jeunes, la famille est considérée comme une charge à supporter par le jeune :

« Quand je vois qu'il y a tellement de la souffrance à la maison, maman n'a rien, parfois elle est en train de souffrir, elle est tombée malade, il n'y a pas d'argent, qu'est-ce que je vais faire ? Maman est malade, papa ne travaille pas, il n'y a pas aussi d'argent, si moi je ne cherche pas [je ne me débrouille pas], il n'y a pas moyen qu'ils se sauvent. Jamais ma mère ne devrait mourir. La colère monte en moi, je deviens méchant, si je sors, qu'est-ce que je vais faire ? Je vais voler une chose d'autrui, son

58 *« Ngai nazalaki mwana ndako, …oko uta classe ozongi boye na palais mia ya kosakana te, na quartier ozo mona ba masta bazo vivre, yo mokate na mokate, na moni moyen te, nalobi eumeli, soki nataleli ki muana ya ndako nakoya kokufa pamba, nakomi, nakobima na palais neti nakei tshiki nzoka muana mayi abendani akei ba cope ».*

propriétaire va rester pleurer, moi je m'en vais la vendre pour aider ma mère ».

La précarité économique produit une inversion du rôle social des générations : au lieu que les parents subviennent aux besoins de leurs enfants, ce sont les enfants qui les assument à la place des parents. Le jeune doit mobiliser des ressources pour sa survie et celle de sa famille ; sans compter que, parfois, le jeune est aussi parent et s'occupe de son enfant sous le toit parental :

> « Mon enfant aussi tombe malade, chez qui vais-je commencer à demander de l'aide ? Parfois si je demande à quelqu'un, on ne va rien me donner. Il faut seulement voler cette chose que je vois-là, cette télévision-là, il faut seulement que je la vole, que je la vende pour aider mon enfant ».

Dans ce contexte, et notamment au regard de la double identité sociale de certains jeunes (enfant et parent), la précarité familiale fait apparaître la délinquance des jeunes comme une forme de délinquance de nécessité. Françoise Tulkens (2008 : 42) le relève en effet :

> « Sans caricaturer à l'extrême, il est fréquent que les personnes vulnérables qui sont atteintes dans leurs droits fondamentaux, qu'ils soient civils et politiques ou économiques, sociaux et culturels, trouvent dans la déviance ou la délinquance une mauvaise réponse à une bonne question ».

La quête de survie s'inscrit dans une construction identitaire, et cela, parfois au sein d'une bande. Ainsi, certaines activités de survie, comme la vente des mitrailles, nécessitent d'intégrer un groupe pour être efficace et pouvoir la réaliser dans des conditions de plus grande sécurité, comme l'expose Lolo :

> « Tous ceux que tu vois, tous les vieux qui ont maintenant des maisons, ils ont des femmes et des enfants dans les maisons, [c'est la] "*coop*" de mitrailles, sans quoi c'est malheureux. Bon, la "*coop*" de mitrailles comme elle est là, demande de sortir vers les communes extérieures. Tu achètes tes mitrailles, tu formes un bon tas, tu viens les vendre, tu as ton bénéfice. Tu vas à la maison, tu survis, c'est comme ça… Comme nous sommes là, nous sillonnons beaucoup de communes : Matadi-Mayo, Mitendi, Binza Delvaux, Binza Barret, Bandal, donc nous sommes par-

tout, [dans] toutes les communes. Cela demande que nous soyons en groupe parce que si tu es seul, tu peux être menacé et on peut te ravir tout ce que tu as déjà amassé. C'est pourquoi, on met toujours un mauvais esprit. Nous aussi, si nous n'avons rien et que nous te trouvons seul avec les mitrailles, nous allons d'abord te dire de nous les vendre à un vil prix. Si tu refuses, nous les prenons gratuitement ».

Ainsi, long est le voyage à la recherche des mitrailles, grand est le risque à courir pour les « voyageurs », qui s'éloignent de leur territoire pour en exploiter un autre, qu'on pourrait qualifier d'« ennemi ». La bande leur procure alors un sentiment de sécurité.

L'activité des mitrailles du cuivre constitue la voie normale pour obtenir de l'argent, et reste la principale activité de débrouille pour survivre. Néanmoins, lorsque la « *coop* » de mitrailles ne leur rapporte pas d'argent, ils envisagent alors de recourir à la violence du « *kuluna* », dont ils sont bien conscients de la nature problématique (« *na ndenge moko ya mabé* »). Ils vont alors faire le « torchon » : « S'il faut ravir, on va ravir, s'il faut blesser pour ravir, on va blesser et on va ravir ce qu'on devra ravir, bon… de plusieurs manières ». Cela constitue une des modalités.

Ils peuvent aussi faire le « *pustura* » : « Allons du côté des infiltrés créer des problèmes (*to bebisa*) ». Là encore, ils sont conscients de créer des situations problématiques (« *kobebisa* »). En provoquant une « rancune » chez les « infiltrés », c'est-à-dire les jeunes d'autres territoires, qui viennent quelquefois s'introduire sur leur territoire. Ils vont chercher l'affrontement. Et à l'occasion de cette bagarre (« *na sima ya koluka mwa désordre envers bango* »*)*, ils raviront des biens, qui leur permettront d'avoir de l'argent (« *kozwa mwa eloko* » : avoir quelque chose) grâce au « *mogroso* ».

« Tout ça, ce sont des colères des manques d'argent. Tu regardes vraiment que je suis dans le manque… je n'ai pas vraiment l'argent qu'il faut que j'aie ; parfois tu réfléchis qu'à tel endroit on ne s'entend pas avec les jeunes [de ce quartier-là], les choses de valeur se trouvent là. Il faut seulement prendre du chanvre, il faut vraiment qu'il y ait du chanvre, avec une forte dose, car il faut enlever les biens qui sont là pour que ça devienne à nous de manière à avoir de l'argent »[59].

La violence du « *kuluna* » apparaît clairement comme une ressource mobilisable, une stratégie pour avoir de l'argent et survivre pour des jeunes des quartiers précarisés de la ville, sans qualification professionnelle. Comme toute personne humaine a des besoins, pour la satisfaction desquels il cherche de l'argent, ainsi en est-il des jeunes de ces quartiers urbains, qui ont parfois des besoins propres à une société de consommation, des besoins qui, parfois, « coûtent très cher ». Cette stratégie finit par leur créer un certain attachement à l'argent. Aussi Lolo poursuit-il : « … En fait, si moi je n'ai pas d'argent, je ne me sens pas bien ; j'aime seulement que j'aie obligatoirement de l'argent pour que je réalise mes besoins, parce que mes besoins coûtent très cher ! ». Il recourt à la stratégie du « torchon » ou à celle du « *pustura* » (voir infra), il va « *pusturer* ». Aussi déclare-t-il :

> « Maintenant que je ne travaille pas, où est-ce que je vais prendre ça ? C'est cela ! Il faut ravir, tu tabasses quelqu'un, vous allez à un endroit, vous "*pusturez*", vous prenez de l'argent et vous partez vous reposer… ! C'est pourquoi tu vois que Kingabwa est devenu seulement comme ça ».

Pour Edo, « général » dans une des bandes, ces stratégies de « torchon » et de « *pustura* » servent à avoir de l'argent : « Si vous faites comme ça, vous gagnez de l'argent ». Cependant, au regard de l'utilisation qu'ils font de l'argent obtenu à l'aide de ces stratégies, il est difficile de soutenir qu'il sert toujours aux besoins de survie. Car, dit-il : « Cet argent vous vous partagez, vous allez vous enivrer ». Cet argent facile n'est pas satisfaisant à moyen et long termes, mais il leur permet de vivre dans l'immédiat, au jour le jour ou « au taux du jour », comme disent souvent les Kinois ; c'est le *carpe diem*. Ils vont le dépenser dans la boisson, parce qu'ils savent que demain et après-demain, chaque jour, ils pourront l'obtenir par les mêmes voies : « On viendra encore demain – déclare Edo – on fera la même

59 En lingala : « *Il faut seulement o tia diabo, il faut diabo ezala ! diabo penza il faut ezala makasi penza, que il faut to tombola biloko oyo ezalaka kuna ekoma epa na biso po to zwa ba l'ar* ».

chose. C'était devenu une habitude : aujourd'hui, demain, après-demain. On a vu des années passer ». Cette logique de vivre « au jour le jour », constitue la logique de la débrouille et finalement de la survie.

Pour autant, ce mode de vie installe les jeunes dans une insécurité de vie pour eux-mêmes, et ils deviennent également insécurisants pour les autres membres du groupe social. Les jeunes insécurisés deviennent insécurisants. Le fait de chercher l'argent au moyen des agressions les installe dans la violence. Et au sein de cette violence, ils éprouvent aussi une solidarité et un partage avec les membres de la bande : « Si tu trouves quelque chose [l'argent], il faut partager avec l'autre ». Le don appelant le contre don, le jeune, membre d'une bande, recevra en retour soit de l'argent, soit une information ou il sera associé dans une opération (« *coop* ») pour avoir de l'argent. Aussi un jeune affirme-t-il : « Et l'autre aussi dira, par exemple, il y a une maison ouverte là, allons opérer : il vient aussi te signaler, non ! ».

À côté du « torchon » et du « *pustura* », on observe d'autres pratiques qui, pour autant, ne constituent pas réellement une modalité de « *kuluna* », à l'instar du cambriolage décrit par un jeune : « Vous aussi vous venez la nuit, vous enlevez la fenêtre, vous entrez, vous volez aussi, vous terminez, vous sortez, parfois vous replacez la fenêtre, puis vous partez avec tout ce que vous avez pris, vous allez, vous vendez, et vous avez l'argent ! ». Dans le souci de comprendre le sens de la violence qualifiée de « *kuluna* », il conviendrait de distinguer clairement cette pratique du cambriolage du « *kuluna* ». C'est une pratique bien fréquente et bien ancienne dans la ville de Kinshasa. Il importe, par ailleurs, de souligner qu'il n'y a pas souvent de rupture entre les stratégies de captation de l'argent relevant du « *kuluna* » et d'autres stratégies comme le cambriolage. Ce dernier se réalise parfois à l'aide des armes à feu avec l'implication de quelques policiers ou militaires. Mais il ne devrait pas être assimilé ni confondu au « *kuluna* ».

La gestion adéquate de cette forme de violence, perçue par les jeunes comme un mode de vie, requiert des stratégies de sécurisation afin de rompre avec, ce que Lode Walgrave nomme, « la vulnérabilité sociétale » (Walgrave, 1992). Cet auteur propose une théorie intégrative des jeunes vivant par la délinquance. Il convient de remarquer que cette insécurité de vie ou cette vulnérabilité sociétale constitue une fracture sociale. Il devrait donc s'agir de mettre en œuvre un processus d'intégration professionnelle pour permettre aux jeunes de redéfinir une identité professionnelle non délinquante – disons – non problématique et plus valorisante. La réponse à cette forme de violence urbaine ne devrait pas non plus s'installer dans le court terme, sinon elle relèverait aussi du registre de la débrouille. Elle requiert des actions à long terme au risque que cette violence s'installe et déborde le cadre de la violence urbaine du « *kuluna* » pour s'étendre à d'autres stratégies de captation de l'argent, qui ne pourront être que des stratégies d'insécurisation des populations et même de l'État lui-même. Des jeunes insécurisés en milieu urbain ne peuvent qu'insécuriser.

B. Jouir d'une reconnaissance sociale

Les jeunes rejetés par leurs familles, notamment à la suite d'une accusation de sorcellerie, se dirigent vers la ceinture pour y obtenir une certaine reconnaissance sociale. De plus, la lutte pour la reconnaissance sociale va emprunter la même trajectoire que la quête de survie. En effet, face au rejet du jeune par la famille, censée l'aider et l'amener vers un certain épanouissement, le jeune glisse vers le groupe, considéré comme une famille de substitution, au sein duquel il devra se battre pour conquérir lui-même son propre épanouissement, une certaine reconnaissance par les autres :

> « Dans mon cas, on était arrivé à un point où on m'avait chassé de la maison. On m'avait chassé… vers l'année 2000 ou 2001. Alors je suis allé à Matete. Après, je suis revenu à Kingabwa, mais je n'étais pas rentré à la maison. J'étais toujours à Kingabwa, j'ai rejoint des amis avec lesquels on avait grandi. Je les avais trouvés à Kingabwa, eux aussi avaient déjà quitté leurs maisons eh… (respiration). Alors je me suis associé à eux ».

Au sein de la ceinture, on recouvre une identité, un certain pouvoir et on est reconnu par les pairs et les adversaires. En effet, au sein de la bande, les jeunes s'identifient en fonction de leurs capacités ou de leur savoir-faire. L'identification constitue un système de reconnaissance de la ceinture, en tant que groupe, ainsi que des acteurs qui l'animent, comme des citoyens d'un État, bénéficiant des droits et des obligations. Les jeunes s'identifient par des simples sobriquets, dont la signification dépend des capacités de l'acteur sur terrain :

> « … nous, dans cette ceinture chacun, bien que ce soit une même ceinture, mais le pouvoir (*luyalu*) et le nom (*kombo*) chacun les cherche. Tu chercheras qu'on t'appelle comme-ci, lui aussi cherchera qu'on l'appelle comme ça, mais, autant qu'on t'appelle comme ça, il faut que nous voyions des actions : tu blesses, tu coupes, tu mets les gens K.O, et après oui, par la prononciation de ton nom nous confirmons que tu fais ça… ».

Les pairs peuvent aussi lui imposer un nom, comme l'explique Godé : « Bon, pour le nom de Soweto, c'est seulement la motivation des amis, qui te voient à l'œuvre. Ils marchent avec toi, tu as un mauvais esprit, qui frappe, qui ravit, et, pendant la bagarre, tu blesses. C'est comme ça que les amis se sont dit : "non, toi il faut que tu portes tel nom" ». Il en est de même de Zoulou, qui déclarait : « Bon, mon nom c'est Zoulou, ce n'est pas mon nom de la maison, mais c'est mon "titre". C'est parce que c'est moi qui intègre (*na diabolisaka*) toute personne que tu vois dans la ceinture *Bibende*, c'est moi leur homme promoteur, c'est moi »[60].

Il convient donc d'indiquer qu'en dehors du bénéfice pécuniaire, le « *kuluna* » procure aux jeunes une certaine reconnaissance sociale. Cette dernière fait référence à un processus d'intégration d'une personne dans un groupe social, comme conséquence de l'estime et du respect qu'elle mérite de recevoir de la part des autres membres du groupe ou de l'institution, ou comme conséquence de son acceptation dans ce groupe ou dans cette institution, du fait des capacités de réalisation des objectifs du groupe ou de l'institution qu'elle offre.

La violence urbaine des jeunes, qualifiée de « *kuluna* », semble devenir un fait social total en raison de son instrumentalisation tant par les jeunes, en vue de l'intégration au sein de la bande, que par

60 Ces noms renvoient à la lutte anti-apartheid menée par les membres de l'ANC en Afrique du Sud.

les policiers et les acteurs politiques ; traduisant ainsi une réponse étatique ambigüe à cette forme de violence. Quoi qu'il en soit, cette instrumentalisation de leurs actes de violence procure aux jeunes une certaine reconnaissance sociale.

La violence, telle que pratiquée par les jeunes au sein d'une bande, leur permet de bénéficier d'une reconnaissance, d'abord, par ses pairs. Cette reconnaissance des pairs est particulièrement importante lorsqu'un jeune a été rejeté par sa famille à la suite d'une accusation de sorcellerie. On lui donnera un nouveau nom, une identité correspondant à ses exploits et à son savoir-faire dans la bande. Cette reconnaissance au sein de la bande peut s'étendre à d'autres groupes, notamment lorsque ses exploits, lors des opérations menées par la bande, étendent sa renommée au-delà de sa bande, et lui offre une reconnaissance sociale. En ce sens, Bady déclare :

> « … j'ai cherché à me faire un nom dans la ceinture, je me fais d'abord un nom : quand j'opérais, le nom se faisait connaître. Alors mes frères à la maison ont commencé à entendre parler de moi, et ils avaient la frousse. C'est pourquoi, j'ai dû rentrer en famille. Quand je suis rentré, plus personne n'osait me maltraiter ».

De même, la reconnaissance obtenue par les pairs, voire au sein d'un ou plusieurs quartiers, est un élément important pour les jeunes « de la maison »[61] en situation de précarité familiale et professionnelle. En effet, ils se considèrent comme des « mal socialisés », des « exclus sociaux », les rebuts de la société. Cette reconnaissance « sociale » permet de contrecarrer ce sentiment de ne pas compter pour la société :

> « Pour avoir des "grades" dans la ceinture, c'est seulement des bagarres, bagarre-toi, blesse, alors tu seras connu. Donc pour qu'on te connaisse, il faut blesser, eh. Il faut que les infiltrés te craignent. S'ils ne te craignent pas, ils n'auront pas aussi peur de toi, et tu ne seras même pas reconnu (*o koyokana pe te*). C'est comme ça à Kingabwa, pour qu'on te connaisse, il faut que tu sois un bagarreur. Si tu n'es pas un bagarreur, tu ne pourras pas du tout être connu ».

61 Il s'agit des jeunes intégrés en milieu familial, par opposition aux jeunes en rupture avec leurs familles.

Et si, dans le cadre du « *mogroso* », un jeune est désigné par la bande comme négociateur, il aura à fréquenter des personnes jouissant d'une légitimité institutionnelle ou ayant une position sociale plus élevée. Et s'il est chanté par quelques musiciens, comme « *Béret rouge* », chanté dans l'album de « Décalé » (*cinquante-cinq ya ba rouge*), il devient fameux ; c'est « un motif de gloire » et le passage de l'exclusion sociale à une forme de reconnaissance sociale. Son estime de soi s'en trouve augmentée.

Une autre forme d'instrumentalisation de la violence qualifiée de « *kuluna* » assurant une reconnaissance sociale des jeunes impliqués, est celle effectuée par les policiers, qui font avec eux des « *coop* », comme l'explique un jeune :

> « Mais les soldats [policiers], quand ils sont en période de crise (*ba mpiaka*), allez [...]. Comme telle écurie et telle autre ne s'entendent pas, alors ils vont envoyer deux personnes [chez nous]. Quand nous constatons ça, nous aussi, nous chercherons à les attaquer. Quand ils vont faire semblant de reculer pour appeler le renfort, ils vont venir nombreux et les policiers vont les suivre, ils commencent à nous arrêter. Tout ça simplement pour faire entrer l'argent à la police ».

Cet extrait fait référence à ce que nous avions qualifié de « la capitalisation par les policiers du pouvoir de contrôle des situations problématiques impliquant les jeunes citadins » (Kienge-Kienge Intudi, 2011 : 171, 435). Elle se réalise, notamment, par ce qu'ils ont appelé « la méthode des amendes transactionnelles », qui consiste pour les policiers agissant en qualité d'« agents chargés de "polir" la vie en commun et d'apaiser les conflits (agents du vivre ensemble), de récupérer subtilement à leur profit l'argent, qu'ils perçoivent, devant revenir à l'État sous la forme d'amendes transactionnelles (Kienge-Kienge, 2011 : 433). En effet, en instrumentalisant les affrontements entre bandes de jeunes des quartiers populaires, les policiers procèdent aux arrestations des jeunes d'une des bandes pour leur exiger le paiement des amendes transactionnelles. Celles-ci leur permettront de sortir de leur « *mpiaka* » (manque). Les deux jeunes « envoyés » par les policiers vers l'autre bande pour provoquer les affrontements, ne manqueront pas de recevoir une partie des amendes payées par les jeunes de la bande adverse. Il s'agit des familiarités ou des alliances, apparemment contre nature, entre jeunes « *Kuluna* » et policiers, qui assurent une forme de reconnaissance sociale aux premiers. Ainsi, Lolo de Kingabwa, déclare :

> « Nous nous retrouvons avec d'autres personnes… nos vieux de la police… Des fois, ils nous demandent de nous occuper d'eux s'ils n'ont rien. Nous le faisons sans problème, parce qu'eux aussi peuvent nous aider. Il y a aussi des vieux qui n'ont rien à voir avec les ceintures, mais ce sont des vieux du quartier, ils ont envie d'avoir un peu de souffle en provenance du beach (*libongo*) ».

Une autre forme d'instrumentalisation de la violence urbaine des jeunes assurant une reconnaissance sociale de ces derniers, est l'œuvre de certains acteurs politiques, inscrivant là encore une réponse étatique ambigüe à la violence urbaine des jeunes. En effet, lors des campagnes électorales de 2006 et de 2011, on a constaté que les jeunes « *Kuluna* » (les *pomba*) avaient été sollicités par certains candidats pour assurer leur protection dans certains quartiers populaires de Kinshasa pour y tenir des meetings. D'autres candidats les ont également mobilisés pour perturber les meetings de leurs adversaires d'autres partis politiques, s'appropriant ainsi pour leur parti politique l'espace de certains quartiers, et cela moyennant une certaine rétribution des jeunes ainsi mobilisés, comme en témoignent les propos d'un jeune de Kingabwa :

> « Mais en période d'élection, c'était terrible ici : ces vieux que vous voyez là [dans la politique], ils connaissent toutes les écuries, avec leurs chefs. Ils venaient, ils donnaient de l'argent aux chefs. Alors, deux écuries se rencontraient, vous vous affrontez sérieusement, simplement pour gâcher le marché de l'adversaire (*po kaka bobebisela adversaire na ye marché*) ».

Certains de ces candidats (ces « vieux ») ont été effectivement élus. Un groupe de ces *pomba* s'est présenté vers la fin du mois d'avril 2015 à la permanence d'un parti politique pour réclamer « leur part du butin », pour avoir collaboré lors de la dernière campagne électorale. Certains députés travaillent aussi avec les ceintures des jeunes impliqués dans des actes de violence urbaine. Le même jeune poursuit :

> « Les députés, eux-mêmes nous connaissent bien, surtout nos députés de Limete, même du quartier Kingabwa, ils nous connaissent tous. Ils savent que si je dois rencontrer telle ceinture, je dois aller à tel endroit. Les députés, presque tous, tels qu'ils sont là, soignent les relations avec les ceintures. Certains parmi eux ont leur bar. Parfois, il a un neveu dans la ceinture, il va l'utiliser pour entrer en contact avec les jeunes de la ceinture ou lui-même va entrer en contact avec une autre ceinture avec laquelle on ne s'entend pas pour nous mettre ensemble. Ils donnent l'argent aux chefs des deux ceintures pour circuler avec lui ».

Dans ce cas, le candidat député donne au chef de la ceinture des jeunes toutes les garanties de sécurité ; même lorsque les jeunes chargés ainsi de sa protection en viennent à agresser d'autres jeunes, qui accompagnent un autre candidat. Cette garantie consiste à leur dire : « Partout où on t'arrêtera, moi-même je viendrai te tirer d'affaire (*Partout ba kokanga yo, nga moko na koya*) ». Il s'agit là d'une forme de reconnaissance sociale et même politique dont bénéficient les jeunes impliqués dans la violence urbaine, qualifiée de « *kuluna* ».

C. La violence comme un « boulot »

Dans un contexte de manque d'emplois pour des jeunes des quartiers populaires de la ville, certains d'entre eux en viennent à considérer la violence de « *kuluna* » comme un véritable « boulot », un travail qui rapporte de l'argent, comme « un genre de commerce ». Aussi Godé déclare-t-il : « Tellement qu'il n'y avait pas de travail à faire, c'était devenu comme un genre de commerce ; on peut rester là comme ça, nous décidons d'aller quelque part, on sème le désordre, on vole, on ravit les biens, on rentre… Nous étions animés par la recherche de l'argent… ». Le jeune « *Kuluna* » vit de la violence, c'est son gagne-pain, comme toute autre activité professionnelle. De plus, le « *kuluna* » rapporte parfois beaucoup plus d'argent qu'un travail journalier institutionnalisé. Aussi Bob déclare-t-il :

> « À Kingabwa, il n'y a pas de compagnie. [Le "*kuluna*"], c'est ça notre boulot, ah ! Ça, c'est un boulot, [un] bon boulot. Comme c'est comme ça, la machette [est un] vrai boulot facile, dont le montant n'est pas connu. Par jour je peux sortir avec cinquante mille [francs congolais].

Maintenant au boulot, je gagne trois cents [mille francs congolais], est-ce que je vais encore continuer à partir ? ».

Pour un policier de Kisenso, le « *kuluna* » est carrément un « métier » pour certains jeunes de cette commune. Sa forte rentabilité rend encore plus difficile la décision d'abandonner ce « boulot ». Il, explique ainsi :

> « Quand on les arrête, on les transfère au parquet, et quelques jours [après] ils sont libérés, ils retournent dans leur métier. Quelque chose qui vous procure de l'argent, c'est difficile d'abandonner, c'est l'argent facile à trouver, et comme nous aimons la facilité, ils sont arrêtés aujourd'hui, demain ils sont libérés, le lendemain ils rentrent dans leur métier, c'est ça qui paye bien ».

Cette activité reste pour autant précaire et instable. Elle relève de la débrouille, maintient dans le court terme et s'apparente à un travail journalier. C'est pourquoi, comme cela a été relevé ci-dessus, il conviendrait, dans le cadre d'une gestion adéquate de cette forme de violence, de proposer des politiques publiques d'emploi offrant aux jeunes des perspectives professionnelles valorisantes stables, qui puissent les inscrire dans le long terme. En plus d'être un « métier », la violence des jeunes apparaît aussi comme un moyen de sécuriser le territoire, comme cela est développé ci-dessous.

D. Sécuriser le territoire

Face à un État démissionnaire dans sa mission de sécuriser les populations des quartiers précarisés et leurs biens, les jeunes ont constitué des structures d'autodéfense du quartier, pour assurer leur sécurité, comme le relève Lay : « Ce qui nous trouble, ce sont les pleurs [plaintes] des mamans : on nous ravit nos biens, on nous vole comme si on n'a pas de gens ! Dans ce quartier, il n'y a pas de garçons [pour nous défendre] ! Ce sont ces plaintes des mamans qui nous ont poussés à faire le "*kuluna*"… ».

Ce discours de justification des actes de violence urbaine des jeunes prend sa source dans une alerte de victimité mal orientée. Autrement dit, face à un État considéré comme démissionnaire, les vendeuses victimes de vol et d'agression, lancent un défi aux jeunes du quartier au lieu de le faire aux instances étatiques appropriées. Confrontés à une telle crise de sécurité et pour répondre à cette demande populaire de la défense du territoire, les jeunes forgent leur propre mode de régulation en formant une ceinture dont le rôle est décrit comme suit :

> « Nous n'étions pas des *Yankees*, nous étions simplement dans un club. Mais nous avions commencé comme des *Yankees* parce qu'il y avait une autre écurie, qui venait semer des désordres. Vous verrez que nous sommes là assis comme ça, les mamans commencent à se plaindre et à nous reprocher comme quoi nous ne faisons rien : "une autre écurie vient ici et vous ne faites rien". Nous répondions que nous ne nous occupons pas de ces choses-là. Nous restions toujours au sein du club. Mais comme nous sommes des hommes, on a reconsidéré [notre position], parce qu'aujourd'hui ils viennent, ils volent, demain ils viennent, ils dispersent les marchandises des vendeuses, ils prennent les habits au séchoir derrière la maison, ils les emportent, les marchandises des vendeuses ils les emportent aussi. Nous avons finalement décidé que le jour où ils vont revenir, il y aura des problèmes. Puis ils sont venus, nous les avons pourchassés, ils ont fui. Le deuxième jour, quand ils sont revenus, on a commencé à les blesser, et s'il faut tuer, qu'on les tue… ».

La défense du territoire s'effectue au prix de sa vie, comme l'expose Chico : « Lorsque vous nous infiltrez, vous entrez sur notre territoire, moi-même si les potes ne sont pas là, j'accepterai de mourir victime pour la ceinture. Les potes de la ceinture viendront entendre que l'on m'a blessé ou tué, ils feront le reste sans moi pour défendre le territoire (*likambu ya mabélé*) ». Les jeunes considèrent le territoire comme un élément fédérateur, qui leur permet de faire naître un sentiment identitaire communautaire entre individus d'un même groupe, d'un même quartier. L'appropriation du territoire implique une certaine limitation de l'accès aux populations qui n'appartiennent pas au groupe et rend le quartier presque inaccessible. Mais cela est souvent à la base des conflits entre ceintures. Lolo décrit le sens de responsabilité des jeunes dans la défense du territoire :

> « C'est notre territoire (*mabélé na biso*), qui peut le défendre ? Il n'y a que la ceinture… Les autres jeunes [du quartier] ? Ah, des poules mouillées

(*ba nyama*), ils ne peuvent rien. Il faut, pour contrer un adversaire de cette taille, des gens qui grincent les dents… car s'ils grincent les dents, nous aussi nous grinçons les dents, on se regarde face à face… c'est comme ça qu'il faut, sinon on ne vous considère plus (*ba moneli bino*) ».

La défense du territoire consiste, notamment, à éviter que des jeunes d'autres quartiers viennent y semer du désordre : « Comme nous aussi nous sommes des gangs (*ba Yáya*) du territoire, nous refusons ici dans notre territoire qu'eux [les autres jeunes] viennent semer des désordres et fuir. Nous sommes des hommes nous tous, s'ils font des désordres, nous allons nous entretuer avec eux ». La défense du territoire assure, d'une certaine manière, un certain leadership à la ceinture et, à l'intérieur de celle-ci, à certains de ses membres.

Certains jeunes se décident à constituer une ceinture pour assurer l'autodéfense du quartier, nommé de façon symbolique comme « territoire ». Ce dernier représente un espace de construction identitaire et confère un sens à leur existence. En effet, l'État est perçu comme démissionnaire au regard des conditions de précarité matérielle de leur quartier, marqué par l'absence d'infrastructures socio-économiques de nature à assurer le développement de ces entités. Il n'y a pas d'hôpitaux ni d'entreprises, « même pas un magasin des Chinois ni une station-service »[62], il n'y a pas de routes asphaltées, ni quelques activités commerciales ; « l'électricité se voit toujours de loin… »[63]. Ils se considèrent comme abandonnés à eux-mêmes, exclus de « la cité »[64], mal gouvernés, insécurisés sur le plan socio-économique et victime d'actes d'agression ou d'incursions (razzias) réalisés par des jeunes d'autres quartiers. L'autorité étatique ne les protège pas, « l'État ne fait rien », répètent les jeunes de ces quartiers. Aussi se constituent-ils en bande pour assurer la défense – mieux – l'autodéfense de leur territoire. Ils forment une organisation locale, une forme d'auto-prise en charge d'autant que les jeunes sont interpellés par les plaintes des vendeuses, victimes d'actes d'extor-

62 Propos d'un jeune de Kisenso décrivant sa commune.
63 Propos du même jeune : « *courant okomona yango kaka na mosika…* ».
64 Un membre du Corps diplomatique accrédité à Kinshasa utilisait l'expression de « la République de la Gombe » pour traduire l'absence d'un État responsable dans les autres communes de la ville de Kinshasa.

sion des jeunes d'autres quartiers. Aussi Rolly déclare-t-il : « L'État, c'est un sorcier, il ne fait rien, mais quand les gens s'organisent pour vivre, il trouve ça mal, il commence à arrêter… ». La violence qualifiée de « *kuluna* » s'inscrit aussi dans ces modalités d'« auto-organisation populaire pour vivre », plus exactement, pour survivre face à la défaillance étatique.

Edo, général autoproclamé au sein d'une bande de jeunes, explique les raisons, qui l'ont conduit à créer des bandes de jeunes dans certains quartiers : « Bon, c'est seulement le problème de territoire hein, défendre le territoire ! Et les actes dont on a été victime : nous ravir nos biens. Ça m'a énervé, je suis allé former mon écurie ». Confrontés à un système sécuritaire étatique déficitaire, les jeunes du quartier en assurent l'auto-défense en mettant en place un système de régulation informelle, non étatique, structuré en se référant au modèle étatique, mais dont le fonctionnement crée une forme de rivalité avec l'État au point de faire émerger non seulement un discours, mais aussi des attitudes de défiance à l'égard de l'autorité de l'État :

> « … Ah ! L'État n'est rien, tu ne vois pas qu'on a déjà réparti des titres de général… Ils ont leur général, nous aussi avons le nôtre. Si tu fais appel à un OPJ [officier de police judiciaire], moi maintenant général, dis-moi maintenant, j'aurai peur d'un OPJ ? Tu fais recours à un lieutenant, à un major, dis-moi, un général peut avoir peur d'un lieutenant, d'un major ? Même si on est deux unités différentes, eux [des] militaires, nous [des] civils, est-ce que moi j'aurai peur d'eux ? Je n'aurai jamais peur d'eux ! Au contraire c'est toi [policier armé]…, toi, tire, si tu peux tirer, moi le sentiment d'aisance me fait du bien, moi je n'ai pas d'arme, et si tu ne tires pas, je vois comme si tu n'as rien fait. Tire sur nous, comme ça on saura que tu es le plus fort, et si tu oses tirer, on connaît ta maison, sache-le bien que tu vas fuir ta maison, le commandant CPL a fui, les Boli ont fui, les Basti ont fui, beaucoup de commandants au niveau du Point chaud ont fui ! Les Angelu, aujourd'hui il est mort, mais il avait fui le Point chaud ! S'il était vivant, il allait le dire. Tu lui dis seulement "général Edo Béret rouge", il allait dire : "Ah ! Celui-là, c'est un dangereux". En plus le Wawa[65], que tu vois là, on est déjà entré là. Si tu y entres, tu verras "Béret rouge" repris plusieurs fois. Si tu vas encore

65 Il s'agit d'un sous-commissariat de police.

au parquet, mêmement, tu verras même les noms repris plusieurs fois. Va à Wawa maintenant, tu verras… ! ».

Une fois que la bande est constituée et le territoire sécurisé, les jeunes y instaurent leurs propres normes, leur propre forme de régulation sociale, différente et même concurrente de la régulation étatique. Mais le problème est que ces « bandes d'autodéfense » des quartiers populaires deviennent productrices d'insécurité pour la population d'autres quartiers. D'où le problème de la légitimation de cette forme de régulation sociale. Toutefois, le constat de son existence devrait permettre de repenser la régulation étatique, qui est ainsi soumise à l'épreuve de légitimité. Les propos suivants d'un policier de Kisenso nous placent au cœur de cette problématique de la légitimité de la régulation populaire assurée par les jeunes et celle assurée par les agents de l'État dans ces quartiers populaires : « Ça nous fait, d'abord, mal au cœur, parce que c'est toute une écurie, [mais] il y a des gens qui mangent avec eux. Une fois tu l'arrêtes, tu deviens ennemi de tout ce monde-là ». Puis il poursuit :

> « Nous-même aussi, premièrement quand tu arrêtes un "*Kuluna*", il va en prison, et quand tu le vois encore en liberté, tu peux te promener comme policier, mais on a aussi peur, surtout à des heures tardives. Tu peux m'appeler : "Viens, je suis à Matete". Je ne viendrai pas. Je viendrai le lendemain. Il faut que la population te voie te promener, ou bien on est à deux ou à trois, car on est en insécurité ! ».

En même temps, il relève le paradoxe : « Entre-temps, la force reste à la loi, nous continuons à les bousculer ». C'est là que réside le paradoxe de la régulation étatique, dont les agents « se sentent en insécurité », alors que « la force reste à la loi ». Ces propos semblent poser la problématique des conditions de légitimité de la régulation étatique dans un contexte des quartiers insécurisés. Le même policier explique le sens de l'insécurité dans laquelle se sentent les policiers dans des quartiers insécurisés comme suit :

> « Quand nous marchons, notre regard est fixé devant. Tu ne sais pas voir derrière toi. À Kisenso, il n'y a pas du courant à tout moment, les routes sont obscures, tu fais un long trajet dans le noir, tu ne sais pas qui vient, qui est caché. Ça peut être un jour de repos, je ne suis pas allé

au boulot, je sors faire mes "*coop*", mais dès qu'il est dix-huit heures, je commence à m'inquiéter, si je suis encore loin de chez moi ».

On peut constater, à la lecture de ces propos d'un policier à Kisenso, que dans un quartier insécurisé ou précarisé, la peur change de côté. Au lieu qu'elle soit inspirée à la population par un agent de régulation étatique, la peur est plutôt ressentie par ce dernier du fait d'un contexte insécurisant à cause des bandes de jeunes, qui organisent leur régulation du quartier en défiant l'autorité étatique. On pourrait dire que l'insécurité des quartiers populaires dans le sens de la détérioration des conditions de vie des populations de ces quartiers, entraîne l'insécurité des agents de régulation étatique et rompt la confiance entre gouvernants et gouvernés. Dans ces conditions, tout en ayant « la force de la loi », ces agents légaux se sentent en insécurité dans ces quartiers. L'autorité de l'État et de ses lois dépend donc, pourrait-on dire, des conditions de vie auxquelles l'État soumet la population. Lorsqu'il « ne fait rien », la « force de la loi » reste une simple incantation, quelque chose de symbolique. Dans un tel contexte, on ne peut rien attendre d'une « police de proximité », surtout si on en fait uniquement un organe de répression, qui ne fait qu'exprimer la « force de la loi », tant que persiste cette insécurité de vie des populations et où elles constatent que « l'État ne fait rien ». C'est alors que les jeunes mobilisent la violence pour garantir leur sécurité personnelle.

E. Garantir sa sécurité personnelle

Selon les discours des jeunes rencontrés, être en groupe inspire un sentiment de sécurité à double titre : d'une part, le jeune garantit sa sécurité physique et matérielle et, d'autre part, cela participe à la valorisation de l'estime de soi ou de la confiance en soi. L'intégration du groupe traduit le refus d'être à la merci des autres, et « permet de faire grandir l'esprit » (*kokolisa diabo*). En effet, le besoin de sécurité au sein du quartier se réalise par la constitution ou l'intégration d'un groupe. Le jeune Edo relate ainsi :

« Le problème de "*kuluna*" à Kingabwa est arrivé comment ? Juste c'est le problème du territoire (*likambo ya mabélé*) comme certaines personnes disent, certaines autres personnes parlent de "*coop ya cuivre*"[66]... Une fois que tu as tes métaux, tu vas peser dans un autre quartier, les jeunes de ce quartier-là, comme l'est et l'ouest ne s'entendaient pas, tu verras qu'ils vont te ravir tes biens, alors toi tu sais que tu as obtenu ça par ta sueur, tu n'accepteras pas que ça aille seulement comme ça. Toi aussi, tu chercheras à faire quoi ? À revendiquer... Tu n'accepteras pas d'être seul. Toi aussi, tu souhaiteras aller former ton écurie, commencer à marcher avec eux, pour que si tu marches seul, eux, ils vont t'arrêter, te frapper... ».

À ce sujet, Dady déclare :

« ... Nous autres, nous n'avons pas fait ces choses-là par simple plaisir. Au quartier, les *Yankees* étaient là... Moi, j'étais vraiment un *Play boy*, vraiment un *Play boy*. Un samedi comme ça, je me lave, je me fais propre, je vais passer les week-ends, tu vas aller comme ça, dans certains endroits, on t'arrête, tu rentres comme ça, on te ravit tes ketchs [baskets], des téléphones, de l'argent, tout ça... Quand tu rentres à la maison, tu as seulement des motivations de colère jusqu'à ce que je me suis dit ah ! Trop c'est trop. Moi, on m'a aussi beaucoup "mangé" [dépouillé], il faut que j'entre maintenant dans ces histoires. C'est comme ça que je suis entré dans ces histoires... ».

Les jeunes, qui murissent l'idée d'adhérer ou de créer une écurie, poursuivent un double objectif : assurer leur propre sécurité, et répliquer aux agressions et tracasseries dont ils ont été victimes. La perception de l'intégration d'une bande de jeunes (ceinture) apparaît alors comme une stratégie d'autoprotection. Cette représentation de la sécurisation établit un rapport direct entre la ceinture, l'écurie et le club des arts martiaux.

La notion de « ceinture » fait référence au regroupement des jeunes dont l'âge varie entre dix à trente ans et paraît liée aux actes de « *kuluna* ». Ce terme s'apparente à un langage codé de ce qu'on désignait communément sous le terme d'écurie. Il est fréquent, mais pas toujours, qu'un jeune passe de l'écurie aux actes de « *kuluna* ». Les enfants dits de la rue (« *schegués, phaseurs* ») par exemple, appartenaient aux écuries (Kienge-Kienge Intudi, 2005 : 393 ; 2011 : 278), qui sont

66 La recherche et la vente des mitrailles constituent une activité de débrouille des jeunes sans-emploi.

également un regroupement de jeunes d'un quartier, souvent en situation difficile. Aujourd'hui, les jeunes qualifiés de « *Kuluna* » ne se reconnaissent pas comme membres d'une « écurie ». Un commissaire supérieur de la police déclarait : « Si vous lui posez la question de savoir : «À quelle écurie appartenez-vous ?». Il vous dira vite qu'il n'est pas membre d'une quelconque écurie… Il peut même vous jurer de n'avoir jamais été dans ces choses… ». Cette attitude se justifie par la crainte du traitement généralement réservé aux membres des écuries par les policiers.

Par contre, le concept « club » renvoie à un regroupement des jeunes exerçant des arts martiaux ; à titre d'exemple : club de Judo Dragon, club de Karaté Jan, club *Nguma* (Boa). À la différence des ceintures ou des écuries, les clubs sont des regroupements « formels », enregistrés sous le statut des associations culturelles, conformément à la loi sur les associations sans but lucratif. Les clubs sont aussi enregistrés au niveau de la fédération correspondante à chaque discipline et participent à différentes activités ou compétitions, qui sont organisées officiellement. Maître Mbongo, ceinture noire, 2e Dan, déclarait :

> « Il ne faut pas confondre club et "*kuluna*"… Le club est caractérisé par la discipline comme du reste toute discipline… Je ne peux pas imaginer un élève de mon club se retrouver dans ces sottises… Au contraire, nous jouons un rôle important dans la société. Comme vous me voyez, je suis ceinture noire deuxième Dan, j'ai plus de cinquante élèves. Les parents me font confiance. Il y a des plus petits de huit ans, neuf ans sur qui il faut de l'attention… Il y a aussi des aînés… Tu sais que nous sommes souvent appelés pour donner un coup de pouce à la police, surtout pour maîtriser certains petits ["*Kuluna*"]… car parmi eux vous allez retrouver des redoutables... Il faut pour cela des grands maîtres. La plupart de ces petits ["*Kuluna*"], ils me connaissent bien et me respectent. Nombreux sont très bien entraînés, il ne faut pas t'hasarder, ils vont te ridiculiser… ».

Les membres des clubs sont identifiés. Et les leaders ou, du moins, les membres du directoire des clubs participent souvent aux réunions organisées au niveau communal pour le maintien de l'ordre, lorsque celui-ci est menacé ou troublé.

Si, du point de vue des objectifs poursuivis par ces différents regroupements des jeunes, on peut s'interdire de fondre le phénomène « *kuluna* » dans les ceintures ou clubs, les données recueillies lors de la recherche précédente sur *La pauvreté des jeunes et violence urbaine* (Kienge-Kienge Intudi, Bungu Musoy, Malanda Mvibidulu, 2013), renseignent cependant qu'une bonne partie des jeunes impliqués dans des actes de violence qualifiée de « *kuluna* » sont l'émanation des clubs des arts martiaux. C'est ce qui porte à considérer que les clubs sont des refuges de ces jeunes. Le jeune Mpia déclare à ce sujet :

> « Bon, nous avons fini par nous impliquer dans la ceinture… Avant, nous étions seulement avec les amis après l'entraînement de judo…, rester avec les amis souvent jusque tard la nuit, faire de mauvaises choses, ravir, faire des choses vraiment mauvaises, mais ça nous soulageait… ».

On constate donc une certaine porosité entre les clubs des arts martiaux et les ceintures, laquelle porosité permet de comprendre le désir des jeunes insécurisés, et en quête de sécurité, d'intégrer les ceintures, car ils y apprennent aussi à se défendre face à une agression avant d'acquérir les capacités d'agresser les autres. En effet, les propos de Edo selon lesquels « j'avais d'abord fait le judo, quand je suis entré dans le "*kuluna*", avec la pratique de judo que j'avais apprise, j'avais maintenant mis ça en pratique », montrent que les opérations réalisées dans le cadre de la violence de « *kuluna* », notamment les bagarres, bénéficient des pratiques apprises dans les clubs des arts martiaux.

Si les ceintures sont considérées par la police et la population comme une menace permanente pour la cohésion sociale, comme une forme de délitement du lien social, elles ne manquent cependant pas d'être considérées par les jeunes, qui les animent, comme un cadre indispensable de sécurisation, en ce qu'elles développent leur sociabilité, pansent certaines blessures individuelles et collectives, et permettent de gérer la relégation sociale. Comme l'affirme Marwan Mohammed, au sujet des bandes de jeunes, « l'exclusivisme qu'elles exigent de leurs membres fait d'elles des entités envahissantes et paradoxales, qui compensent dans la dureté, intègrent aux marges, assurent dans une incertitude permanente, alimentent le présent aux dépens de l'avenir, et le sentiment de liberté qu'elles procurent amène bien souvent à la contention. Les jeunes s'en rendent compte trop tardivement » (Marwan Mohammed, 2011 : 18). La ceinture sécurise ses membres comme l'explique Diablo :

> « Nous sommes chaque jour ensemble. S'il arrive le moment d'aller au bar, je peux prendre mon pote comme ça je lui dis à l'oreille : pote allons de l'autre côté. Si c'est aussi un problème de la ceinture, nous partirons toute la ceinture pour boire… L'essentiel est que nous sommes toujours ensemble… le respect de l'autre, le secours à l'autre si vous entendez un cri… ».

Mpia renchérit :

> « Il peut arriver que si les gens menacent l'un des nous en chemin, nous tous, nous allons nous battre. Si un ami appelle et nous dit qu'il est menacé, nous tous, nous irons, parce que nous ne pouvons pas admettre que l'un des membres de la ceinture soit menacé seulement comme ça... c'est ça aussi la vie, à chacun son tour. Lorsqu'une telle écurie te veut du mal, nous aussi, nous voudrons du mal. Lorsque nous nous trouvons face à face, il faut seulement mettre le feu aux poudres [se bagarrer] ».

Ainsi, l'appartenance à une ceinture réhabilite les jeunes de leur statut de victimes d'agressions, les sécurise et leur assure une forme de reconnaissance sociale.

Ainsi, parmi les raisons, qui conduisent un jeune à basculer dans la violence, il y a les agressions dont il a été victime de la part des bandes de jeunes ou des tracasseries subies de la part des forces de l'ordre. La violence lui permet de s'armer à son tour, soit pour pouvoir se sécuriser, soit pour organiser la réplique. C'est notamment le cas de Edo, qui a décidé de basculer dans la violence le jour où d'autres jeunes « *Kuluna* » ont voulu lui ravir ses mitrailles de cuivre. Il explique, en effet :

> « … à partir de ce jour-là, comme on avait voulu m'arracher mon bien et la démonstration qu'avait faite ce vieux, comme il avait blessé les gens et comme il m'avait apprécié, que j'avais directement pris l'allure. C'est vraiment ce jour-là que j'étais devenu "*Kuluna*". Au soir de ce même jour, on a encore livré un autre combat, on m'a intéressé, moi aussi j'ai

intéressé mes amis. Quand on est arrivé, il me dit : “toi, tiens la machette, tu as peur de quoi ?”. J’étais turbulent et intelligent. Quand j’ai ajouté la machette, ça a donné quelque chose de bien ».

La violence perçue par les jeunes comme une stratégie de sécurisation personnelle, les conduit à devenir insécurisants ; ils deviennent en fait des vecteurs de la violence au sein d’un groupe social donné.

La question qui peut être posée est celle de savoir si tout le monde doit recourir à la violence pour se protéger et devenir acteur de sa propre sécurité. La lecture de l’article 16 de la Constitution de la République Démocratique du Congo permet de répondre par la négative à cette question. Le Constituant a confié à l’État le mandat de « protéger » toute personne. Évidemment, cette disposition n’empêche pas en soi qu’une personne puisse être victime d’une quelconque agression de la part d’autres personnes ou même des agents publics. Dans ce cas, la victime devrait décider de saisir les instances étatiques judiciaires pour faire valoir ses droits à la réparation du préjudice subi. Mais il se pose là un problème d’accès à la justice pour une population précarisée, qui manque au départ de moyens pour sa survie et qui n’est pas en mesure de supporter le coût de la mobilisation de l’instance judiciaire. Outre cet obstacle d’ordre à la fois social et financier, il y a la possibilité fréquente du dysfonctionnement de la justice. Ce deuxième obstacle persisterait alors même que l’accès à la justice devenait gratuit pour certaines couches de la population.

La problématique de la régulation sociale par les instances étatiques dans des quartiers populaires précarisés des centres urbains conduit à s’interroger sur les modalités de régulation les plus adéquates ; ce qui revient à repenser la régulation sociale en contexte congolais particulièrement urbain. Peut-être conviendrait-il d’instituer des structures de règlement des conflits au niveau des quartiers, qui ne fonctionneraient pas suivant la procédure judiciaire ordinaire, et qui mobiliseraient des modes alternatifs de gestion des conflits comme la médiation. La solution pourrait résider dans la définition des stratégies de prévention de la violence au niveau des quartiers urbains précarisés, de sorte que les interactions quotidiennes ne soient pas déterminées par la violence, mais par le dialogue. Il faudrait pour cela des activités de formation spécifique des jeunes des quartiers populaires.

F. Développer son leadership

La lecture des données empiriques de la recherche laisse entrevoir que la quête de leadership est aussi à la base de la production de la violence urbaine des jeunes. Dans la logique où personne n'accepte d'être dominé, le souci de construire une renommée, de s'imposer, de s'affirmer, de se confirmer et de dominer est souvent à la base d'une conflictualité génératrice de la violence chez les jeunes :

> « Nous, nous aimions seulement que K. [notre quartier] sente vraiment que B. [notre écurie] est le champion des écuries, parce que nous, nous tabassions toutes les écuries, Soweto ou que sais-je. Ce que nous cherchions, c'est cela. Mais nous regardons maintenant que ce que nous avons commencé avec plus de dix ans d'expérience… les jeunes qui viennent maintenant après nous, commencent à se précipiter… Qu'on les laisse d'abord faire… C'est ainsi que ce que nous, nous étions en train de chercher à K., c'est que nous soyions seulement le champion des écuries, c'est cela. Ce que nous cherchions dans la ceinture B., c'est d'être comme cela, que où que soit une personne, même dans une autre commune, qu'elle sache que à K. la ceinture B. existe. Ce que nous, nous aimions, c'est cela ».

Les membres de la ceinture jouissent aussi d'un certain prestige et se considèrent comme des hommes d'honneur : « Ceux qui crient sur ce que nous sommes, ce sont des jaloux. C'est nous les vrais hommes, les gangs *(mibali ya nguya, ba Yankee),* nous ne sommes pas des femmes, des faiblards *(ndafu),* c'est ça, ça doit être comme ça un homme d'honneur… ». La virilité leur confère un statut social « supérieur ». Au sein des ceintures, les jeunes veulent se distinguer de ceux qui adoptent des comportements dits féminins et jugés, négativement, comme « féministes ». Pour prouver leur virilité, les jeunes s'exposent à des rituels, qui leur permettent de devenir de vrais hommes, qui permettent à certains de prendre la tête d'une équipe. Et lorsqu'après une opération, celui qui était à la tête d'une équipe rentre à la base sans perdre un seul de ses hommes après un affrontement entre ceintures, son prestige et son leadership augmentent. Lolo l'explique en ces termes :

> « Nous, nous aimons seulement qu'on sente vraiment que nous sommes de vrais hommes… Tu vas au combat et tu reviens, comme ça tu défies tout le monde… Tu es le champion, le plus fort et votre écurie est aussi considérée comme la plus redoutable, parce que nous, nous tabassions toutes les écuries. Ce que nous cherchions, c'est cela. Vous n'avez peur de rien. Si vous réussissez, les potes disent que vous êtes vraiment des hommes ».

Il est significatif de préciser que les jeunes impliqués dans des actes de violence urbaine ne se considèrent pas comme des voyous : « Nous ne sommes pas des voyous, mais des gangs (Y*ankees*). Il nous arrive de soutenir même la famille. Il faut qu'ils le sachent, Dieu est au ciel, mais ici sur terre c'est nous », reprenant les termes d'une chanson populaire *Nzambe na likolo, ba Yankee na se.*

Le leadership est une position dominante sur les autres membres d'un groupe donné ; c'est la capacité d'être suivi par eux. Les jeunes qualifiés de « *Kuluna* » recourent à la stratégie de la violence pour développer leur leadership, leur capacité d'être leader et de parvenir à une position dominante, au départ d'un contexte d'insécurité de vie où ils n'ont aucune perspective identitaire valorisante. Ainsi Edo, qui s'est autoproclamé général dans une bande de jeunes, a pu jouir d'un « sentiment d'autorité » au sein de la bande, qui se traduit, d'abord, par le fait d'avoir « un mot à dire ». Il expose en effet :

> « Quand je parle, il faut qu'ils écoutent, ils doivent obéir. Si tu désobéis, je frappe, sinon, je t'envoie mes agents, ils vont te frapper. Là moi-même je vois, donc, je suis réellement général, quoi ! Après tout, il n'y avait pas de président, le gouvernement des "*Kuluna*" avait directement commencé par général ».

Un policier de Kingabwa situe le leadership à l'origine même du phénomène « *kuluna* » dans la ville de Kinshasa : « [Le] "*kuluna*", c'est un phénomène qui est né… probablement, ça doit être de 2003 vers 2004. Au début, c'était un groupe de jeunes gens, qui cherchaient le leadership dans le quartier ». C'est ce que précise Edo :

> « Qu'on me voie, qu'on me connaisse moi, et donc moi, donc en voulant trop se faire voir devant les gens quoi ! Qu'ils sachent que non ça c'est général, celui-là c'est tel. Ce sont des titres qu'on s'était donnés, qu'ils sachent que celui-là c'est un général, celui-là c'est un lieutenant, celui-là c'est un major, ce sont des titres qu'on s'était donnés ».

Les jeunes recourent à la violence de « *kuluna* » dans le souci d'émerger dans un quartier autrement que par les études ou par un emploi valorisant sur le plan social. « Nous cherchions qu'on nous voie », dit un jeune de Kingabwa. Il s'agit là d'une aspiration légitime. Aussi l'autorité étatique, pouvait-on dire, tolérait des actes que les jeunes posaient jusqu'à ce que le phénomène ait pris de l'ampleur, comme l'expose un policier de Kingabwa : « Ce n'était plus question du leadership, ni seulement d'arracher les biens des paisibles citoyens ». Ce qui pose problème dans cette motivation, c'est d'avoir à recourir à la violence pour réaliser cette aspiration légitime. Il revient donc à l'autorité publique d'ouvrir aux jeunes des quartiers urbains précarisés, à travers des politiques publiques courageuses, des perspectives valorisantes pour réaliser leur leadership.

Deuxième partie

La réaction policière à la violence des jeunes

La deuxième partie de cette étude questionne les raisons et les représentations de la réaction policière face au « *kuluna* ». La réaction policière, objet de la recherche, s'est traduite par l'opération « *Likofi* » (Opération coup de poing), qui a consisté dans la traque des jeunes qualifiés de « *Kuluna* » dans la ville de Kinshasa pendant près de trois mois, du 15 novembre 2013 au 25 février 2014. Il s'est agi d'une opération spéciale réalisée par des policiers fortement équipés (cagoulés, motorisés et armés), qui perquisitionnaient de nuit comme de jour pour trouver des jeunes préalablement identifiés comme « *Kuluna* ». Certains jeunes ainsi identifiés étaient arrêtés, traduits en justice[67] ou acheminés vers une destination inconnue. D'autres

---

67 Le rapport du ministère de l'Intérieur et de la Sécurité publié le 6 juin 2016, non encore accessible, renseigne que des personnes qualifiées de « *Kuluna* » avaient été arrêtées et traduites au Tribunal de grande instance de Ndjili, et de la Gombe ainsi qu'au Tribunal de paix de Kalamu et devant les tribunaux pour enfants, tout en reconnaissant des bavures policières commises dans le cadre de cette opération. Il a annoncé, par ailleurs, une nouvelle opération d'envergure contre les jeunes qualifiés de « *Kuluna* ». Cette annonce revient à reconnaître que l'opération « *Likofi* » antérieure, sous étude, n'a pas éradiqué le phénomène « *kuluna* », en dépit de tous les moyens consacrés et de la violence policière, qui a accompagné cette opération.

furent exécutés, parfois en présence des membres de leurs familles[68]. Le but déclaré de cette opération de la police était de « mettre fin de manière définitive[69] » à la criminalité urbaine constituée par des actes de violence qualifiés de « *kuluna* ».

Les organisations de défense des droits de l'homme, les membres des Corps diplomatiques et le Représentant de l'Union européenne ont dénoncé, à la suite de cette opération, des exécutions extrajudiciaires et des disparitions forcées sans pour autant remettre en question la légitimité d'une intervention policière en réponse aux violences urbaines. L'opération « *Likofi* » a donc exprimé une réaction très violente de la police, qui a laissé un sentiment mitigé au sein de la société, parmi les acteurs gouvernementaux et les policiers, dans la population et parmi les défenseurs des droits de l'homme. Cette ambivalence repose sur deux nécessités : d'une part, celle de rétablir l'autorité de l'État, d'assurer l'ordre public ainsi que la sécurité des personnes et de leurs biens ; et d'autre part, celle de respecter les exigences d'un État de droit, notamment le respect des droits fondamentaux de tout citoyen quelle que soit sa situation, et particulièrement le droit à un procès équitable. Au regard de ces deux nécessités, certains ont approuvé l'opération, tandis que d'autres l'ont remise en cause.

---

68 Le rapport du Bureau conjoint des Nations Unies aux droits de l'homme (BCNUDH) sur les violations des droits de l'homme commises par les agents de la Police nationale congolaise dans le cadre de l'opération « *Likofi* » entre le 15 novembre 2013 et le 25 février 2014, daté du mois d'octobre 2014, confirme à la page 12 qu'« entre le 18 novembre 2013 et le 25 février 2014, à Kinshasa, au moins neuf hommes, dont un mineur, ont été victimes d'exécutions sommaires et extrajudiciaires, et au moins trente-deux hommes, dont trois mineurs, ont été victimes de disparitions forcées, commises par des agents de la PNC [Police nationale congolaise] dans le cadre de l'opération "*Likofi*". Le nombre de victimes de l'opération "*Likofi*" pourrait être beaucoup plus élevé dans la mesure où le BCNUDH n'a pas été en mesure de confirmer un nombre important d'allégations, dont il avait été informé, en raison de divers obstacles ».

69 Dans son discours de clôture des Concertations nationales devant le Congrès (en octobre 2013), le président de la République disait : « Dans les milieux urbains, particulièrement à Kinshasa, une nouvelle forme de criminalité s'observe de plus en plus, créant la psychose au sein de la population. Toutes les voies de droit doivent être utilisées par la police et la justice, afin d'y mettre fin, rapidement et de manière définitive ».

Cette recherche tend à comprendre le processus, qui a conduit à cette réaction violente de l'autorité policière. Il s'agit, dans un premier temps, de présenter les antécédents de l'opération « *Likofi* », comme contexte de sa construction (chapitre I), avant de décrire les modalités de sa mise en œuvre et de présenter l'évaluation, qui en a été faite aussi bien par les policiers eux-mêmes, les jeunes dits « *Kuluna* » que par les acteurs de défense des droits de l'homme (chapitre II).

Chapitre I

Les antécédents à l'opération « *Likofi* » : près d'une décennie de balbutiements face à la violence urbaine

Au sein de la gestion étatique de la violence des jeunes, qualifiée de « *kuluna* » à Kinshasa, l'opération « *Likofi* » apparaît comme un maillon dans la chaîne des mécanismes de lutte contre la « criminalité urbaine », mis en place par les pouvoirs publics. En effet, Kanyama Cishiku renseigne qu'entre 2009 et 2012, « les ministres de l'Intérieur, de la Justice et l'Hôtel de Ville de Kinshasa avaient initié un certain nombre d'actions tantôt conjointement tantôt individuellement » (Kanyama Cishiku, 2016 : 106). Certaines de ces opérations policières sont même antérieures à la période indiquée ci-dessus et remontent à l'année 2002. Elles ont porté plusieurs dénominations, qui traduisent toutes l'idée de la répression. Ainsi en est-il de l'opération « *Kanga* ou *Funga Schegués* », qui consistait à arrêter les enfants en situation de rue appelés *Schegués*. Elle fut lancée en 2002 par l'Hôtel de Ville de Kinshasa sous le gouvernorat de Christophe Muzungu. Cette opération visait essentiellement les enfants en situation de rue, qui semaient la panique au grand marché de Kinshasa. Il y a également l'opération « *Kimia* » (la paix), lancée vers novembre 2003 sous le gouvernorat de Kimbembe Mazunga, dont le détonateur fut l'assassinat du directeur des ressources humaines de la Direction générale des impôts (DGI). Il y a, enfin, l'opération « *Keba* » (faites attention), lancée par le ministère de l'Intérieur en 2004 à la suite de l'assassinat du Père René Hans, missionnaire de nationalité belge, à Kimwenza (un des quartiers de la commune de Mont-Ngafula à Kinshasa).

Les résultats de ces opérations n'ont été visibles qu'à très court terme, dans la mesure où les véritables problèmes, concernant les jeunes kinois des quartiers précarisés, n'avaient pas été atteints. Elles ont constitué des moments de haute vigilance policière tendant à assurer une plus grande présence policière, pendant que les jeunes concernés redéfinissaient momentanément leurs activités attendant la fin de ces opérations policières pour les reprendre, alors que la police estimait avoir éradiqué ou du moins baissé cette criminalité ou cette « délinquance »[70]. Donc toutes « ces actions menées par les pouvoirs publics à travers la [p]olice, n'ont pas été [en] mesure d'éradiquer le phénomène "*kuluna*" à Kinshasa » (Kanyama Cishiku, 2016 : 108). Cet auteur[71] considère, en effet, que « la violence ne [pouvant] se résoudre uniquement par la violence, fût-elle légale, la violence qualifiée de "*kuluna*" demeure jusqu'à ce jour encore entière en dépit de diverses actions menées » (Kanyama Cishiku, 2016 : 109).

L'opération « *Likofi* » s'inscrit au cœur des politiques publiques répressives et *pénalocentriques* de la gestion des actes de violence des jeunes. La police, qui en constitue le maillon le plus important en raison du fait qu'elle est la première instance pénale en interaction immédiate avec la population, est ainsi mobilisée dans le cadre de cette politique répressive. Les mesures, qui ont été prises, ont renforcé le dispositif sécuritaire dans la ville, notamment à travers l'installation, dans les quartiers considérés comme sensibles, des postes « secondaires » de police, appelés « Points chauds ».

Au-delà de ce dispositif policier, une opération de grande envergure dite « Tolérance zéro », initiée par le Gouvernement à travers le

70 Étudiant le contrôle policier de la « délinquance » des jeunes à Kinshasa, Kienge-Kienge Intudi despécifie cette « délinquance » et constate que « les situations-problèmes spécifiques aux jeunes, définies sous la catégorie juridique de "délinquance" des jeunes ou des enfants, se dissolvent dans toute une variété de situations-problèmes liées au contexte social, politique et économique du Congo contemporain » (2011 : 171-172).

71 Il fut par ailleurs le commissaire provincial de la Ville-Province de Kinshasa en fonction lors de l'opération « *Likofi* ».

ministère de la Justice, a tenté de marquer les esprits de la population congolaise à plus d'un égard[72], dans un univers marqué de plus en plus par l'insécurité de vie d'une grande portion de la population urbaine et par un fort sentiment d'insécurité publique.

Dans un tel contexte, les données recueillies suggèrent de considérer, d'une part, la construction de la figure du « *Kuluna* » par les pouvoirs publics (I), et d'autre part, la lassitude, exprimée particulièrement par les agents du contrôle social, face à l'inefficacité du dispositif étatique de gestion de la violence des jeunes (II). L'articulation de ces éléments permet de comprendre la nécessité ressentie par l'autorité publique de mettre en place une nouvelle forme de gestion policière de ce problème social, à savoir l'opération « *Likofi* ».

I. La construction officielle de la figure du « *Kuluna* »

Agir sur un problème implique, en premier lieu, de le construire pour définir le type d'action à mener. Les données de terrain renseignent que les pouvoirs publics n'ont pas fait le choix de s'attaquer à la complexité du problème de la violence urbaine tant au regard de ses manifestations qu'à celui de la nature des acteurs impliqués. En effet, dans la première partie de cette étude, on a montré que la violence qualifiée de « *kuluna* » n'implique pas que les jeunes. À travers

72 On peut lire dans la revue de la presse du 26 juillet 2010 : « *Tolérance zéro : Kabila relance la chasse aux kuluna* » titre [le journal] *Le Phare*. L'opération « Tolérance zéro » semble accuser des signes d'essoufflement depuis un certain temps. En conséquence, les « *Kuluna* » en culotte (professionnels du crime) comme en cravate (criminels économiques et auteurs d'abus de pouvoir) ont cru le moment venu de se croire intouchables et impunis ». Et *Le Phare* de poursuivre : « L'on apprend que lors de la réunion d'évaluation qu'il a présidée le vendredi, 23 juillet, Joseph Kabila a rappelé la poursuite contre les anti-valeurs sur l'ensemble du territoire national ». Selon ce journal, « le commun des mortels se réjouit d'apprendre que l'initiateur de la "Tolérance zéro" n'est pas distrait. Le vœu de beaucoup est que la peur des prisons de Buluwo, Angenga, Makala, Kansanga, Muzenze et autres Ekafela fasse de nouveau trembler les "*Kuluna*" de tous les bords, comme c'était le cas durant le second semestre de 2009. Le relâchement constaté ces derniers mois, a redonné de l'élan à l'industrie congolaise du crime », voir http://www.congoforum.be/fr/nieuwsdetail.asp?subitem=1&newsid=169357&Actualiteit=selected, 25 juin 2016.

le « *mogroso* », qui constitue un aspect essentiel du « *kuluna* », plusieurs acteurs, occupant diverses positions sociales, interviennent dans le processus de production de cette violence. L'approche réductrice de cette dernière ayant présidé à la définition de l'opération « *Likofi* », a porté aussi bien sur la compréhension du phénomène « *kuluna* » lui-même (A), que sur les jeunes qui y sont impliqués (B).

A. La violence qualifiée de « *kuluna* » au prisme du code institutionnel

Alvaro Pires (1997 : 58) enseigne que les objets de la criminologie, à savoir les situations-problèmes et les modalités de contrôle social, peuvent être abordés selon deux codes de langage : le code institutionnel ou substantiel et le code descriptif. Parmi les caractéristiques du code institutionnel, qu'il explicite, seules deux intéressent notre propos :

> « […]. Il nous amène à adopter, pour parler des comportements [de transgression], le langage juridique ou institutionnel du droit, utile pour la pratique du droit, mais qui ne fait pas certaines distinctions qui peuvent être fondamentales pour une meilleure compréhension théorique et empirique adéquate du sujet traité […]. La conséquence en est que ce code a tendance à se rabattre sur l'aspect substantiel ou factuel de la notion de crime et à concevoir le crime comme un acte, un comportement ou un fait social brut. […] [P]uis qu'il correspond au système de rationalité pénale, il se laisse souvent guider par […] un *intérêt technique* » (Pires, 1997 : 58, 59).

La violence urbaine des jeunes a toujours été perçue comme un fait social brut, substantiel, naturel attribuable aux jeunes des quartiers populaires, qui sont « délinquants », « criminels », « dangereux » pour l'ordre public urbain, sans considérer que ces jeunes sont porteurs chacun « d'un point de vue propre qui dépend de la position qu'il occupe dans le cadre social, de l'histoire qui a été la sienne et des projets autour desquels son activité s'organise, […] qu'il est appelé dans le cadre des interrelations à être acteur, et qu'il se trouve de ce fait confronté à des jeux de pouvoir et, à l'intérieur ou au-delà de ces jeux, à l'importance qu'ont, dans l'élaboration de sa propre identité, les processus de reconnaissance » (Debuyst, 1990 : 102).

Privilégiant le code institutionnel et la rationalité pénale pour la gestion de cette violence urbaine, les dispositifs de gestion mobilisés par les organes pénaux, sont dominés par un « intérêt technique » de combattre cette violence pour l'éradiquer, mais sans y parvenir. Bien au contraire, elle s'amplifie, se transforme et s'aggrave dans son opérationnalisation. Alors que la prise en compte du « point de vue » des jeunes des quartiers populaires urbains précarisés aurait pu permettre de mettre en œuvre des dispositifs de gestion visant moins leur élimination de l'espace urbain, que leur « émancipation » à travers des politiques publiques de sécurisation des droits sociaux, économiques et culturels.

Les modes de gestion répressifs de la violence urbaine des jeunes, organisés en vertu du code institutionnel, conduisent à une impasse, de sorte que la régulation étatique est marquée par des balbutiements. En effet, avant de mettre en œuvre l'opération « *Likofi* » pour gérer policièrement le phénomène « *kuluna* », ce dernier a été traité selon le code institutionnel, lequel a conduit à une impasse de sa régulation juridique : le cheminement de l'approche du « *kuluna* » par les pouvoirs publics et la police offre une lecture exclusivement pénale de ce phénomène. Deux temps ont été observés dans le traitement policier de cette violence. Le premier moment a consisté en la tentative de constituer celle-ci en infraction autonome dénommée « *kuluna* » par certains officiers de police judiciaire. Le second a vu la nécessité, pour les services de police, de relever les diverses infractions prévues par la loi pénale au moment de l'enregistrement des plaintes pour des faits relatifs au « *kuluna* ». Entre ces deux manières de considérer le phénomène, se pose la question de la spécification du traitement judiciaire du « *kuluna* » : soit on le désigne de manière spécifique comme « *kuluna* » et l'information semble alors spécifique, bien que la loi pénale ne prévoie pas une telle infraction ; soit on le décompose en plusieurs infractions et l'information relative au « *kuluna* » perd alors sa spécificité dans la chaîne pénale. Un officier de police judiciaire expose à ce sujet :

« À une période donnée, lorsque le "*kuluna*" a commencé à avoir vraiment de l'ampleur, beaucoup de procès-verbaux de la police arrivaient au parquet avec comme qualification des faits "*kuluna*" sans beaucoup de précisions, alors qu'il n'y a dans l'arsenal juridique congolais aucune infraction de "*kuluna*" ; ce qui ne facilitait pas le travail à ce niveau. Il y a eu donc naissance sous la plume de certains OPJ[73] d'une nouvelle infraction. Cette situation a amené l'autorité à préciser les choses pour que ces OPJ puissent enregistrer des faits constitutifs d'infractions et non le "*kuluna*"… ».

En tant que premier maillon de la chaîne pénale, la police judiciaire est soumise au principe de la légalité des délits et des peines, consacré à l'article 17 de la Constitution du 18 février 2006[74] et à l'article 1er du Code pénal congolais, livre 1er, qui dispose : « Nulle infraction ne peut être punie des peines qui n'étaient pas portées par la loi avant que l'infraction fût commise ». Ainsi, lorsqu'un officier de police judiciaire constate des faits qu'il pense avoir une nature infractionnelle, il est tenu de les qualifier en déterminant l'infraction que ces faits constituent parmi celles qui sont prévues dans le Code pénal, livre II, ou dans les textes pénaux particuliers.

On pourrait décrire cette opération de qualification des faits comme une opération de formatage de ceux-ci pour que la justice pénale puisse les recevoir et les traiter. C'est donc une exigence préalable au traitement judiciaire des faits, qu'ils soient qualifiés et enregistrés au regard de la nomenclature des infractions prévues dans le Code pénal. Dès lors que cette opération de formatage ou de qualification des faits n'est pas réalisée, ces derniers ont du mal à être traités judiciairement.

73 Lire officiers de police judiciaire.

74 L'article 17 de la Constitution dispose :
« Nul ne peut être poursuivi, arrêté, détenu ou condamné qu'en vertu de la loi et dans les formes qu'elle prescrit.
Nul ne peut être poursuivi pour une action ou une omission qui ne constitue pas une infraction au moment où elle est commise et au moment des poursuites.
Nul ne peut être condamné pour une action ou une omission qui ne constitue pas une infraction à la fois au moment où elle est commise et au moment de la condamnation ».

En ce qui concerne le « *kuluna* », aucune infraction dans l'arsenal juridique congolais n'est prévue sous cette dénomination. Il est vrai que l'autorité supérieure n'est pas tenue par la qualification des faits opérée par l'officier de police judiciaire et qu'elle peut modifier cette qualification. Cependant, la difficulté pour le parquet réside dans la réunion des preuves des éléments constitutifs de l'infraction. Le « *kuluna* » ne constituant pas une infraction autonome ou spécifique, le parquet ne pouvait poursuivre sur cette base, surtout si les dossiers transmis par les commissariats de police, ne contenaient pas de preuves suffisantes. Comme le relève Philippe Robert (1977 : 14), le système pénal a tendance à « éliminer le plus tôt possible les cas qui s'avèrent douteux ». Il s'est opéré ainsi une certaine fracture entre les officiers de police judiciaire dans les commissariats et sous-commissariats de police et les magistrats du parquet, qui se rejetaient respectivement la responsabilité de la gestion judiciaire inefficace du « *kuluna* », comme l'expose Kanyama Cishiku (2016 : 108) :

> Lorsque nous posons la question de savoir comment réduire l'ampleur du phénomène « *kuluna* » malgré les opérations engagées par la [p]olice à leur égard, un capitaine de la police au sous-commissariat de Lemba, impute la responsabilité de cet échec aux magistrats du [p]arquet. Interrogés quant à ce, les magistrats imputent la responsabilité à la [p]olice judiciaire arguant que la plupart des dossiers à charge des jeunes « *Kuluna* » en provenance de la [p]olice, présentent une insuffisance criante de preuves. Or, soutiennent-ils, la justice ne peut condamner un prévenu qu'au regard de la consistance et de la véracité des faits portés à sa charge.

Un policier de Bumbu évalue, en effet, le traitement judiciaire du « *kuluna* » en précisant que lorsque les jeunes concernés étaient arrêtés et transférés au parquet, ils étaient relâchés :

> « Le "*kuluna*" en soi n'est pas une infraction. [Il] ne signifie même pas violence comme vous le dites là. Sous d'autres cieux, par exemple en Angola, il signifie "en file indienne" [en colonne]. Ce sont des jeunes qui se livrent à l'extorsion, [au] vol à mains armées, [aux] coups et blessures volontaires, qu'on appelle communément "*Kuluna*". Dans la plupart de cas, quand ces jeunes sont arrêtés, ils sont transférés au parquet, parce qu'ayant commis des infractions. Malheureusement, ils sont parfois relâchés ».

Il propose, alors, quelques qualifications relatives à la violence de « *kuluna* » après avoir décrit les faits, ainsi que la genèse et l'évolution de ce phénomène :

> « Il s'agissait des jeunes du quartier, qui avaient des conflits avec les jeunes d'un autre quartier. Ils se cherchaient un terrain pour livrer le combat dans le but de conquérir le quartier. Dans la plupart de cas, ces combats se faisaient sur un lieu public : ils faisaient semblant de se battre pour ravir et emporter à la fin les biens des gens qui vendent. Et lorsque la police mettait la main sur eux, petit à petit, ils commençaient à changer leur mode opératoire ; ils commençaient à opérer sous la pluie, aux heures tardives. Avant, ils opéraient sans armes, puis ils ont commencé à effrayer les victimes avec des armes ; il faut préciser que ce sont des armes blanches dont ils se servent ».

Ainsi, la réponse judiciaire au « *kuluna* » paraissait inefficace du fait de cette fracture entre deux maillons de la chaîne pénale : la police judiciaire et le parquet. Mais comme la police est le niveau le plus proche des populations et qu'elle continuait à constater des faits liés au « *kuluna* » et à procéder aux arrestations, elle gérait ces faits en faisant payer les amendes transactionnelles. Les jeunes étaient ainsi arrêtés par la police, conduits et détenus au sous-commissariat ou au commissariat, puis relâchés après qu'ils aient payé des amendes transactionnelles, surtout s'il n'y avait pas de plaignant. Au sujet de l'amende transactionnelle, il convient de préciser que l'article 9 du Code de procédure pénale congolais dispose ce qui suit :

> Pour toute infraction de sa compétence, l'officier de police judiciaire peut, s'il estime qu'à raison des circonstances la juridiction de jugement se bornerait à prononcer une amende et éventuellement la confiscation, inviter l'auteur de l'infraction à verser au Trésor une somme dont il détermine le montant sans qu'elle puisse dépasser le maximum de l'amende encourue augmentée éventuellement des décimes légaux.
>
> Si la personne lésée par l'infraction est un indigène non immatriculé du Congo, un indigène des contrées voisines qui lui est assimilé ou une circonscription, l'officier de police judiciaire invite l'auteur de l'infraction à verser à cette personne ou à consigner les dommages-intérêts qu'il détermine.

> Lorsque l'infraction peut donner lieu à confiscation, le délinquant fait, sur l'invitation de l'officier de police judiciaire et dans le délai fixé par lui, abandon des objets sujets à confiscation, et si ces objets ne sont pas saisis, s'engage à les remettre à l'endroit indiqué par l'officier de police judiciaire.
>
> L'officier de police judiciaire fait connaître, sans délai, à l'officier du [m]inistère public auquel il transmet le procès-verbal relatif à l'infraction, les invitations faites à l'auteur de l'infraction. Il en avise également le fonctionnaire ou l'agent chargé de recevoir les amendes judiciaires.
>
> Lorsqu'il a été satisfait aux invitations faites par l'officier de police judiciaire, l'action publique s'éteint à moins que l'officier du [m]inistère public ne décide de la poursuivre.
>
> Le paiement de la somme déterminée par application de l'alinéa 1 n'implique pas reconnaissance de culpabilité.

Les actes relevant du « *kuluna* » ne rentraient pas dans les prévisions de cet article 9, à savoir des faits pour lesquels « à raison des circonstances, la juridiction de jugement se bornerait à prononcer une amende et éventuellement la confiscation ». Mais étant donné que les officiers de police judiciaire reprochaient aux magistrats du parquet de relâcher les jeunes qu'ils y transféraient, et qu'ils devaient tout de même offrir une modalité de gestion étatique, alors ils procédaient par le paiement des amendes transactionnelles et relâchaient aussitôt les jeunes concernés. Une fois relâchés après avoir payé des amendes au sous-commissariat ou au commissariat de police, les jeunes poursuivaient leurs opérations sur le terrain, donnant ainsi de l'ampleur au « *kuluna* ». Des instructions furent alors données pour « durcir » le traitement judiciaire du « *kuluna* », qui paraissait complaisant de la part des officiers de police judiciaire, comme l'explique un policier :

> « Quand ce phénomène commençait à prendre cette allure, l'autorité avait pris des mesures très dures, stipulant que si un policier arrête un "*Kuluna*", il faut directement le transférer au parquet, [il n'est] plus question d'amende pour clôturer le dossier au niveau des sous-commissariats ou des commissariats. C'est un peu comme les cas des dossiers de

viol... Alors beaucoup d'OPJ envoyaient des dossiers en signalant qu'il s'agit du "*kuluna*"... ».[75]

On peut comprendre ici que la mesure prise par l'autorité a eu pour effet immédiat de modifier le travail de la première agence pénale dans sa manière de gérer cette violence. Le fait de signaler qu'il s'agit du « *kuluna* » ne pouvait avoir, dans le rapport de l'officier de police judiciaire saisi, qu'une conséquence incantatoire, nécessaire pour que l'autorité puisse discriminer un dossier de « *kuluna* » d'un autre qui ne l'est pas, mais qui présenterait les mêmes caractéristiques juridico-pénales, si on considérait individuellement les actes constitutifs du « *kuluna* », tels que les coups et blessures, l'extorsion, etc. La question est donc celle de savoir « comment différencier les coups et blessures "ordinaires" des coups et blessures attribués au "*kuluna*" ? ». L'impasse est alors grande lorsque l'autorité enjoint d'adopter un traitement particulier contre le « *kuluna* », quitte à comprendre l'entendement qu'elle en a.

Cette situation a introduit une certaine entropie dans le système judiciaire, dépositaire de la légalité, qui a rendu nécessaire de décomposer le « *kuluna* », lui enlevant sa spécificité opérationnelle. C'est dans ce sens que l'on peut comprendre le propos de ce commissaire de police :

> « Le "*kuluna*", en tant que tel, n'est pas une infraction. On ne trouve pas dans le Code pénal la définition du "*kuluna*". Il est un peu comme un ensemble qui regroupe plusieurs infractions particulières comme l'association des malfaiteurs, les extorsions, les coups et blessures volontaires... L'OPJ doit enregistrer ces infractions-là lorsqu'on lui amène un cas de "*kuluna*" et non pas dire qu'il a fait le "*kuluna*", parce que c'est vague... ».

75 L'assimilation des dossiers du « *kuluna* » aux dossiers de viol mérite une petite précision. En effet, la loi n° 06/019 du 20 juillet 2006 modifiant et complétant le décret du 6 août 1959 portant Code de procédure pénale, a introduit un article 9 (bis) qui dispose : « L'amende transactionnelle prévue à l'article 9 ci-dessus ne s'applique pas aux infractions [liées] aux violences sexuelles ». Ainsi, les officiers de police judiciaire ne devaient plus clore les dossiers ouverts dans leurs sous-commissariats et commissariats pour les actes de « *kuluna* ». Ils devaient les transmettre sans délai au parquet en « signalant qu'il s'agit du "*kuluna*" ».

Ce qui semble vague pour l'un (particulièrement pour le magistrat du parquet) est évocateur pour l'autre (l'officier de police judiciaire) dans la mesure où il induit un type particulier de regard à y porter et une manière spécifique de le traiter, sans pour autant donner au phénomène une définition juridique spécifique.

Face à l'impasse sur le plan de la définition juridique du « *kuluna* », qui constitue pourtant un préalable à sa gestion judiciaire comme une entité juridique spécifique, la pratique judiciaire a tenté une assimilation sur le plan de la procédure avec la gestion du viol, qui est le paradigme des violences sexuelles.

> « Aujourd'hui – déclare un officier de police judiciaire – le dossier de "*kuluna*" a le même caractère que le dossier de viol. Les policiers ne peuvent pas traiter le dossier de "*kuluna*", mais avant de transférer à qui de droit, on doit rechercher les éléments [de preuves] pour le charger ».

Il convient d'expliciter cette assimilation des régimes procéduraux entre le viol et le « *kuluna* ». En effet, la loi n° 06/019 du 20 juillet 2006 sur les violences sexuelles modifiant et complétant le décret du 6 août 1959 portant Code de procédure pénale congolais a défini un régime procédural spécifique dans la gestion judiciaire des faits relatifs aux violences sexuelles. On ne citera que deux aspects de ce régime, qui paraissent pertinents pour notre propos. En premier lieu, *la célérité de la procédure judiciaire* : « l'enquête préliminaire en matière de violences sexuelles se fait dans un délai d'un mois maximum à partir de la saisine de l'autorité judiciaire »[76]. Il est précisé que

> L'enquête de l'officier de police judiciaire est de portée immédiate. Elle est menée sans désemparer de manière à fournir à l'officier du ministère public les principaux éléments d'appréciation. L'officier de police judiciaire saisi d'une infraction relative aux violences sexuelles, en avise dans les 24 heures l'officier du ministère public dont il relève[77].

Selon le même texte, la juridiction du jugement saisie d'une affaire de violence sexuelle, dispose d'un délai maximum de trois mois pour instruire l'affaire et prononcer la décision quant au fond.

76 Article 7 bis du Code de procédure pénale ainsi modifié.
77 *Ibid.*

Ces nouvelles règles de procédure, qui organisent une procédure plus accélérée, n'excluent pas l'application de la procédure de flagrance. Ce sont des règles différentes, qui portent sur l'accélération de la procédure en dehors des cas de flagrance. Le deuxième aspect du régime procédural spécifique aux affaires de violences sexuelles porte sur *la non-application de l'amende transactionnelle*[78]. Cette assimilation du « *kuluna* » aux violences sexuelles au niveau des modes de régulation n'est pas dépourvue de fondement ni de sens. En effet, dans son discours au Congrès pour la clôture des Concertations nationales déjà évoqué, le président de la République annonçait la nomination d'« un représentant personnel du Chef de l'État chargé de promouvoir la lutte contre les violences sexuelles […] et de servir d'interface avec la communauté internationale en ce domaine ». De la même manière qu'il en appelait à la police et à la justice à utiliser « toutes les voies de droit […] afin de mettre fin rapidement et de manière définitive » à une nouvelle forme de criminalité observée dans les milieux urbains, particulièrement à Kinshasa, et créant la psychose au sein de la population. Ce discours a pu servir de fondement à l'assimilation des violences sexuelles au « *kuluna* ». Mais elle ne manque pas non plus de sens : les violences sexuelles et le « *kuluna* » traduisent évidemment la crise profonde de la société congolaise, particulièrement dans les milieux urbains, sur le rapport à la sexualité et à la violence. On se situe là dans le fonctionnement des institutions étatiques sur la base des références symboliques très fortes non seulement au sens constitutionnel, mais aussi par rapport à la survie du groupe social.

Ainsi, les dossiers relatifs au « *kuluna* » devraient être traités suivant la même procédure accélérée que ceux relatifs aux violences sexuelles, particulièrement au stade de l'enquête préliminaire, c'est-à-dire dans un délai d'un mois au maximum. Cette assimilation procédurale constitue évidemment une démarche méthodologique tronquée : on ne peut pas résoudre l'impasse définitionnelle d'un fait social sur le plan du droit pénal en déterminant une procédure de

78 L'article 9 (bis) du Code de procédure pénale ainsi modifié dispose « L'amende transactionnelle prévue à l'article 9 ci-dessus ne s'applique pas aux infractions [relatives] aux violences sexuelles ».

traitement de ce fait social. Il s'agit là d'une entorse au principe de la légalité des délits et des peines, qui s'étend également à la légalité de la procédure (article 17 de la Constitution). On retrouve ici la question relative à la substantialisation du « *kuluna* » et de la formalisation officielle du terme « *kuluna* », qui n'a pas pourtant un contenu homogène. Le souci d'une répression efficace semble émailler toutes ces tractations pour conduire à une impasse.

L'effet de la rationalité pénale conduit à ne considérer le phénomène « *kuluna* » qu'à travers la violation de la loi pénale, voire à confondre violation de la loi pénale et problème social. Et, devant les échecs de la répression pénale, il paraît dès lors plus simple de rejeter la responsabilité aux jeunes et de les exclure du champ de la citoyenneté responsable. La stratégie semble toujours être de mise, dans la mesure où elle prédétermine l'orientation de la politique que doit prendre l'autorité publique. Comme le constate Alvaro Pires (1997 : 59), une telle lecture des situations-problèmes selon un code institutionnel ou normatif « présuppose que la voie répressive est la mieux indiquée ». Elle n'interroge que très rarement le sens que peut avoir tels agissements pour tels acteurs, parce que son objectif n'est nullement d'analyser et de comprendre, mais de juger, de classer selon les catégories légales pénales et de faire suivre la conséquence attachée à celles-ci.

Cette posture semble autant plus bénéfique pour les acteurs publics qu'elle donne l'impression de gagner en temps et permet en même temps de faire fonctionner, en justifiant les moyens alloués, des appareillages institutionnels de maintien de l'ordre public. Les jeunes se voient dès lors observés à travers le prisme déformant de leurs comportements problématiques, qui fait développer contre eux des catégorisations discriminantes dans leur interaction avec les policiers.

B. Le recours à un lexique policier disqualifiant pour les jeunes

Les jeunes impliqués dans des actes de violence qualifiée de « *kuluna* », se voient confrontés à un discours officiel et institutionnel de disqualification, qui interdit parfois de leur reconnaître leur dignité humaine, ou le droit de cité. On peut lire dans la rédaction de la Radiookapi.net du jeudi 12 décembre 2013 ce qui suit :

> Pour JM, un député membre de l'opposition, les « *Kuluna* » doivent être traités comme des terroristes. *« Les terroristes s'attaquent toujours aux victimes innocentes. Les "Kuluna" s'attaquent aux gens qu'ils ne connaissent pas, dans la rue. Et vous voyez comment l'Occident traite les terroristes. C'est la mort. Et c'est de la même manière que nous devons traiter les "Kuluna". Ils doivent savoir que quand vous donnez la mort à quelqu'un, vous-mêmes vous passez aussi à la mort »*, a-t-il déclaré.

Ces disqualifications sont diversement construites dans les discours des acteurs policiers, qui laissent entrevoir un lexique policier déshumanisant contre les jeunes qualifiés de « *Kuluna* » comme en témoignent ces extraits d'entretiens : « Mais quelqu'un qui est "*Kuluna*" réputé, c'est un voleur à main armée… qui mérite la peine de mort », déclare un policier. Pour un autre, les jeunes « *Kuluna* » « sont très dangereux, ils se servent de ces outils pour prendre le dessus sur les autres, ils ont entre autres les machettes, les gilettes, les pinces, les tournevis, et ce, pour dominer sur toute autre personne, quel que soit son rang ». Pour un autre policier : « … On ciblait les gens dangereux et on les déferait à qui de droit… » ; « … Quelqu'un qui tient la machette, qui blesse son semblable, sans avoir des remords, sans avoir peur, c'est déjà un criminel… » ; « … Un "*Kuluna*" aujourd'hui, c'est un criminel, des gens sans pitié… » ; « … Eh bien, ce sont des délinquants, des criminels. Mais on regrette seulement, chaque fois qu'on les arrête, il ne manque jamais des interventions, de loin comme de près » ; « … Ce sont des insectes nuisibles à la population congolaise, ils ne sont pas nuisibles seulement aux Congolais, ils sont allés faire la même chose à Brazzaville… » ; « Mais ce sont des rebelles, des gens dangereux, sans pitié, c'est ce qu'on dit : qui tue par l'épée mourra par l'épée, donc, il fallait des mesures à peu près égales à leurs actes… ».

Cet enfermement lexical dans le registre du dangereux ou de l'exécrable, voire du non-humain, oriente vers une prise en charge réduite aux catégories énoncées, alors que ces dernières procèdent d'un raisonnement coupé du contexte d'émergence de cette violence. Il présente comme une évidence non réductible le choix de la répression plutôt que d'autres mécanismes de gestion et de prise en charge. Le commissaire provincial de la police de Kinshasa, le Général Kanyama Cishiku (2016 : 98, 99), décrit ces interactions conflictuelles comme suit :

> [D]epuis la résurgence de la violence des jeunes « *Kuluna* », les policiers de la Brigade anticriminelle ou Brigade d'investigation criminelle qui interviennent (BAC ou BIC) pensent qu'ils ne peuvent maintenir la paix sociale que grâce à deux éléments principaux : une puissance de feu importante, une bonne connaissance des jeunes des quartiers en termes d'identification et de leurs interrelations [...]. Dans un contexte de désordres et de chaos, l'emploi de la force est normalisé aussi bien du côté des jeunes que du côté de la [p]olice. L'emploi de la force reste en effet un moyen pour garantir « une construction positive de la face personnelle » et « sauver son honneur ». Dans cette perspective, dans un environnement où la « loi du plus fort » est la règle, à l'instar de certains jeunes de quartier assumant une « culture de rue » (parfaitement mise en scène aujourd'hui par la musique et les sportifs, *pomba*) [...] les policiers doivent sans cesse mettre en jeu leur capacité de réaction physique et montrer qu'ils demeurent les plus forts. Dans la pratique, les policiers confrontés à des groupes de jeunes, adoptent la posture d'un autre groupe partageant la même « culture viriliste ». En s'opposant et en se confrontant au groupe « policiers », des jeunes « *Kuluna* » cherchent ainsi à éprouver leur courage et à construire une face positive personnelle et collective dans l'affrontement. Cependant, dans cette interaction virile et dure, dans le but de maintenir l'ordre et d'assurer la tranquillité publique des « honnêtes citoyens », les policiers revendiquent le fait qu'ils sont les seuls agents légitimes ayant le droit, voire le devoir d'imposer un rapport de force, en utilisant la violence si nécessaire en lieu et place de l'État détenteur du monopole de la violence légitime. Or, ce positionnement n'est pas accepté par la plupart des jeunes « *Kuluna* » qui considèrent les policiers, notamment à l'aune de leurs comportements agressifs et provocateurs, avant tout comme les membres d'une « bande » rivale avec lesquels il faut batailler pour sauver la face.

Ce regard disqualifiant ne fait qu'accroître la pression pénale alors même que la violence de « *kuluna* » semble s'étendre sur de nouveaux quartiers de la ville et s'intensifier qualitativement : des affrontements entre jeunes aux actes d'atrocités envers les populations civiles. Cette inadéquation des actions menées a généré au sein de la police un sentiment de travailler dans le vide.

II. L'essoufflement du dispositif étatique de gestion de la violence urbaine des jeunes

Comment l'État est-il arrivé à une répression extrême de la violence urbaine des jeunes malgré l'existence des moyens démocratiques pour faire respecter la loi ? Les données empiriques disponibles orientent la réponse à cette question vers une analyse de l'inefficacité des voies judiciaires dans le traitement de cette violence des jeunes, qui se caractérisait de plus en plus par une certaine cruauté, renforçant ainsi dans le chef de la population comme dans celui de la police un fort sentiment d'insécurité. L'orientation essentiellement punitive privilégiée par l'État pour gérer ce phénomène de violence semblait dès lors enfermer les acteurs publics dans un cercle où tout se résumait au renforcement des dispositifs de répression, et ce, même si ces derniers ne permettaient pas de résorber le phénomène de violence des jeunes. Cette situation a donc fait monter un « ras-le-bol » des acteurs de gestion, qui n'interroge pourtant que de façon très périphérique l'inadéquation des dispositifs de gestion jusque-là mobilisés face à la violence urbaine impliquant les jeunes. On entend bien ce sentiment d'impuissance dans les discours des policiers :

> « Quand on les arrête, l'État fait son travail comme il se doit, on les prend, on les achemine lentement au parquet, parquet-prison, mais arrivés en prison, ils peuvent faire un mois, deux mois, vous serez seulement surpris de les voir encore libres à l'extérieur. Leurs familles suivent, elles démarchent auprès des autorités, et vous allez vous retrouver que ces jeunes-là sont à l'extérieur, ils passent dans les avenues en nous défiant : "il n'y a rien, il n'y a rien, qu'est-ce que vous croyiez ? Que nous allions mourir en prison ? Il n'y a rien. La prison, mais c'est une maison comme toutes les maisons ! Des endroits où on entre pour se reposer, et si le repos est terminé, que vas-tu faire ? Il faut sortir, eh alors !" ».

Par ailleurs, comme l'explique Kanyama Cishiku (2016 : 108-109), les « actions menées par les pouvoirs publics à travers la [p]olice, n'ont pas été [en] mesure d'éradiquer le phénomène "*kuluna*" à Kinshasa », notamment du fait que « les différentes opérations de répression du phénomène "*kuluna*" [ayant été] confiées à la Brigade de la police d'intervention rapide pour des actions de choc », cette structure faisait face à un déficit criant de moyens logistiques, d'effectifs, de nombre de postes de surveillance et d'intervention ainsi que de motivation salariale. On ne peut, en effet, attendre des policiers insécurisés de sécuriser la population. Il relève également un autre facteur de l'inefficacité de l'action répressive policière :

> [S]i les faiblesses sont relevées du côté de la [p]olice qui se montre laxiste ou recule aux moindres critiques, force est de reconnaître que l'effort que fournit la [p]olice dans la répression des "*Kuluna*" est parfois minimisé, voire même découragé par les interventions intempestives et illégales des autorités politiques, administratives, judiciaires ou militaires, qui consistent à demander leur libération.

Ces interventions traduisent une ambigüité de la réponse étatique à la violence des jeunes, qui a fait dire à certains d'entre eux : « l'État n'est rien » ou « l'État ne fait rien ». Confrontées au défi de la violence urbaine, les autorités policières ont changé de stratégies et ont progressivement court-circuité le parquet, maître de l'action répressive dans un État de droit. Ainsi l'expose un policier de Bumbu :

> « À un moment, les autorités ont compris qu'au lieu de transférer les "*Kuluna*" au parquet, vaut mieux s'en charger, puisque le parquet ne fait absolument rien, et le phénomène a pris une ampleur terrible : ce n'était plus question du leadership, ni seulement d'arracher les biens des paisibles citoyens, mais de tuer. Il y a eu une insécurité sans égale, le phénomène avait vraiment dégénéré, on commençait à couper les bras des gens, à agresser les paisibles citoyens dans leurs maisons, à les assassiner, à les blesser volontairement, ainsi de suite, ils étaient devenus très dangereux, ils n'ont même pas pitié des gens. C'est alors que l'autorité avait mis sur pied, pour sécuriser la population et leurs biens,... une mission dénommée, opération "*Likofi*" ».

On perçoit ainsi une police démunie face à la montée de l'insécurité (A) et une justice pénale incertaine dans la répression d'une violence pourtant certaine (B).

A. La police démunie et la montée d'un sentiment d'insécurité

La politique répressive de l'action étatique sur les jeunes auteurs d'actes de violence n'a pas permis de juguler le problème. Les discours des acteurs s'articulent autour de la montée de la cruauté de cette violence et de l'extension des cibles de celle-ci, incluant les policiers. C'est ce contexte d'insécurité généralisée, qui aurait justifié une opération du type « *Likofi* », comme l'expose un policier : « Ce qui a fait appel à l'opération "*Likofi*", c'est le fait que ces jeunes commençaient à couper les gens même la journée. Quelqu'un qui va au marché la journée tombe sur les "*Kuluna*", ils le coupent… C'est comme ça que l'autorité a mis en place l'opération "*Likofi*" ». Un autre policier renchérit :

> « … Avant l'opération "*Likofi*", l'échiquier criminologique était plein : ils rencontrent la police même la journée, l'intimident, c'est comme s'il n'y avait pas la loi… Ces jeunes étaient devenus sans pitié. Si tu les croises sur ton chemin… Ils commençaient à couper sans pitié… ».

La logique des antagonismes entre les forces de l'ordre et les jeunes semble céder le pas à un rapport de force : un groupe voulant dominer l'autre ; et les jeunes cherchant à défier l'autorité étatique et à faire régner leur « loi ».

La question du monopole de l'usage de la force semble alors se poser avec plus d'acuité. Le discours des acteurs laisse voir un glissement de la plainte de la population vers la plainte des policiers, qui se voient à leur tour victimisés par ces jeunes. On assiste, dès lors, à la défiance de la police par les jeunes. Cette épreuve de force entre ces deux acteurs a fini par neutraliser, dans une certaine mesure, la force policière (a). En effet, dans ce climat de tension entre les jeunes et les policiers, on voit naître des stratégies de familiarisation entre certains policiers et des bandes de jeunes (b). Ces quasi-alliances se tissent notamment autour des logiques de sécurité de vie et de survie, à travers le « *mogroso* ».

a. La neutralisation du travail policier

La neutralisation fait référence au sentiment d'incapacité de l'action policière ordinaire, ressenti par les policiers comme par la population, à juguler la violence des jeunes devant le non-aboutissement au parquet des affaires impliquant ces derniers, suite, notamment, aux interventions de certaines hautes personnalités réclamant la libération des jeunes arrêtés.

Le travail policier est organisé par la la loi organique n° 11/013 du 11 août 2011 portant organisation et fonctionnement de la Police nationale congolaise[79]. Aux termes de l'article 15 de cette loi, « les missions ordinaires de la police s'exercent dans le cadre du service normal de [p]olice ». Cet article précise le but de ces missions ordinaires de la police :

> Elles ont pour but de prévenir les troubles à l'ordre public, et les infractions, de constater celles-ci, d'en rassembler les preuves, d'en rechercher et d'en identifier les auteurs et de les déférer devant l'autorité judiciaire compétente. Elles s'opèrent quotidiennement sans qu'il soit besoin d'une réquisition de la part de l'autorité.

L'article 16 de la même loi énumère certaines de ces missions ordinaires de la police, à savoir les renseignements généraux, la lutte contre la criminalité, la lutte contre le terrorisme, la lutte contre les violences liées au genre, la surveillance et la protection de l'enfant, la sécurité routière, des voies de communication et de transport, la surveillance physique des frontières, la participation au secours de la population en cas de catastrophe ou de sinistre, la sauvegarde de l'hygiène et de la salubrité publique. Dans le cadre de l'exercice de ces missions, précise Kanyama Cishiku (2016 : 104), « le policier n'attendra pas qu'il soit autorisé de passer à l'exécution d'un ordre de son chef, mais c'est dans le cadre de l'exercice de sa fonction de policier qu'il doit maintenir ou rétablir l'ordre public ou même la protection des personnes et de leurs biens ».

Dans le cadre de la lutte contre la « criminalité urbaine » constituée par la violence qualifiée de « *kuluna* », l'action policière semble avoir été neutralisée par plusieurs facteurs, allant des conditions de travail précaires à l'ingérence des autorités politiques et militaires.

---

79 Loi organique n° 11/013 du 11 août 2011 portant organisation et fonctionnement de la Police nationale congolaise, in *Journal officiel de la RDC*, 23 août 2011.

En effet, lors d'un atelier organisé par l'EUPOL/RDC[80] sur le phénomène « *kuluna* » à Kinshasa en 2012, un commissaire principal de la police laissait entendre ce qui suit :

> « Nous sommes souvent traités d'incapables sur le terrain, aussi bien par la population que par les jeunes "*Kuluna*". Les jeunes, comme des mouches, viennent danser devant le sous-commissariat, nous reproche-t-on, mais personne ne se pose la question de savoir combien sont-ils à cet instant, et nous sommes combien ? À quelle heure tout cela se passe ? On nous reproche toujours de ne pas demander l'intervention, heureusement que nous sommes là avec nos chefs. Cette intervention arrive après combien de temps ? Arrive-t-elle réellement ? Même si elle arrive, les véhicules passeront par où ? Tout ça, parce qu'ils ignorent les réalités auxquelles nous sommes confrontés ».

Un sous-commissaire de police expose un autre aspect de la neutralisation de son travail par l'ingérence des autorités politiques qui instrumentalisent la force physique des jeunes :

> « Les gens viennent se plaindre ici : "Pourquoi avez-vous relâché tel ou tel autre jeune ?". Mais qu'est-ce que vous voulez qu'on fasse ? Tel vous appelle en disant : "il ne faut pas créer d'incident... on risque d'en profiter". Un autre monsieur me disait au téléphone : "Commandant laissez-les, ils nous seront d'une grande utilité demain, c'est notre base". Vous savez ? Les pressions viennent de partout, mais pour quelle solution ? Pour quoi alors s'en faire, tu vas te tuer pour rien ».

Aussi, un officier de police judiciaire s'est-il écrié : « Des fois, nous nous demandons qui est derrière ces jeunes ? Il ne faut pas trop chercher à savoir, tu vas laisser tes plumes ». Les policiers prennent la mesure des risques auxquels ils s'exposent du fait de leur travail. C'est ainsi qu'au cours du même séminaire de l'EUPOL/RDC, évoqué ci-dessus, un commissaire principal reconnaissait :

> « C'est un travail très dangereux, surtout lorsqu'il s'agit de faire face aux "*Kuluna*". Tu peux laisser ta peau comme le sous-commissaire J.P. Il était sur le terrain avec quelques éléments pour tenter de démanteler une ceinture, qui avait l'habitude de s'attaquer aux passants. Ils ont été pris en embuscade par les jeunes, lesquels ont malheureusement transpercé

80 *European Union Police* (Police de l'Union européenne) en République Démocratique du Congo.

la cuisse de JP avec un "*baka yezu*"[81]. Vous pouvez imaginer à cet instant ce que chacun devait faire ? Sauver sa peau. Et lui, il est resté un peu plus longtemps avant d'être rejoint. Il avait perdu beaucoup de sang, il est décédé quelques jours après. Dans ce cas, on nous accuse d'être passifs… Mais tout le monde a pris peur. Avec des armes, personne n'a pu faire quelque chose, sinon tirer en l'air en fuyant ».

Forts des relations qu'ils entretiennent avec certains membres du réseau « *mogroso* », les jeunes en arrivent à intimider les policiers. Aussi, une policière d'un Point chaud à Kingabwa déclarait :

« Nous, lorsqu'on arrête [les jeunes], on [les] envoie au parquet. Mais après, vous verrez qu'ils sont dehors… Ils commencent même à vous chanter que même si vous les envoyez au parquet, ils vont rentrer, ils ne vont pas mourir… Il y a même un qu'on avait mis au cachot, qui nous menaçait en nous disant que bientôt il [allait] mettre fin à notre carrière. Il demandait même qu'on l'envoie vite au parquet ».

Ainsi, les policiers se voient affaiblis en raison de l'incapacité du système pénal à prendre en charge ces jeunes. Ils expriment leur déception quant aux courtes durées de détention des jeunes, souvent relâchés par le parquet. Les jeunes se présentent comme victorieux face à la police ou aux victimes, bercées par l'illusion que « la prison, c'est la mort ». Or, pour ces jeunes, la prison est présentée comme « une maison de repos » ou encore comme « un boa qui finit toujours par régurgiter sa victime après avoir fait bombance pendant un temps ». De plus, le retour des jeunes peut s'accompagner d'une volonté de vengeance, de représailles. Ces allers-retours quasi intempestifs des jeunes en détention, détruiraient le travail de la police et minimiseraient sa force de dissuasion. Dans ce contexte, le policier peut parfois adopter la stratégie de se familiariser avec les jeunes pour assurer sa propre sécurité, plutôt que de les combattre.

81 Il s'agit d'une arme blanche constituée par un morceau de bois dont les bouts sont entourés de clous, faisant référence aux instruments de la Passion de Jésus. Les jeunes « *Kuluna* » l'utilisent particulièrement contre les policiers.

b. La familiarisation des policiers avec les jeunes

La familiarisation des policiers avec les jeunes repose sur plusieurs bases. Tout d'abord, la sociabilité du policier avec un jeune peut relever de l'appartenance à une même famille. Il peut en être un parent. Il a été relevé ci-dessus que parmi les jeunes « *Kuluna* », il y a plusieurs enfants de policiers et militaires. Un jeune raconte à ce sujet : « Nous avons dans le groupe le fils d'un commandant. Nous allons souvent chez eux, et le vieux [son père] nous connaît personnellement… ». La famille du policier en question peut s'étendre à tout un clan, élargissant ainsi le faisceau de relations dans lesquelles il peut se retrouver en sociabilité avec les jeunes « *Kuluna* ». Aussi un policier expose-t-il :

> « Nous ne sommes pas des extraterrestres. Nous avons des origines et nous avons des parents, des frères et sœurs, des oncles et tantes, tous ceux qui nous entourent. Vous le savez bien, tout ce que nous faisons, nous ne devons pas perdre de vue cette dimension… C'est donc tout un clan qui est autour de vous. Il y a des enfants qui naissent, peut-être que vous ne connaissez pas, mais un frère vous dira que c'est votre neveu, le petit-fils de votre oncle, que vous ignorez du reste, mais celui qui vous parle, vous donne bien l'impression de l'existence des relations plus proches. Qu'allez-vous faire ? Continuer avec votre rigueur ? Je pense que non… Après la vie professionnelle, vous avez aussi la vie familiale… ».

L'inscription familiale ou sociale du policier exerce une influence sur son travail professionnel, notamment quant à la rigueur (*ko kanga motema*) attendue de lui dans la gestion des actes des jeunes « *Kuluna* ». Ensuite, certains jeunes « *Kuluna* » considèrent même qu'ils forment une famille avec certains policiers. C'est ce qu'un jeune explicite en ces termes :

> « Vous savez que [les policiers] ce sont nos vieux du quartier, je dois vous dire que c'est vraiment la famille. Nous sommes souvent avec eux, on se retrouve souvent dans nos bases… prendre quelque chose… ils ne peuvent pas nous faire du mal (*a ko kanga motema te*) ».

Les jeunes et les policiers prennent ensemble « quelque chose » comme du chanvre ou le *lotoko* (alcool local). Les jeunes et les officiers de police judiciaire résident dans le même quartier, ils sont proches et partagent les mêmes espaces, bar (*nganda*) ou terrasse. Pour marquer cette familiarité entre policiers et jeunes « *Kuluna* », un sous-commissaire déclare : « On se fréquente sans problème, si… pas souvent, nous évitons qu'ils viennent si souvent parce qu'on peut facilement être taxé de complice… pour rien. On les connaît, on ne peut pas nier ». Un autre officier de police judiciaire déclare : « En temps normal, ils viennent même jusqu'ici au sous-commissariat ».

Ces affinités conduisent parfois certains policiers à conseiller les jeunes « *Kuluna* » en leur donnant des indications, des « stratégies ou tuyaux », sur les moyens de défense ou l'attitude à adopter lors de l'interrogatoire devant un officier de police judiciaire. Par conséquent, une fois arrêtés, les jeunes « *Kuluna* » ne craignent plus ces agents de l'État. En répondant à une question relative à la peur d'être arrêté par les policiers, Lolo répond : « Avoir peur de quoi ! Tous nous formons une famille ». Puis, il précise que certains policiers, parents des jeunes « *Kuluna* », donnent à leurs enfants ainsi qu'à leurs amis de la bande de jeunes quelques stratégies lorsqu'ils sont arrêtés par d'autres policiers. Lolo raconte, en effet :

> « Nous avons dans le groupe le fils d'un commandant. Nous allons souvent chez eux, et le vieux [son père] nous connaît personnellement… Tu sais, des fois, il nous disait : "Mais vous êtes bêtes ! Si on vous demande quoi que ce soit, il faut toujours tout nier… c'est votre droit… !". Et nous avons compris… ».

C'est ainsi que d'autres officiers de police judiciaire s'étonnent que les jeunes « *Kuluna* » nient toujours les faits : « Quand on les arrête – déclare un policier de Kisenso – ils nient tout en bloc, personne n'accepte avoir commis tel ou tel autre forfait ». Ainsi, ils maîtrisent bien les ressorts du droit à la présomption d'innocence ainsi que le principe de la charge de la preuve incombant à l'accusation, sans avoir été dans un quelconque auditoire d'une faculté de droit.

Par ailleurs, comme cela a été relevé précédemment dans le cadre du « *mogroso* », les policiers et les jeunes peuvent tisser des liens mercantiles, dans lesquels le policier constitue un intermédiaire privilégié, voire le bénéficiaire final du circuit d'écoulement des butins des actes de violence des jeunes, qualifiée de « *kuluna* ». Ces derniers deviennent alors ses protégés et le policier, le *Big Boss*. Ainsi, le policier agit parfois non seulement en fonction de ses intérêts, comme le relève Dominique Monjardet dans *Ce que fait la police* (1996), mais aussi en fonction de ses ressources, en étant tantôt dans un registre de familiarisation, tantôt dans une attitude de distanciation par rapport à ces jeunes. Tout est donc fonction de l'inscription du policier dans un même réseau, de l'intérêt le plus important à défendre dans un espace-temps donné.

Néanmoins, il faut se garder de généraliser cette forme de familiarité. En effet, certains agents réservent un traitement particulièrement déshumanisant aux jeunes. C'est notamment ce qu'expose un policier de Kingabwa :

> « Lorsqu'ils sont là en bande, ils nous appellent des civils... Ils pensent qu'ils sont plus forts que nous… Ils ne respectent personne… Mais lorsqu'on attrape l'un d'eux, il commence à vous appeler "*mokonzi*" (chef) parce qu'il sait qu'il va recevoir la correction de sa vie… surtout lorsqu'on sait que tu as menacé physiquement un de nos amis policiers… là tu vas invoquer tes ancêtres (*okobelela ba koko na yo bakufa*) ».

Ainsi, la police est démunie face à la montée de l'insécurité dans la ville. Aussi convient-il d'examiner le point suivant consacré à l'incertitude judiciaire de la répression du « *kuluna* », qui a contribué à l'essoufflement de la gestion étatique de la violence urbaine des jeunes.

B. De la certitude sociale de la violence de « *kuluna* » à l'incertitude judiciaire de sa répression

La réaction sociale face à la violence se caractérise souvent par un paradoxe : d'un côté, la certitude sociale de cette violence et de ses conséquences ; de l'autre, une incertitude de l'issue judiciaire attendue des dossiers transférés par la police au parquet. En effet, il ne suffit pas qu'un fait infractionnel soit commis pour penser qu'il s'ensuivra une condamnation judiciaire aussi prompte que l'est la réprobation sociale. Il faut encore que ce fait connaisse un traitement tout au long des étapes de la chaîne pénale. C'est au cours de ce processus de traitement judiciaire que s'inscrit l'incertitude, du fait notamment des sélections qui se réalisent à chaque niveau du processus judiciaire, par exemple suite au déficit des preuves et à la non-implication des victimes dans ce processus, comme l'a si bien montré Philippe Robert réfléchissant sur *les statistiques criminelles* (1977). Ces problèmes vont, à leur tour, laisser libre cours à l'imagination des acteurs policiers, situés en amont, pour juguler la violence des jeunes, qui échappent ainsi à la rigueur de la loi.

a. Les contraintes de la gestion policière de la violence des jeunes

L'exigence de documenter suffisamment un dossier de violence qualifiée de « *kuluna* », par la réunion des éléments de preuves afin de pouvoir le déférer au parquet, conduit, au sein des commissariats de police, à sélectionner les officiers de police judiciaire pour l'attribution de ces dossiers. En ce sens, un commissaire de police de Bumbu affirme :

> « D'habitude, des tels cas ne sont pas attribués à n'importe quel OPJ… Dans la plupart de cas, quand ces jeunes sont arrêtés, ils sont transférés au parquet parce qu'ayant commis des infractions. Malheureusement, ils sont parfois relâchés ».

Mais les décisions des magistrats du parquet de relâcher les jeunes arrêtés par la police sont souvent justifiées par l'insuffisance de la documentation du dossier par les officiers de police judiciaire relevant de la police[82].

La première contrainte à laquelle est confrontée la police dans la gestion de la violence urbaine est la non-implication des victimes,

82 Au terme de l'article 182 de la Constitution, la Police nationale congolaise « est chargée de la sécurité publique, la sécurité des personnes et de leurs biens, du maintien et du rétablissement de l'ordre public ainsi que de la protection rapprochée des hautes autorités ». Lorsqu'il y a commission d'un fait infractionnel, la police judiciaire a la mission de le rechercher, d'en identifier les auteurs et de réunir les preuves de leur culpabilité en vue de rendre possible l'exercice de l'action publique devant les juridictions de répression (voir l'article 2 du Décret du 6 août 1959 portant Code de procédure pénale). C'est à ce stade que naissent au niveau de la police les contraintes de la gestion de la violence des jeunes.

qui ne saisissent pas la police de manière à permettre de déclencher le mécanisme pouvant conduire à la répression de ces actes de violence, soit par crainte de représailles de la part des jeunes, soit plus souvent par manque de confiance dans l'efficacité du travail des policiers, que la population qualifie généralement de « *miyibi* » (voleurs) en raison de leur propension à chercher des bénéfices indus à l'occasion de leur intervention, comme l'a montré Raoul Kienge-Kienge dans *Le contrôle policier de la « délinquance » des jeunes à Kinshasa* (2011 : 222). Selon les policiers, l'absence de plainte des victimes s'explique par leur ignorance de leurs droits. Aussi les policiers conscientisent-ils la population en l'encourageant à collaborer avec la police pour une gestion efficace du « *kuluna* ». Un policier de Bumbu expose, en effet :

> « Il y avait des gens qui ne connaissaient pas leurs droits, ils ne savaient pas dire, face à une telle situation, à qui recourir. Aujourd'hui, nous vivons avec les populations, nous les aidons à comprendre qu'à chaque fois que vous êtes menacés, venez vite informer la police, car c'est vous qui nous donnez la force. Car on peut bien arrêter un "*kuluna*", mais si son plaignant n'est pas là, le travail est sans effet ».

Des policiers de Kingabwa et de Bumbu reprochent à la population d'avoir entretenu la violence de « *kuluna* » de part leur refus de collaborer avec la police en dénonçant les faits dont elle était victime :

> « C'est la population qui avait entretenu ce phénomène, elle l'avait entêté : elle ne voulait pas dénoncer les actes de "*kuluna*", même les victimes elles-mêmes avaient peur, jusqu'à ce que l'opération "*Likofi*" a été mise en place. C'est ça qui les a anéantis [les jeunes], parce que l'État a montré sa force, donc la force reste à la loi. Je prends l'exemple : je suis agressé, on m'a ravi l'appareil de communication, les gens ont vu, la police est informée, elle descend sur le terrain, la population qui avait assisté et qui connaît ces agresseurs, voire qui sont chez eux, est incapable de dénoncer, de dire c'est tel, il habite telle part, elle a peur [...]. Mais la police seule ne peut pas finir avec le "*kuluna*", il faut le concours de la population. Mais très souvent, la population a peur de dénoncer. On arrête souvent des "*Kuluna*" sans victimes, les victimes ont peur de se présenter devant la justice pour dénoncer une agression en face de

son auteur, ce qui fait qu'on ne sait pas les maintenir ou les envoyer en prison, ça bloque le processus et on est obligé de les relâcher ».

Une autre contrainte, explique un policier, consiste au « court-circuitage » en raison des interventions extérieures, entravant l'avancement du dossier. Un commissaire de police s'est exprimé comme suit :

> « Eh bien, ce sont des délinquants, des criminels. Mais on regrette que, chaque fois qu'on les arrête, il ne manque jamais des interventions, de loin comme de près. Vous pouvez l'arrêter aujourd'hui comme "*Kuluna*", le lendemain quelqu'un apparaîtra pour intervenir afin qu'on le relâche. Mais quand il faisait le "*kuluna*" pourquoi est-ce qu'on ne le lui avait pas interdit ? La prison est devenue leur chambre à coucher : ils y entrent aujourd'hui, demain ils en sortent ».

Lorsque le parquet reçoit les dossiers des jeunes dits « *Kuluna* », deux voies s'offrent à lui. : soit les jeunes sont gardés dans l'amigo[83] avec la possibilité de le quitter avant le jour où arrive au parquet le convoi des détenus pour la prison, soit qu'ils y sont gardés en attendant ce convoi. Cette dernière possibilité conduit les jeunes, placés sous mandat d'arrêt provisoire, à une détention dans la prison, alors même qu'aucune autre suite ne sera réservée à leur dossier. Dans l'un comme dans l'autre cas, ces jeunes finissent par être relâchés et par regagner les quartiers. Même si la détention prolongée est parfois considérée comme un moyen d'éloignement nécessaire pour la pacification des rapports sociaux dans les quartiers, le retour de ces jeunes offre souvent des spectacles que les policiers, comme les victimes, trouvent inacceptables. Si la police peut à son tour développer quelques pratiques pour tourner la situation en sa faveur, la population, de son côté, ne manque pas de prendre des initiatives face à la violence des jeunes.

83 Dans le jargon policier, l'amigo désigne le lieu de détention au sein du commissariat où le suspect est gardé à vue.

b. Les « Points chauds » et les pratiques de gestion policière *in situ*

En raison de l'incertitude des suites judiciaires, la police a développé une autre stratégie dans la gestion de cette forme de violence. Afin de mieux s'insérer au sein des quartiers, des sous-unités, appelées « Points chauds », ont été implantées dans un double objectif : dissuader les jeunes par une présence policière et renforcer la capacité d'intervention rapide en cas d'actes de violence, de manière à en identifier les auteurs. Aussi un policier de Kisenso déclare-t-il :

> « Nous ne dormons pas, sincèrement, nous ne dormons pas, le travail se fait. Si tu circules, tu entendras, Point chaud ! Pour tout Kisenso, c'est ici le Point chaud. Quand ça barde n'importe où à Kinsenso, [que ce soit à] 2 heures, nous allons partir, on ne choisit pas. Mais il y a tantôt… plutôt… quand eux [les jeunes] sont passés, nous arrivons comme ça avec un petit retard, parfois on les rate. Mais on les arrête toujours comme il faut, c'est le Point chaud, *singa ya matembele, erataka te* ».

Cependant, les pratiques au sein de ces « Points chauds » sont suspectées d'abus contre les droits fondamentaux des citoyens, sans pour autant parvenir à maîtriser le phénomène « *kuluna* ». En effet, des pratiques de torture dans les cachots de ces postes de police ont été dénoncées tout comme des demandes de sommes faramineuses en guise d'amende transactionnelle, demandes bien souvent accompagnées des menaces. Les commandants de certains « Points chauds » se sont arrogé des pouvoirs exorbitants au nom d'un certain chèque en blanc justifié par le phénomène « *kuluna* » en devenant des agents de terreur dans les quartiers de leur affectation. Ainsi, dans le quartier Kingabwa, par exemple, il suffit de citer le nom d'un certain « Mal à l'aise », surnom donné à un ancien commandant d'un Point chaud ou de « L. », surnom du successeur du premier, pour s'en rendre compte. On pouvait même lire dans la presse[84] :

> S.O.S. en faveur de Monsieur F. M., victime de torture de la part du Major K. (L.) du commissariat de Kingabwa Point chaud. L'Action contre les violations des droits des personnes vulnérables « ACVDP », organisation non gouvernementale des droits humains, membre de la

84 http://www.societecivile.cd/taxonomy/term/4/9?page=2 du 19 février 2013.

Maison des droits de l'homme RENADHOC et de la CCPI, vous prie d'intervenir de toute urgence sur la situation suivante à Kingabwa dans la commune de Limete.

Description de la situation :

L'ACVDP a été informée et saisie par la famille de la victime F. M. habitant sur rue B. n° 36, quartier Kingabwa dans la commune de Limete des cas de violation des droits de l'homme ci-après : de l'arrestation arbitraire, de la détention (arbitraire) [illégale], d'extorsion et de la torture de ce dernier, commerçant de son état, qui, pour le moment est dans un état critique après avoir été torturé à mort (traumatisé et les deux bras du monsieur ne fonctionnent plus).

Un policier de Kingabwa décrit les méthodes utilisées dans certains « Points chauds » : « Il y avait un de mes vieux, major au Point chaud de Kingabwa, qui avait appliqué des méthodes dures contre ces jeunes. Il a rendu certains même inaptes. Pendant un moment, le phénomène avait un peu diminué dans ce coin ». Les « méthodes dures » des commandants de certains Points chauds ont durci les actes de violence des jeunes contre les policiers, ces derniers devenant leurs ennemis. Le jeune Edo expose les contre-réactions des jeunes à l'égard des policiers de certains Points chauds : « [...] même des policiers, on les a frappés, la preuve en est qu'on avait démoli le Point chaud ! Moi-même avec mon écurie et d'autres écuries, sans commentaire, [l'avions fait] tomber à Kulumba ! C'est nous qui avions fait tomber cela ! ». Puis, il poursuit :

« Bon, avec les policiers c'est terrible, ehm ! Quand ils viennent nous chercher, ils ne nous trouvent pas. S'ils [ont] de la chance, [ils] nous arrêtent, s'ils [ont] de la malchance, nous [les] attrapons, alors, on [les] frappe. On a eu à frapper des policiers, on a eu à brûler le Point chaud comme j'ai dit tantôt ! On a arrêté des gens pour les transférer au parquet, comme ça, tous les noms sont cités, avec des procès-verbaux, des dossiers, preuves à l'appui, que faire ? On a pris du pétrole, de l'essence, on a versé sur un habit, on a allumé, puis jeté sur le mur du cachot, tous les détenus se sont évadés. On a sauvé tous les autres détenus, comme on est généralement très unis, voilà quoi !... Si tu oses tirer, on connaît ta maison, sache-le bien que tu vas fuir ta maison. Le commandant CPL a fui, les Bafi ont fui, les Batista ont fui, beaucoup de commandants au niveau du Point chaud ont fui ! ».

Face à la persistance de la violence urbaine qualifiée de « *kuluna* », le ministre de la Justice a lancé l'opération « Tolérance zéro » ou « Buluwo » (nom d'un centre de détention réputé pour sa discipline) soumettant les jeunes arrêtés à une procédure judiciaire de flagrance. Après leur condamnation à l'issue de ces procédures, ils furent transférés dans des prisons dites de haute sécurité situées dans certaines provinces en vue de l'exécution de leurs condamnations loin de Kinshasa. Il convient de situer cette opération comme un des antécédents de l'opération « *Likofi* », n'ayant pas endigué le « *kuluna* » qui a continué à s'amplifier.

c. La « Tolérance zéro » et l'opération « Buluwo »

À partir de 2010, la stratégie de la « Tolérance zéro » comptait sur la « vertu » de l'établissement pénitentiaire et sur l'effet de l'éloignement dans la reconversion de « ces criminels ». Elle a donné donc cours au « phénomène Buluwo-Angenga-Ekafela-Osio » du nom des prisons de haute sécurité situées respectivement dans les anciennes provinces du Katanga (pour Buluwo), de l'Équateur (pour Angenga et Ekafela) et de la Province orientale (pour Osio), ayant reçu, pour une partie d'entre elles, des cohortes des jeunes condamnés.

Cette stratégie s'est avérée non seulement inefficace sur le plan des objectifs de la resocialisation et de la réinsertion sociale des jeunes condamnés, mais elle a, en outre, *a contrario* de l'objectif initial, produit une exportation de la violence décriée à Kinshasa vers les provinces d'accueil des condamnés, dans la mesure où, après avoir purgé leur peine, les jeunes libérés de ces prisons n'ont pas été rapatriés par les soins de l'État à Kinshasa où ils ont leurs familles. Ainsi confrontés à la même insécurité à la base de leur agir violent, ils ont repris ce qu'ils savaient faire et ont reproduit la violence urbaine dans d'autres villes. Pourtant, l'opération « Buluwo » a été bien accueillie par la population, estimant que cette opération permettrait aux jeunes condamnés d'apprendre des métiers et d'être utiles à leur sortie de prison. Aussi, un policier de Kisenso déclare-t-il au sujet d'une politique susceptible de mettre fin à la violence :

> « Vous voyez, l'idée de la chose [était] de prendre les gens, les amener à Buluwo. Là, ils vont apprendre des métiers et leur donner des moyens

pour exercer ce qu'ils ont appris, c'est-à-dire, on prend ces jeunes, on les met quelque part, on leur apprend des métiers et on leur donne des emplois en rapport à ce qu'ils ont appris ».

Bien au contraire, certains jeunes condamnés et transférés à Buluwo, ont pu retourner à Kinshasa et ont continué la violence de « *kuluna* ». Certains ont été tués à l'occasion de l'opération « *Likofi* », comme le renseigne Edo, qui cite son ami Cadet, qui était « venu de la prison de Buluwo, où il avait fait cinq ans, puis il est revenu. Il a été tué lors de l'opération *"Likofi"* ». Bady raconte au sujet de Cadet ce qui suit :

> « Lui, il était même arrivé jusqu'à Buluwo, il était parti à Buluwo. Dieu l'avait sauvé, il est rentré. À son retour, il y avait malgré tout les pratiques des Yankees à Kingabwa, mais les Yankees avaient changé la manière de développer leurs marchés, avec une certaine réserve. Mais lui, il n'avait pas voulu écouter, il était seulement têtu, il était chaud chaud ; il avait exagéré à ravir ».

Le cas de Cadet traduit l'impuissance des dispositifs pénaux dans la régulation de la violence urbaine des jeunes. À ce titre, les résultats des recherches ont maintes fois montré que la dissuasion constitue un fondement philosophique de la peine et en aucun cas une réalité sociologique (Casadamont, Poncela, 2004). Les propos suivants d'un jeune permettent de comprendre la reprise des actes de « *kuluna* » à la sortie de la prison :

> « Mais, si vous voyez comme ça, il faut se demander quels sont les emplois pour les jeunes ? Il n'y a pas d'emplois ! Les nombreux jeunes que vous voyez là ont déjà chacun des enfants et une épouse. Comment va-t-il les nourrir ? Moi je trouve que pour que le *"kuluna"* se termine il faut donner du travail aux jeunes, les envoyer dans des écoles des métiers, qu'ils y apprennent des métiers, et qu'on les engage. Vous verrez que les jeunes finiront par oublier toutes ces choses ».

Ce constat permet de s'interroger sur les limites de la régulation pénale, dans un contexte où la politique pénale n'est pas accompagnée de dispositifs socio-économiques et communautaires de prise en charge des jeunes ayant fait l'objet d'un processus de criminalisation.

C. L'impuissance des instances pénales dans la gestion de la violence urbaine des jeunes

En dépit des dispositifs de régulation policière et judiciaire mobilisés avant le mois d'octobre 2013, tels qu'ils ont été examinés ci-dessus, le phénomène « *kuluna* » à Kinshasa a persisté et s'est amplifié tant sur le plan géographique que sur le plan qualitatif. Car, il s'est manifesté dans de nouveaux quartiers de la ville de Kinshasa et a pu être observé dans d'autres villes comme Lubumbashi et Matadi. Et les jeunes en sont arrivés à poser des actes de plus en plus violents. Cet échec est attribué, selon les acteurs de régulation policière, à la responsabilité des acteurs politiques et administratifs, qui n'ont pu proposer aucune solution relative aux causes de cette violence. Ainsi un commissaire de police de Kisenso estime que « s'agissant des mécanismes de lutte contre le phénomène "*kuluna*", [...], tant que ses causes ne sont pas résolues, on ne peut prétendre éradiquer ce phénomène ». Pour son collègue de Kingabwa, l'État serait « impuissant » face à la gestion du phénomène « *kuluna* », « parce que c'est lui qui devrait avoir une politique d'encadrement de ces jeunes, en multipliant par exemple les centres de formation professionnelle, qui pouvaient récupérer tous ces jeunes-là, les rendre utiles à la société ». Il est convaincu que « la politique policière ne suffira jamais ». Ce qui peut être efficace, suggère-t-il, « c'est cet encadrement des jeunes [...], en multipliant des écoles de métiers pour les jeunes, c'est ce qui peut être efficace ».

Certains jeunes, arrêtés par la police, reprochent à la politique de gestion étatique de la violence urbaine de ne viser que certains jeunes : « Vous arrêtez seulement des gens que vous connaissez ; vous ne faites rien pour les jeunes, vous attendez seulement que la situation s'empire, alors vous apparaissez », disent certains jeunes aux policiers. Aussi les qualifient-ils de « faux vieux !». Cette expression traduit un manque de confiance entre la police et les jeunes, catégorie vulnérable de la population, qui aurait dû bénéficier de politiques d'émancipation mises en œuvre par les gouvernants. Dunga est plus critique à l'égard de la politique de l'État face au phénomène « *kuluna* ». Il déclare, en effet :

« L'État c'est l'État, il a tous les moyens… mais qui mange l'argent de l'État ? Si l'État dit que les jeunes vont travailler et gagner dix dollars par jour, beaucoup de jeunes vont avoir de quoi se supporter et ne vont plus penser à faire des désordres inutiles, parce qu'il sait que si on l'arrête, il ne va plus gagner cet argent… Va seulement regarder combien des gens vont chercher [du travail comme journalier]… Les journaliers chez les Libanais, on les paie combien, près de trois mille francs congolais. Ça vraiment, qu'est-ce qu'il va faire avec ça… En plus, on te malmène là-bas comme si tu étais dans un pays étranger, alors que tu es dans ton propre pays. On ne voit même pas l'État là-bas… tout ça… Après on va dire "les jeunes font ceci, les jeunes font cela". Moi, si je n'ai rien, je ne dors pas… il faut que j'aie quelque chose […] J'ai dit ce que je pouvais dire, ce qu'ils doivent faire pour que les jeunes se sentent à l'aise, sinon ces histoires-là ne finiront pas ».

Malgré tous les moyens consentis par les pouvoirs publics et les efforts fournis par les policiers pendant près d'une décennie, la violence de « *kuluna* » continuait à sévir dans plusieurs quartiers populaires de Kinshasa. L'opération « *Likofi* » s'est inscrite donc dans un contexte d'essoufflement des dispositifs de lutte contre la violence urbaine et de persistance du phénomène « *kuluna* », qui s'aggravait et s'intensifiait à Kinshasa. En effet, à en croire un policier de Kisenso, la situation était devenue terrible : « c'était terrible, la commune de Kisenso avait entretenu un niveau d'insécurité très, très élevé, c'est tout le monde qui était victime ». Les « *Kuluna* » ne distinguaient plus leurs victimes : « que vous soyez policier, si vous tombez entre leurs mains, ils ne vous pardonneront pas, ils n'auront même pas peur de vous ». Un de ses collègues renchérit : « la commune de Kisenso était dans l'insécurité totale. Par exemple, les gens qui habitaient la grande avenue d'en face ne pouvaient pas traverser de ce côté de la rue sans être menacés… Toute personne qu'on arrêtait était traitée durement ».

Beaucoup de jeunes impliqués dans cette violence présentaient un complexe de supériorité, défiaient l'État et toute autorité la représentant. « Ils ont oublié que l'État c'est lui le plus fort », précise un policier de Kingabwa. Ils ne reconnaissaient plus aucune autorité ni familiale ni étatique, aussi bien au niveau du quartier que de la police. Ils n'avaient plus peur de personne. Aussi Edo déclare-t-il :

> « Les chefs du quartier, étaient au bout, donc, *balemba biso*, donc, "*bana mabé*", et quand vous dites "*bana mabé*", il faut le dire en cachette, que nous n'entendions pas, car si ça tombe dans les oreilles d'un de nôtre, ah ! on va t'attaquer et te frapper sérieusement. Donc un papa commence à avoir peur de ses enfants, c'était vraiment comme ça ».

Puis il décrit quelques-uns de ses souvenirs avant l'opération « *Likofi* » :

> « On a mené un combat, on a détruit, sans commentaire, et on a bien mangé, une heure du temps, sous la pluie, la police n'arrive pas, on a appelé les policiers, les policiers ont refusé de venir, ça, c'était bien. On est allé encore à la sélection de bagarre à Barumbu avec d'autres agents, on a bagarré un vrai "*kuluna*", on a même volé les motos des Sénégalais, on leur a volé même l'argent, donc on a volé, et donc vous volez vraiment, vous savez, un voleur est content lorsqu'il n'est pas appréhendé, donc c'est sa chance, il est content. Donc, c'était vraiment comme ça, des bons souvenirs : arracher les femmes d'autrui, donc tu sais que celle-là, c'est la femme de tel, mais tu sors avec elle expressément, même si son mari le sait, il ne dira rien, car s'il s'hasarde, je donne seulement l'ordre "arrêtez celui-là et frappez-le !". On le frappe. Qu'il soit petit ou grand, il va commencer à te respecter, parce qu'il a peur de toi… Donc, tu n'as peur de personne, la voie sur laquelle je me suis engagé, créera le dégât, et c'est quoi le dégât ? : Destruction méchante. C'est ça vraiment, c'est ça qui est comme l'objectif, comme *Pustura anarega*, comme *Nzoto na nzoto* (corps à corps). Donc, on se bat vraiment corps à corps, même les trois étoiles. Mes amis se sont blessés lors de l'affrontement avec l'écurie Révolution… On les a frappés à mort. On a cassé les jambes de certains d'entre eux, les bras, voire les dents. La police est venue, elle nous a cherchés, mais elle ne nous a pas trouvés. Les gens pensaient que c'était des fétiches, mais ce n'était pas des fétiches, c'était seulement le diable qui voulait nous conduire, parce que le diable aussi protège les siens, c'est un peu ça ».

Les jeunes continuaient à opérer, imposant leur loi dans les quartiers, se jouant des policiers et de la justice, grâce notamment à plusieurs affinités avec quelques policiers ou avec certains hommes politiques :

> « Par téléphone… On a d'autres agents qui sont éparpillés, tu entendras seulement un coup de téléphone. Parfois on veut faire quelque chose ici, il y a des échos, la police est déjà en train de nous chercher. Tu entendras un coup de téléphone : *Masta, eza ndenge nini ?* – "*Bobima place wana mbutu mbutu eza*" (Mon ami, quelle est la situation ? – "Quittez cet endroit-là, il y a un danger"). Nous quittons, nous partons ».

En dehors des coups de téléphone, provenant parfois d'agents de la police, les jeunes ont développé des « tactiques d'esprit » :

> « Par moments, [une] tactique d'esprit : je sais que si j'ai commis un tel acte, comme c'est le jour, je ne viendrai plus comme ça, je ne rentrerai que tard dans la nuit. Même quand je rentrerai la nuit, tu n'auras aucune idée. Je commençais même à porter le foulard comme les musulmans, donc camouflage sur camouflage, j'étais devenu comme le tigre, camouflage dans la forêt, camouflage sur camouflage, tu ne me verras pas ! ».

La présence policière dans les quartiers populaires a conduit à des effets paradoxaux. Les rondes policières rassuraient, en effet, la population en constatant la présence policière « pour dissuader les malfaiteurs ». Mais, suite aux difficultés d'accès dans certains de ces quartiers, lorsque les policiers s'approchaient, la population alertait les jeunes pour qu'ils puissent se déplacer. Ainsi, une fois les policiers arrivés sur place, les jeunes s'étaient déjà déplacés. Ces alertes pouvaient être données par certains habitants du quartier ou par d'autres policiers. Dans certains quartiers, comme la commune de Bumbu, tout près de la rivière Kalamu, l'absence d'électricité ne permettait pas aux policiers de poursuivre les jeunes, qui y avaient trouvé refuge. Alors, conclut un policier, « il fallait donner une bonne leçon à tous ceux-là qui pensent qu'on peut tenir tête contre l'État, une leçon qui devait rester dans la tête de ces jeunes "*Kuluna*" ». D'où l'opération « *Likofi* », qu'il sied d'examiner à présent.

Chapitre II

L'opération « *Likofi* » et son évaluation

Selon un commissaire de police de Kisenso, « le Gouvernement ayant agi en silence pour éradiquer ce phénomène sans succès, il fallait une opération de grande envergure ». Selon lui, l'opération « *Likofi* » (coup de poing) n'est pas nouvelle. C'est un terme ancien, qui signifie « opération d'une grande envergure menée par la police ou l'armée ». Il sera question, dans ce chapitre, de décrire cette opération sur la manière dont elle a été conçue et exécutée sur le terrain, pour ensuite analyser, du point de vue des acteurs, son évaluation particulièrement au regard de sa légitimité et de son efficacité en tant qu'un dispositif étatique de gestion de la violence urbaine qualifiée de « *kuluna* ».

I. Description de l'opération « *Likofi* »

De par sa conception, l'opération « *Likofi* » répond à des caractéristiques particulières, tout comme en ce qui concerne ses modalités d'exécution.

A. La conception de l'opération « *Likofi* »

Après ce que d'aucuns ont qualifié « d'échec » de la lutte contre le phénomène « *kuluna* », c'est un « coup de poing » qui a été porté à partir de la seconde quinzaine du mois de novembre 2013. Au premier trimestre de l'année 2012, le ministère de l'Intérieur,

Décentralisation et Affaires coutumières avait lancé l'initiative d'une étude qui devrait permettre de « traquer » les jeunes « *Kuluna* »[85]. L'idée de cette recherche consistait à établir une cartographie de cette violence des jeunes, en rassemblant les informations disponibles au niveau des diverses instances policières. On lira utilement la communication faite au séminaire sur *La Police nationale et la lutte contre la violence des jeunes en République Démocratique du Congo* par Kaumba Lufunda (2012). Dans cette étude, l'auteur dénonçait déjà la logique répressive en affirmant qu'« étant donné que le phénomène "*kuluna*" soulève les passions et qu'en dépit des opérations coups de poing, des rafles et des appels à la tolérance zéro, les troubles occasionnés par ces jeunes gens se portent bien, il est temps de changer le fusil d'épaule et d'en avoir une approche rationnelle » (Kaumba Lufunda, 2012 : 10). Quelques mois plus tard, avait été envisagée la création, au sein de la police, d'une brigade spéciale « *anti-kuluna* ». En effet, on pouvait lire dans la presse africaine[86] ce qui suit au sujet de cette brigade :

> « En juillet dernier [2012], le [G]ouvernement a décidé de créer une brigade spéciale *anti-kuluna*. Officiellement, elle sera composée de 1.000 hommes placés sous le commandement du colonel E., mais, dans les salons climatisés des institutions de la République, on ne s'est pas encore mis d'accord sur les modalités de leur déploiement. "Dans six mois, on ne parlera plus des *Kuluna*", promet pourtant G. Cette brigade, aussi spéciale soit-elle, pourra-t-elle réussir là où les 522 sous-commissariats et 324 postes de police de Kinshasa ont échoué ? Rien n'est moins sûr ».

C'est au cours de son discours au Parlement réuni en Congrès, en 2013, que le président de la République a réaffirmé la nécessité d'éradiquer définitivement la criminalité urbaine[87]. Les réunions du

85 Le Centre de criminologie et de pathologie sociale avait été invité à prendre part à quelques réunions préparatoires de cette étude, au côté, notamment, de l'Institut géographique national, du ministère provincial en charge de la sécurité. L'orientation de l'étude paraissait déjà plutôt politique que scientifique. La suite de l'initiative a suivi un cheminement que nous ne saurons déterminer faute d'éléments.

86 Lire http://www.jeuneafrique.com/138310/societe/rdc-gangs-of-kinshasa/ du 20 février 2013.

87 Lire à ce propos http://www.congoplanete.com/news/3595/joseph-kabila-annonce-la-formation-un-gouvernement-de-cohesion-nationale.jsp du 23

Conseil supérieur de la défense, tenues à Kinshasa, le 26 octobre 2013, et à Lubumbashi, le 3 novembre de la même année, débouchèrent sur l'approbation du plan d'exécution relatif à l'éradication du phénomène « *kuluna* »[88]. Directement concerné, le ministre de la Sécurité intérieure, réunira à son tour, le staff dirigeant de la Police nationale congolaise pour affiner les stratégies d'application des recommandations du Conseil supérieur de la défense. Ainsi est née « l'opération *Likofi* » contre le phénomène « *kuluna* », consistant à mettre ses auteurs hors d'état de nuire par une action policière.

B. La nature spéciale de l'opération « *Likofi* »

Aux termes des articles 14, 15, 17 et 18 de la loi organique portant organisation et fonctionnement de la Police nationale congolaise, « les missions de la Police nationale ont un caractère à la fois préventif et répressif. Elles s'exercent dans le cadre de la surveillance du territoire et de la sécurisation de la population. Elles se subdivisent en missions ordinaires, extraordinaires et spéciales » (article 14). Les missions ordinaires « s'exercent dans le cadre du service normal de police. Elles ont pour but de prévenir les troubles à l'ordre public et les infractions, de constater celles-ci, d'en rassembler les preuves, d'en rechercher et d'en identifier les auteurs et de les déférer devant l'autorité judiciaire compétente. Elles s'opèrent quotidiennement sans qu'il soit besoin d'une réquisition de la part de l'autorité. » (article 15). Quant aux missions extraordinaires de la Police nationale congolaise, elles sont définies à l'article 17 de cette loi, qui dispose que « [l]es missions extraordinaires sont celles dont l'exécution n'a lieu qu'en vertu de la réquisition écrite émanant de l'autorité administrative ou de l'autorité judiciaire. À cet effet, les agents de la Police nationale sont tenus, sous peine de sanctions, de déférer avec promptitude à toute réquisition légale de cette autorité ». Enfin, les missions spéciales de la Police nationale « sont celles qui s'exécutent suivant

octobre 2013; http://afrique.kongotimes.info/rdc/politique/6768-cohesion-nationale-discours-joseph-kabila-devant-congres.html du 23 octobre 2013.

88 Lire http://www.lepotentielonline.com/index.php?option=com_content&view=article&id=4394:eradication-du-phenomene-kuluna-aller-jusqu-au-bout&catid=85:a-la-une&Itemid=472 du 23 novembre 2013.

les circonstances, au titre de suppléance, d'appui ou de concours à d'autres services y compris les missions diplomatiques et consulaires de la République. Dans le cadre de ces missions, des membres du personnel de la Police nationale peuvent être détachés auprès de ces services ».

Au regard de ces dispositions légales, l'opération « *Likofi* », est une opération relevant des missions ordinaires de la Police nationale congolaise. Cependant, cette opération de police s'est avérée « spéciale », particulièrement pour la police comme l'exprime ce commissaire de police de Bumbu : « Personne n'ignore qu'il s'agissait d'une opération spéciale ». La nature « spéciale » de cette opération tient à sa temporalité, à la spécificité des méthodes d'intervention employées et, enfin, aux moyens utilisés. On peut lire une description synthétique de cette opération faite par une organisation des droits de l'homme de manière suivante :

> « Des hommes en tenue de la Police nationale congolaise, cagoulés, armes de guerre au poing, accompagnés de quelques indicateurs, utilisaient des véhicules officiels de la PNC. Une fois sur le lieu, ils frappaient violemment à la porte d'entrée avec menace de tirer au cas où les occupants n'obtempéraient pas. Dès qu'ils sont à l'intérieur du domicile ou de la parcelle, tout jeune garçon qui s'y trouve est malmené comme suspect. Soit il est abattu sur-le-champ sans aucune autre forme de procès, soit il est emmené pour ne plus jamais revenir »[89].

a. La temporalité de l'opération

L'opération a duré trois mois, du 15 novembre 2013 au 15 février 2014, bien que ses effets se soient poursuivis jusqu'au 25 février 2014[90]. Il s'agissait donc, pour l'autorité policière, de mener un raid

89 Lire *Échos des amis de Nelson Mandela*, n° 014, 1er septembre 2014 (janvier-juin 2014), p. 13.

90 À en croire le rapport du BCNUDH, déjà cité : « Elle aurait été organisée en différentes phases. L'opération "*Likofi I*", lancée le 15 novembre 2013, aurait visé à traquer les "*kulunas*", tandis que l'opération "*Likofi II*", qui aurait pris le relais du 15 décembre 2013 au 15 février 2014, aurait eu pour objectif, en plus de la traque des "*kulunas*", de poursuivre les bandits opérant en tenue policière ou militaire. En outre, le 25 février 2014, lors d'un point de presse à Kinshasa, le ministre de l'Intérieur a annoncé une opération "*Likofi plus*", mais le BCNUDH

rapide et musclé contre la montée et la cruauté des actes de violence observés. Le principe d'une opération spéciale, c'est d'être une action ayant une très haute valeur stratégique, soit pour un pouvoir politique, soit pour un commandement, qui va durer entre quelques jours et plusieurs semaines[91]. Nous pouvons retenir du discours d'un commandant de la police que :

> « Cette opération était spéciale. Elle ne devait pas durer longtemps... Le temps accordé devait lui suffire pour accomplir les objectifs d'éradication de cette criminalité, qui a fait pleurer pendant longtemps les paisibles citoyens... Elle n'avait pas le temps à perdre... Elle devait courir derrière le temps imparti et produire des résultats sans plus attendre et laisser les autres forces de police continuer leur travail ordinaire. C'est un peu comme le bombardement pendant une attaque militaire (rire), l'ennemi qui sent la puissance du feu ne peut résister... Le territoire est libéré et les autres forces viennent camper pour sa sécurisation ».

Cette référence à une guerre urbaine, livrée par la police contre les jeunes « *Kuluna* », était clairement affichée. Un autre commissaire de police reconnaît que « la limitation du temps est nécessaire pour une telle opération pour juger de son efficacité... On frappe, puis on se retire et la police continue son travail de manière habituelle... Ce n'est [pas] souvent qu'on voit lancée pareille opération, c'est seulement en cas de stricte nécessité et il faut avant tout bien planifier les choses... ».

Pour assurer sa meilleure exécution durant le temps imparti, le commandement de l'opération était alternativement exercé par deux officiers supérieurs de la police[92] et des méthodes fortes ont été utilisées pour venir à bout de la « criminalité urbaine » visée.

---

n'a pu confirmer si cette opération a été effectivement lancée » (p. 5). Il indique, par ailleurs, que « bien que l'opération "*Likofi*" ait officiellement pris fin le 15 février 2014, le BCNUDH a continué d'enregistrer des cas similaires de disparitions forcées après cette date » (p. 8, note infrapaginale n° 29).

91 Voir le site www.cos.free.fr/cos.htm : *COS Commandement des Opérations spéciales*, consulté le 25 mai 2016.

92 Rapport du Bureau conjoint des Nations Unies aux droits de l'homme sur les violations des droits de l'homme commises par des agents de la Police nationale congolaise dans le cadre de l'opération « *Likofi* » à Kinshasa entre le 15 novembre 2013 et le 15 février 2014, d'octobre 2014, p. 4.

b. La spécificité des méthodes d'intervention

Les méthodes employées pendant cette opération consistaient à établir des listes de noms de « *Kuluna* » et à effectuer des perquisitions, essentiellement nocturnes. Des exécutions sommaires et extra-judiciaires ainsi que les disparitions forcées ont été largement dénoncées par les ONG nationales et internationales de défense des droits de l'homme. Un commissaire de police expose :

> « Nous avons des bureaux de renseignement, nous avons des listes signalétiques, qui nous renseignent que sur telle avenue, il y a des "*Kuluna*", parce que nous faisons des statistiques. Alors, à partir de cela, nous initions des opérations ciblées, ça signifie quoi ? Vous établissez une liste à partir des listes signalétiques, avec des adresses complètes, avec un mandat de perquisition, nous avons le pouvoir d'aller les déloger dans leurs maisons, entre trois heures et cinq heures du matin. C'est ce qui a été fait et qui continue à se faire… ».

Un jeune de Kingabwa, Edo, raconte dans l'extrait d'entretien ci-dessous comment il a pu échapper aux perquisitions policières pendant l'opération « *Likofi* » :

> – Et comment est-ce que toi, tu as eu à t'échapper ?
>
> – « Je dormais ce jour-là, j'entends, le Major K. qui entrait dans l'avenue en disant d'une voix forte : "Faites sortir tous les jeunes garçons ici !". J'ai réveillé mon grand frère en lui disant : mon vieux, écoute ce qui se passe à l'extérieur. Directement j'ai entendu les amis crier, parce qu'on les chicotait. J'ai eu peur, je me suis dit : si j'ose dormir, on viendra m'arrêter, j'ai dit à mon grand frère : si tu me laisses comme ça, on va me tuer, réveille-toi, viens fermer la porte, moi je pars. Mon grand frère crie : "ah ! Où vas-tu ?". Je lui ai dit : écoute ce qui se passe dehors, Major est là. Il me dit : "Tu ne peux pas rester calme, mon petit, tu vois, tu commences à fuir la maison ! On est seulement à deux, regarde ce que tu fais, mon petit, tu vois ! Moi je reste dormir, mais toi tu vas où ? Tu t'en vas… si on te tue comment on fera". J'ai dit : non si je reste ici, on va me tuer, moi je pars, ferme la maison. Là, les soldats ont encerclé toute l'avenue. Heureusement, derrière, c'est-à-dire l'avenue après nous, il n'y avait pas de policiers. C'est alors que j'ai escaladé le mur de notre parcelle, je suis tombé derrière, c'était la nuit, vers deux heures du matin.

J'ai marché nuitamment jusqu'à Yolo. Je suis arrivé à Yolo vers cinq heures trente. Mes cousins me demandent en s'étonnant : "comment es-tu arrivé ici ?". Je leur ai dit : soyez calmes. C'est comme ça que je suis entré… Ils [les policiers] entraient secteur par secteur. Le jour où ils sont entrés chez nous, j'avais déjà fui. Ce sont mes amis qui ont été arrêtés. C'était comme ça ».

Une publication de *Human Rights Wtach* (HRW)[93] mentionne qu'« [i]nitialement, les policiers semblaient utiliser leurs tactiques brutales comme un avertissement pour les autres »[94]. La dissuasion semble avoir présidé à l'exemplarité de certaines brutalités et humiliations des jeunes « *Kuluna* » avant d'être exécutés. En effet, indique-t-on, « de nombreuses victimes ont été battues et humiliées par la police devant une foule avant d'être tuées, et les policiers ont parfois appelé les gens à venir regarder le corps après l'exécution d'un suspect. (…) [D]ans un grand nombre de cas, ils ont laissé le corps dans la rue, peut-être pour effrayer les autres, et ne l'ont récupéré que plus tard pour le transporter dans l'une des morgues de la capitale »[95].

Si une peine légalement prononcée était exécutée dans ces conditions, on aurait pu parler, en effet, de l'intimidation générale : offrir à la population un spectacle terrifiant pour que dans le quartier, aucun jeune ne cherche à devenir "*Kuluna*". Mais le problème est qu'il ne s'est pas agi d'une peine, encore moins d'une peine légalement prononcée. Aussi est-il inadéquat de justifier ces procédés « inhumains »[96] par les fonctions classiques de la peine. Encore que,

93 *Human Rights Watch* a mené des entretiens à Kinshasa auprès de 107 personnes, dont des témoins, des membres des familles des victimes, des policiers qui ont participé à l'Opération « *Likofi* », des représentants du Gouvernement, et d'autres personnes. *Human Rights Watch* a également diffusé une vidéo et des photographies, notamment des « *Kuluna* » présumés, qui ont été tués lors de l'Opération « *Likofi* », ainsi que des entretiens avec les membres de leurs familles.

94 Human Right Watch (HRW), *RD Congo : Une opération policière a conduit à la mort de 51 jeunes hommes et garçons*, http://www.hrw.org/fr/drc, document pour publication immédiate, téléchargé le 5 août 2015.

95 *Ibid.*

96 L'article 16 de la Constitution du 18 février 2006 interdit de soumettre une personne humaine à un traitement cruel, inhumain ou dégradant.

s'agissant des peines, l'exécution doit tout de même être humaine et respectueuse de la dignité du condamné[97].

Le rapport du BCNUDH relatif à « *l'Opération Likofi* » relève que les enquêtes menées « ont permis de confirmer des exécutions sommaires et extrajudiciaires à l'encontre d'au moins neuf hommes, dont un mineur, dans plusieurs communes de la ville de Kinshasa, à savoir Bumbu, Selembao, Limete, Ngiri-Ngiri, Ngaliema, Lingwala et Kalamu, entre les 19 et 27 novembre 2013 »[98]. Quant au *modus operandi*, ce rapport renseigne qu'« au vu des cas documentés par le BCNUDH, les exécutions sommaires et extrajudiciaires ont été commises par armes à feu »[99]. L'intention des agents de police de mettre définitivement fin à la vie des jeunes « *Kuluna* » se dégage des parties du corps visées par les balles : « les victimes ont reçu au moins une balle dans le dos et/ou dans l'entrejambe et/ou à l'abdomen et/ou dans la tête », indique le rapport. Et l'âge des victimes « serait compris entre 17 et 30 ans »[100]. Les caractéristiques socioprofessionnelles des victimes sont variées : « le BCNUDH a pu identifier des petits commerçants, un pêcheur, un jeune diplômé, un joueur de football, un menuisier et un travailleur dans une cabine téléphonique »[101].

Le *modus operandi* protégeait l'anonymat des policiers : les exécutions sommaires et extrajudiciaires « auraient été commises par des agents de la PNC, portant des cagoules, certains munis d'armes à feu, et se déplaçant à bord de véhicules de type *jeep* sans plaque d'immatriculation »[102]. Quant aux lieux choisis, il est indiqué que « la majorité des victimes auraient été tuées dans leur quartier, parfois à la sortie de leur domicile »[103]. Il est à noter, poursuit le rapport, que « plusieurs hommes ont été tués après avoir été arrêtés par des policiers dans le cadre de l'opération "*Likofi*" »[104]. Le rapport docu-

97 L'article 18 de la Constitution du 18 février 2006 prescrit que « Tout détenu doit bénéficier d'un traitement qui préserve sa vie, sa santé physique et mentale ainsi que sa dignité ».
98 Rapport du BCNUDH, *op.cit.* p. 7.
99 *Ibid.*, p. 8
100 *Ibid.*
101 *Ibid.*
102 *Ibid.*
103 *Ibid.*
104 *Ibid.*

mente plusieurs cas : « À titre d'exemple, dans un cas documenté par le BCNUDH, le 24 novembre 2013, dans la commune de Bumbu, un homme a été arrêté et détenu par des agents de la PNC dans un cachot du commissariat de ladite commune avant d'en être extrait et d'être tué par balle par des policiers »[105]. Il en est de même également, indique le même rapport, « le 19 novembre 2013, un homme a été arrêté par des agents de police dans la commune de Limete, puis, conduit dans la commune de Barumbu par ces mêmes agents, où il a été tué par balle »[106].

Lors des entretiens, certains policiers ont évoqué le meurtre de jeunes « *Kuluna* » lors de l'opération « *Likofi* » : « on avait parlé, on les a arrêtés, [on les a] transférés au parquet, [du] parquet [à] Makala (la prison). Quand ils sortent, ils rentrent dans le même champ, personne n'écoutait. Alors, on est passé à les tuer, il y a eu un calme ».

Ce rapport renseigne également que « les corps des victimes ont été, pour la plupart, récupérés par des agents de la police des commissariats de leur lieu d'habitation, tôt le matin, pour être emportés ensuite à bord d'un véhicule à la morgue de l'Hôpital général de référence de Kinshasa (HGRK) »[107], où selon certaines sources crédibles, précise le rapport, « plusieurs dizaines de corps auraient été entreposées à la morgue »[108]. Pour les cas des jeunes « *Kuluna* », aucune famille n'aurait été autorisée à organiser les funérailles de l'un de ses membres.

Dans les méthodes d'intervention policière spécifiques à l'opération « *Likofi* », des disparitions forcées des jeunes « *Kuluna* » ont été signalées ; disparitions forcées telles que définies par l'article 2 de la Convention internationale pour la protection de toutes les personnes contre les disparitions forcées, adoptée le 20 décembre 2006 par l'Assemblée générale des Nations Unies[109], à savoir « l'arrestation, la détention, l'enlèvement ou toute autre forme de privation de liberté par des agents de l'État ou par des personnes ou des groupes de personnes qui agissent avec l'autorisation, l'appui ou l'acquiescement de

105 *Ibid.*
106 *Ibid.*
107 *Ibid.*
108 *Ibid.*
109 Cette Convention est entrée en vigueur le 23 décembre 2010.

l'État, suivi du déni de la reconnaissance de la privation de liberté ou de la dissimulation du sort réservé à la personne disparue ou du lieu où elle se trouve, la soustrayant à la protection de la loi ». Le rapport du BCNUDH renseigne, en effet :

> « Depuis le lancement de l'opération "*Likofi*", le BCNUDH a documenté les cas de 32 victimes de disparitions forcées, dont trois mineurs. Ces violations auraient été perpétrées par des agents de la PNC entre le 18 novembre 2013 et le 25 février 2014, dans les communes de Kisenso, Mont-Ngafula, Limete, Lingwala, Ngaba, Kalamu, Makala, Masina, et Lemba. Au vu des informations recueillies par le BCNUDH, il y aurait eu parmi les victimes des étudiants ou élèves, des journaliers de certaines entreprises et des vendeurs en tout genre. L'âge des victimes serait compris entre 16 et 44 ans »[110].

Le *modus operandi* pour ces disparitions forcées est similaire à celui des exécutions sommaires et extrajudiciaires enregistrées par le BCNUDH : « La plupart des victimes auraient été interpellées à leur domicile, tard dans la soirée ou durant la nuit, par des agents de la PNC portant des cagoules, munis d'armes à feu et se déplaçant à bord de véhicules de type *jeep* sans plaque d'immatriculation. (…) [L]es victimes auraient été pour la plupart menottées et ligotées avant d'être embarquées de force à bord de ces mêmes véhicules »[111]. Par ailleurs, selon les informations recueillies par le BCNUDH, « certaines victimes auraient d'abord été conduites et détenues dans des cachots situés dans des commissariats ou sous-commissariats de la PNC avant d'en être extraites et de disparaître »[112].

Pour Edo, un jeune de Kingabwa, les jeunes arrêtés pendant l'opération « *Likofi* » et portés disparus sont en fait morts. Il expose cela, en effet, en répondant à la question relative au nombre de ses amis arrêtés :

> – « Uhm, bon ! Ceux qui ont disparu, peuvent être à douze si je ne m'abuse. Je peux même les citer nommément : ehm, Cadet, venu de la prison de Buluwo, où il avait fait cinq ans, puis il est revenu, il a été tué

110 *Ibid., p. 8.*
111 *Ibid.*
112 *Ibid.*

lors de l'opération "*Likofi*" ; mon ami Madjone, a été tué, Tshivuanda a été tué, donc ils sont vraiment nombreux, nombreux alors, les Dona sont morts, les Musalay sont morts, qui encore, Image ya diable est mort, Éric Kenzo est mort, Togoshi est mort. En tout cas, beaucoup sont morts. Ceux des écuries de Kingabwa aussi sont morts. Ken est mort… Donc ils sont nombreux, Dix pneus est mort aussi ».

– Vous déclarez qu'ils sont morts, parce qu'ils ne se voient pas ou vous avez vu quand on les exécutait ?

– « Maman (s'adressant à la chercheuse), quand on arrête quelqu'un ici, on doit le suivre où ? Dites-moi, on va te suivre au sous-commissariat, au commissariat, au parquet ! Et si là tu n'es pas [là], à Makala, tu n'es pas [là], on va encore te trouver où, n'est-ce pas au séjour des morts ! Parce que partout ils ne sont pas [là]. Entre nous, où sont-ils passés ? Ils ne sont pas militaires. S'ils étaient des militaires, on penserait à la prison souterraine, mais ils ne sont pas militaires. Si c'était [la brigade] antidrogue qui les avait arrêtés, on comprendrait. Mais ce sont des policiers qui portaient des masques-là. Dites-moi, on va encore les chercher où ? Ils sont allés où ? On peut même aller maintenant chez les Cadet, maintenant même, leur demander Cadet est où, quand bien même que ça leur fera mal, il n'est plus, il est mort, on l'a tué, ils sont nombreux ceux qu'on a tués, mais est-ce que l'opération "*Likofi*" n'a tué qu'à Kingabwa ? N'aviez-vous pas entendu que l'opération "*Likofi*" a tué d'autres personnes ailleurs ! Dites-moi, je suis en train de mentir ? Ce sont des choses vraies, allez-y, même si moi je ne suis pas là, posez la question au nom de Beret rouge, ils vont vous le dire. Ils ont tué beaucoup ! C'était comment ? On te tue, on t'emballe dans un sac, on va te jeter. Dites-moi, dans tout Kinshasa, qui l'opération "*Likofi*" avait tué et a remis le corps à la famille ? Ils tuaient et allaient jeter, là où ils jetaient, nous ne savons pas ».

Au regard de ce qui est indiqué ci-dessus, on peut dire que les méthodes utilisées dans l'exécution de l'opération « *Likofi* » ont été non seulement spécifiques, mais allaient au-delà des prescriptions du cadre normatif des interventions policières dans l'exercice des missions ordinaires de la Police nationale congolaise, telles que définies à l'article 15 de la loi organique portant organisation et fonctionnement de la Police nationale congolaise.

Aussi, le même rapport du BCNUDH sur l'opération « *Likofi* », renseigne que le ministre de l'Intérieur, Sécurité, Décentralisation et Affaires coutumières a précisé que s'agissant « des allégations relatives aux exécutions extrajudiciaires, voire aux autres abus ou d'éventuelles bavures policières, les magistrats du parquet civil et militaire, chargés d'encadrer l'opération "*Likofi*", sont suffisamment actifs dans la recherche des agents de police, membres ou non de l'opération "*Likofi*", impliqués dans la perpétration d'actes criminels, au cours ou en dehors de l'exercice de leurs fonctions »[113], tout en s'accordant sur « la gravité des allégations alimentées par la rumeur »[114]. Il a également reconnu plus tard que « l'opération "*Likofi*" ne s'était pas déroulée sans accrocs » et il a indiqué que « des criminels s'étaient parfois présentés sous le label de l'opération pour commettre des forfaits, dont des meurtres »[115], tout en précisant que « des enquêtes étaient en cours pour démanteler ces réseaux de malfaiteurs qui [...] ont cherché à jeter le discrédit sur l'opération "*Likofi*" »[116]. Il a, par ailleurs, indiqué que les écarts de comportements avérés dans le chef des éléments de police chargés de l'opération « *Likofi* », ont fait l'objet des préoccupations des institutions de la République, du Gouvernement et du Parlement et ont donné lieu à une question orale avec débats auxquels il a eu à répondre devant l'Assemblée nationale en décembre 2013, et que ces cas d'écarts ont fait l'objet de procédures judiciaires, qui ont abouti à des condamnations définitives[117].

113 Lettre du ministre de l'Intérieur, Sécurité, Décentralisation et Affaires coutumières datée du 7 janvier 2014 et adressée à la MONUSCO et à l'UNICEF, citée dans le rapport du BCNUDH, *op. cit.*, p. 10.

114 *Ibid.*

115 Propos extraits du discours du ministre de l'Intérieur, Décentralisation et Affaires coutumières lors d'un point de presse tenu le 25 février 2014 à l'Hôtel Sultani à Kinshasa, cités dans le rapport du BCNUDH, *ibid.*

116 *Ibid.*

117 Lettre du ministre de l'Intérieur, Sécurité, Décentralisation et Affaires coutumières n° 25/CAB/MININTERSECDAC/1914/2014 du 5 septembre 2014 adressée au Représentant du Haut Commissariat et Directeur du Bureau conjoint des Nations Unies aux droits de l'homme en réaction à la lettre du BCNUDH n° 126/2014 du 2 juin 2014, annexée au rapport du BCNUDH sur l'opération « *Likofi* », *ibid.*, pp. 20-21.

c. La particularité des moyens mobilisés

Les méthodes d'attaque utilisées pendant l'opération ont été rendues possibles grâce aux moyens colossaux mobilisés par la Police nationale congolaise. La mise à disposition exceptionnelle de ces moyens relève d'une opération spéciale de police, comme le présente un commissaire de police de Bumbu : « Bon, eh les moyens utilisés démontrent bel et bien qu'il s'agissait d'une opération spéciale ! ». Un autre agent de la police affirmait à ce sujet :

> « Certains d'entre nous étaient dans cette opération. Mais, comme je te parle, même si j'étais à l'opération "*Likofi*", tu ne vas pas le savoir. On ne laissait pas le visage à découvert… comme c'était une opération d'abattage des grands "*Kuluna*", il fallait avoir des cagoules… Même si je suis sur une *jeep*, tu ne peux pas me reconnaître, parce que c'était une opération spéciale… Ils avaient tous les autres matériels, les armes… L'État avait mis des moyens… ».

Un chef de quartier, interviewé, décrit les moyens utilisés lors de l'exécution de l'opération, particulièrement pour garantir l'anonymat des policiers chargés des interventions : « C'était la police qui faisait l'opération, mais ils étaient tous masqués, on ne pouvait pas dire que c'est tel policier. Ils avaient des cagoules, avec des *jeeps*, bien armés ». Ces propos font écho à ceux d'un jeune de Kingabwa : « Ce sont des policiers qui portaient des masques… tu ne sauras dire que c'est tel ». Le rapport du BCNUDH renseigne également que « les agents de la PNC, qui exécutaient l'opération "*Likofi*", portaient des cagoules, certains munis d'armes à feu, et se déplaçaient à bord de véhicules de type *jeep* sans plaque d'immatriculation[118] ».

S'agissant des moyens humains mobilisés pour cette opération, le nombre précis des policiers impliqués dans l'exécution de l'opération « *Likofi* » reste inconnu. Certains agissaient en uniforme des unités spéciales de la police, d'autres agissaient en civil. Au sujet de ces derniers, le ministre de l'Intérieur, Sécurité, Décentralisation et Affaires coutumières a indiqué que « [l]e personnel impliqué dans l'opération "*Likofi*" était habillé en tenue de la Police nationale bien connue,

118 Rapport BCNUDH, *op.cit*, p. 8.

et transporté dans des *jeeps* ouvertes »[119]. Il est pourtant évident que toutes les interventions policières impliquent non seulement des éléments visibles en tenue de la police, mais aussi des agents habillés en civil. Un policier de Kingabwa explique cette implication des « non apparents » :

> « Nous avons des bureaux 2[120], les non apparents. Comme beaucoup de leaders des "*Kuluna*" sont des leaders des parkings, je peux aller au parking, je me mets là faisant semblant de lire un livre, alors que je suis là pour une autre mission, en plein travail sécuritaire, et là, on a des informations de tout genre, et on fait rapport aux chefs, qui vont initier une opération la nuit, par bouclage ».

La présence de certains informateurs à côté des policiers en tenue constitue une donnée empirique.

Quant aux moyens financiers, s'ils sont considérés comme « importants » pour les acteurs rencontrés, le coût n'a jamais été dévoilé. Cependant, la partie la plus visible des moyens utilisés est constituée d'un important et impressionnant dispositif comprenant les armes d'assaut, les véhicules *Jeep* 4x4, les cagoules ; moyens énumérés par les policiers ayant participé à cette opération.

Le port de la cagoule par les policiers opérant sur le terrain a été contesté par le ministre de l'Intérieur et de la Sécurité sous la responsabilité duquel l'opération avait été menée, pour qui « le personnel de l'opération "*Likofi*" n'agissait pas en cagoule »[121]. Il précise, par ailleurs, que « [l]es policiers utilisés dans l'opération "*Likofi*"

119 Lettre du ministre de l'Intérieur, Sécurité, Décentralisation et Affaires coutumières n° 25/CAB/MININTERSECDAC/1914/2014 du 5 septembre 2014 adressée au Représentant du Haut Commissariat et Directeur du Bureau conjoint des Nations Unies aux Droits de l'Homme en réaction à la lettre du BCNUDH n° 126/2014 du 2 juin 2014, annexée au rapport du BCNUDH sur l'opération « *Likofi* », *op. cit.*, p. 21.

120 Il s'agit de personnels affectés au commissariat et chargés du renseignement.

121 Lire *RDC : 80 morts ou disparus dans l'opération « Likofi » à Kinshasa, selon HRW*, www.jeuneafrique.com du 18 novembre 2014 : « En réponse aux accusations du rapport de l'ONU, le ministre de l'Intérieur congolais R. avait déclaré que "le personnel de l'opération *Likofi* n'agissait pas en cagoule". Le ministre avait également communiqué la liste d'une trentaine de membres de la police condamnés pour leur comportement dans l'opération *Likofi*, dont cinq pour meurtre ou homicide involontaire, et deux pour enlèvement ou détention arbitraire ».

n'étaient pas dotés de cagoule. C'est plutôt certains criminels qui agissent généralement en cagoule pour échapper à une reconnaissance facile »[122].

Pourtant, pour les policiers, le port des cagoules allait de soi dans un tel type d'opération. La protection personnelle du policier serait ainsi la justification de l'usage de cet équipement, comme l'explique un policier de Kingabwa :

> « Les policiers avaient des *jeeps* neuves, ils ont mis des cagoules pour éviter d'être identifiés par les autres "*Kuluna*" non encore arrêtés, question de sécurité, parce que ces jeunes sont vraiment dangereux. Je connais un ami policier dont la maison avait été saccagée à Bumbu alors qu'il ne faisait même pas partie de l'opération "*Likofi*"… ».

S'il est possible que l'autorité ministérielle ignorât cette réalité, les travaux de sociologie policière permettent de comprendre l'emploi d'un tel dispositif à travers la dimension organisationnelle et professionnelle de la police (Monjardet, 1997 ; Loubet Del Bayle, 2006). La police est ainsi capable de développer des pratiques propres en fonction de ses intérêts professionnels. Elle réalise la mission qui est la sienne suivant des voies qui ne sont pas toujours l'émanation des dictats politiques, avec en arrière-plan le souci d'efficacité dans l'accomplissement de sa mission, parce qu'elle est en définitive cotée en fonction des résultats.

Quoi qu'il en soit, l'importance de l'investissement matériel pour l'opération « *Likofi* » ne peut empêcher de penser à une sérieuse planification préalable. Lors de l'exécution sur le terrain, la brutalité semble avoir été le maître mot de cette opération[123], dont la légiti-

122 Lettre du ministre de l'Intérieur, Sécurité, Décentralisation et Affaires coutumières n° 25/CAB/MININTERSECDAC/1914/2014 du 5 septembre 2014 adressée au Représentant du Haut Commissariat et Directeur du Bureau conjoint des Nations Unies aux Droits de l'Homme en réaction à la lettre du BCNUDH n° 126/2014 du 2 juin 2014, annexée au rapport du BCNUDH sur l'opération « *Likofi* », *ibid.*, p. 21.

123 Un agent de la police a fait savoir que les jeunes arrêtés ne mourraient pas seulement par balle. Après que les agences des Nations Unies et les organisations de défense des droits de l'homme aient dénoncé les exécutions sommaires et extrajudiciaires, une des méthodes de substitution employées pour s'en débarrasser consistait à attacher les jeunes arrêtés au véhicule de

mité et l'efficacité méritent ainsi d'être analysées à la lumière des données empiriques recueillies.

II. De la légitimité et de l'efficacité de l'opération « *Likofi* »

Il est question, dans ce point, d'évaluer l'opération « *Likofi* ». L'évaluation d'une telle opération spéciale peut se faire sur le plan de sa légalité, sur le plan de sa légitimité ou de son adéquation aux aspirations des populations, sur le plan de son efficacité ou de la réalisation des résultats escomptés, et sur le plan de son efficience ou de l'adéquation du coût de réalisation par rapport aux résultats obtenus.

Les développements antérieurs ont donné des éléments d'évaluation de l'opération « *Likofi* » au regard des dispositions de la Constitution de la République Démocratique du Congo, de la loi organique sur l'organisation et le fonctionnement de la Police nationale congolaise, du Code pénal congolais ainsi que des divers instruments juridiques internationaux et régionaux intégrés en droit positif congolais, notamment la Déclaration universelle des droits de l'homme (DUDH)[124], le Pacte international relatif aux droits civils et politiques (PIDCP)[125] et la Charte africaine des droits de l'homme et des peuples (CADHP)[126]. Par contre, des éléments pouvant per-

---

la police et à les traîner pendant que le véhicule se met en marche jusqu'à ce que mort s'ensuive. Ces cas font partie des disparitions forcées.

124 L'article 3 de la Déclaration universelle des droits de l'homme (DUDH) dispose que « Tout individu a droit à la vie, à la liberté et à la sûreté de sa personne » et l'article 5 prévoit que : « Nul ne sera soumis à la torture, ni à des peines ou traitements cruels, inhumains ou dégradants ».

125 Le Pacte international relatif aux droits civils et politiques (PIDCP), auquel a accédé la République du Zaïre (actuelle République Démocratique du Congo) en 1976, garantit notamment le droit à la vie (article 6), le droit à l'intégrité physique et l'interdiction de la torture et des peines ou traitements cruels, inhumains ou dégradants (article 7) et le droit à la liberté et sécurité de la personne (article 9).

126 La Charte africaine des droits de l'homme et des peuples (CADHP), adoptée le 2 juin 1987 à Nairobi et ratifiée par la République du Zaïre (actuelle République Démocratique du Congo) en 1987, prévoit le droit au respect de la vie et à l'intégrité physique et morale de la personne (article 4), nul ne pouvant être arbitrairement privé de ce droit. La Charte prévoit également l'interdiction des peines et traitements cruels, inhumains ou dégradants

mettre de procéder à une évaluation sur le plan de l'efficience n'ont pas pu être obtenus sur le terrain. L'évaluation portera donc uniquement sur le plan de la légitimité et de l'efficacité.

L'évaluation de la légitimité et de l'efficacité de l'opération « *Likofi* » renvoie à l'analyse de divers regards que les différents acteurs interviewés portent sur l'opération et sur les résultats obtenus à la suite de sa mise en œuvre. Le discours sur le repérage des jeunes « *Kuluna* » par la police donne un premier éclairage. On abordera, ensuite, les différents positionnements des acteurs par rapport à cette opération.

A. Le repérage des « *Kuluna* »

L'identification des jeunes qualifiés de « *Kuluna* » est le premier indicateur, qui porte à interroger la légitimité et l'efficacité de l'opération sous examen. Dans sa lettre du 5 septembre 2014, déjà citée, le ministre de l'Intérieur, Sécurité, Décentralisation et Affaires coutumières précisait le mode de repérage des « *Kuluna* » en ces termes :

> « Avant le déclenchement de l'opération "*Likofi*", nos services avaient constitué une banque de données sur les bandits appelés "*Kuluna*", et une cartographie de cette criminalité reprenant la composition des différentes écuries, qui existent à Kinshasa ».

Ces données auraient servi à identifier les chefs de bande de jeunes ainsi que les membres de ces dernières avec leurs noms et les adresses de leurs parents ou de leurs familles. Toutefois, cette banque de données était loin d'être suffisante pour repérer les « *Kuluna* », dans la mesure où les policiers ne disposaient pas toujours des photos des « *Kuluna* » dans toutes les communes. La banque de données a dû être renforcée par d'autres éléments de reconnaissance.

Il apparaît qu'un ensemble de stigmates physiques ait été mobilisé comme autant de caractéristiques extérieures des « *Kuluna* ». Certains commandants de la police interviewés précisent :

> « On les reconnaît par leurs aspects physiques, la forme de leurs cheveux [leur coiffure] qui se présente sous forme de tissage à l'aide des

(article 5), ainsi que le droit de tout individu à la liberté et à la sécurité de sa personne (article 6).

mèches, multicolores, sous forme de coiffure Edingwe [du nom d'un catcheur congolais]..., le style de *looks* [style de cheveux crépis individualisés], les tatouages sur l'une ou plusieurs parties de leur corps, l'accoutrement *flashions* [sous vêtement dehors], souvent en sandales ou en babouches voire la gomme, pantalons pliés. Ils ont un langage codifié, qu'eux-mêmes peuvent interpréter. Par exemple : visage, eux disent *display*, chaînette en or, ils disent *koyo*, en argent *libaya*... ».

Les perquisitions réalisées dans la nuit, rendaient inutilisables ces caractéristiques physiques externes. Les policiers chargés de l'exécution de l'opération « *Likofi* », ont dû compter sur des dénonciations des chefs de quartiers et des habitants, victimes des actes d'agression des « *Kuluna* », ayant pu les identifier. Edo, un jeune de Kingabwa, qui a échappé à l'opération « *Likofi* », expose la manière dont ses amis étaient dénoncés :

> « C'est seulement les gens à qui on a ravi des objets, les mamans à qui on a ravi les histoires, qui avaient retenu nos visages, elles avaient gardé rancune. Quand elles ont entendu parler de l'opération "*Likofi*", tout le monde à Wawa..., les noms sont sortis là-bas, voire même des photos, tu ne sais même pas on m'avait photographié où ? Et on t'appelle par ton nom, on t'appelle vraiment par ton nom, post-nom, prénom, voire si tu as un surnom. Dites-nous, maintenant, comment vas-tu nier ton nom ? La preuve en est que s'ils t'arrêtent et tu nies, c'est ta famille qui va te clouer : quand on cite ton nom, "quelle famille ?" [demande-t-on]. Quand tu cites le nom de la famille, tu ne vois pas que tu t'es trahi ? Les mamans du quartier à qui on avait fait du mal, ce sont elles qui nous avaient trahis, même si nous, nous avons échappé à cela, mais beaucoup de nos amis sont partis ».

Avant l'opération « *Likofi* », et par peur de représailles, les chefs de quartiers et les habitants ne dénonçaient que rarement auprès des organes de répression, les jeunes dont ils pouvaient être victime des actes de violence. Le déclenchement de l'opération « *Likofi* » fut l'occasion pour ces habitants de dénoncer les « *Kuluna* ». C'est pourquoi, le ministre de l'Intérieur, Sécurité, Décentralisation et Affaires coutumières évoque d'ailleurs dans sa lettre du 5 septembre 2014 la peur de ces derniers « d'être dénoncés ». Ils ont dû s'éloigner de leurs quartiers. En effet, un agent communal expose le déroulement de l'opération dans sa commune en mettant en évidence l'implication des chefs de quartiers dans le démantèlement des « *Kuluna* » :

> « […] leurs adresses étaient connues, les adresses des "*Kuluna*" étaient connues visiblement. Chaque quartier donnait la liste de tous les "*Kuluna*" dans son quartier, et c'était connu et c'est par là où ils ont démantelé des "*Kuluna*", dans leurs domiciles, s'il vous plaît. Ils arrivaient là-bas, dans une parcelle, ils entraient puis qu'ils avaient le nom de chaque "*Kuluna*", on les arrêtait ! ».

Il explicite le dispositif de démantèlement mis en place dans sa commune :

> « Nous avons treize quartiers ici. Pour chaque quartier, le chef du quartier faisait une liste, une liste des "*Kuluna*" et leurs adresses, et leurs noms aussi étaient connus, car ils opéraient ouvertement, vis-à-vis, la journée comme la nuit, je viens de vous dire ça. Ils opéraient la nuit comme la journée donc c'était connu, leurs adresses, leurs noms, tout était connu et le chef du quartier, chaque chef du quartier, était obligé de connaître… comme ils habitaient dans une rue, dans un quartier aussi dans une commune ! Mais c'est ça ! Le chef du quartier était obligé de chercher ou de détecter là où les "*Kuluna*" habitent. Ce sont eux qui nous ont facilité la tâche de nous faire, pour chaque quartier, une liste des "*Kuluna*", leurs noms, leurs adresses, c'est ça ».

Par obligation ou allégeance, les chefs de quartier ont constitué un élément clef pour la réalisation de l'opération « *Likofi* ». En effet, ils faisaient passer des avis dans le quartier demandant aux parents dont les enfants étaient des « *Kuluna* » de les dénoncer à la commune :

> « On disait ceci : "*moboti nyoso, a yebi mwana na ye a salaka kuluna* (tout parent qui sait que son enfant fait le *kuluna*)", dénoncez-le, ici à la commune. Mais chaque *moboti* [parent] je vous dis, pour aller trahir son fils ou son enfant, c'était terrible, c'était difficile. C'est pourquoi nous avons donné cette tâche aux chefs de quartiers de nous donner les adresses, les noms, vous voyez ! ».

Une publication de *Human Rights Watch* (HRW) fait observer qu'« au cours des trois mois qu'a duré l'opération, la police a conduit de nombreux raids, prenant pour cible plusieurs personnes qui n'avaient rien à voir avec les "*Kuluna*" »[127]. On cite notamment certains enfants de la rue, qui présentent les mêmes caractéristiques physiques extérieures attribuées aux « *Kuluna* ». D'autres jeunes étaient « accusés à tort par leurs voisins dans des conflits non apparentés »[128]. D'autres encore « ont simplement eu la malchance de se trouver au mauvais endroit, au mauvais moment »[129]. Il est précisé que « dans tous les cas examinés par *Human Rights Watch*, les personnes qui ont été tuées ne représentaient aucune menace imminente à la vie qui aurait justifié l'utilisation de la force létale par la police »[130].

Le Bureau conjoint des Nations Unies pour les droits de l'homme (BCNUDH) note dans son rapport que, « dans certains cas, selon les témoignages recueillis, les agents de la police auraient été accompagnés d'indicateurs pour les aider à identifier les victimes [les "*Kuluna*"] ». Il a pu confirmer deux cas, datant du 11 février 2014, dans la commune de Lemba, où les agents de la Police nationale congolaise (PNC) seraient arrivés au domicile des jeunes « *Kuluna* » en compagnie d'un indicateur. Dans la plupart des autres cas, « les victimes semblent avoir été interpellées de manière indiscriminée sans une procédure d'identification préalable ». En effet, évaluant les effets de l'opération « *Likofi* » dans son quartier, un chef de quartier à Kingabwa fait savoir que « [l]es parents ont été vraiment mécontents, la plupart d'enfants qu'ils ont été arrêtés, je peux dire que ce ne sont pas des "*Kuluna*" ».

Les policiers chargés de l'opération « *Likofi* » laissaient un numéro de téléphone dans les quartiers pour encourager la population à appeler pour dénoncer les « *Kuluna* ». Parfois aussi certains jeunes arrêtés dénonçaient d'autres jeunes comme des « *Kuluna* », comme l'explique un jeune de Kisenso :

> « Les bureaux des quartiers avaient des adresses, surtout celles de récidivistes. Certains avaient déjà laissé [le "*kuluna*"], mais parce qu'il y avait un dossier [en leur nom], ils sont partis [sont morts] ! Ce qu'ils [les

127 HRW, *RD Congo : une opération policière a conduit à la mort de 51 jeunes hommes et garçons, op.cit*, p. 2.

128 *Ibid.*

129 *Ibid.*

130 *Ibid.*

policiers] faisaient, ce que s'ils arrêtaient un "*Kuluna*", qui était vraiment connu, on ne le traitait [tuait] pas sur place. C'est lui qui commençait à servir comme éclaireur, car la population commençait à appeler [la police] par le numéro de téléphone qu'elle avait donné. La population s'était vraiment réjouie, mais si on tue son enfant ou si on l'arrête et il part, porté disparu est-ce qu'elle va se réjouir ? Et même les mamans du quartier dont on avait arrêté les enfants, qui s'étaient disputées entre elles, elles commençaient à dénoncer aussi les enfants des autres, les amis de leurs enfants ».

De plus, un agent de police à Kisenso expose également qu'ils avaient dû compter, pour repérer les « *Kuluna* », sur le concours des informateurs qu'ils avaient sur chaque rue et sur l'utilisation du numéro de téléphone qu'ils avaient donné dans les quartiers :

« Nous avions des informateurs sur chaque rue, et on nous appelait au téléphone : "Venez, ils sont en train d'opérer à tel endroit". On descend très rapidement pour s'enquérir de la situation. Vous savez, quand ils sont en train d'opérer, il est difficile de les trouver en flagrance, mais quand ils opèrent, il y a de gens qui les identifient, [qui] identifient même leurs adresses, et quand nous arrivons, si nous [les] manquons, sache-le bien qu'on [les] surprendra à quatre heures. On va entrer dans [leurs] maisons, on finira par [les] arrêter, et à cette heure-là, on les trouvait endormis, parfois même quinze personnes, avec leurs machettes. Et quand on les attrape comme ça, *mboka Yezu bisili seko nye* [littéralement : ils vont au pays de Jésus et tout s'arrête définitivement, on n'en parle plus] ! ».

Lors des perquisitions nocturnes, si les jeunes « *Kuluna* » n'étaient pas présents dans leurs maisons, on arrêtait leurs parents, comme l'explique un policier de Kingabwa :

« L'opération "*Likofi*" c'était pour décourager ces gens-là. Parfois on arrêtait même leurs parents. Mais eux, on ne les tuait pas. Si nous venons chez vous, et on ne vous trouve pas, on ramasse tout celui qu'on trouve là, jusqu'à ce que le concerné se pointe ».

La délation a donc servi de technique de repérage des « *Kuluna* » au lieu d'une procédure certaine et fiable d'identification préalable de ceux qui devraient être « abattus » ou « tués » par des agents de la police. Les arrestations ont donc été réalisées sur le seul fait d'être considéré comme « *Kuluna* », c'est-à-dire sur la base des rumeurs. Face à ce jugement populaire, la « sanction » infligée par les agents de la police était la mort. Un policier déclare à ce sujet : « *mobomi il faut kolukela ye ekoki na misala na ye* » [à un tueur, il lui faut ce qui convient à ses activités]. Cette expression proche de la forumule populaire « œil pour œil, dent pour dent »), exprime la même idée que ci-dessus : « *mboka Yezu bisili seko nye* ». Ces expressions révèlent que « faire disparaître définitivement » les « *Kuluna* » était le véritable objectif de l'opération « *Likofi* ». Évidemment, devant une telle « justice populaire », les personnes dénoncées n'avaient ni le temps ni le droit de se défendre. Aussi le ministre de l'Intérieur, Sécurité, Décentralisation et Affaires coutumières a-t-il affirmé que « bien d'autres "*Kuluna*" ont été victimes de la justice populaire »[131]. Ce contexte de l'exécution de l'opération « *Likofi* » explique l'ambivalence des regards portés sur elle, sans méconnaître fondamentalement la légitimité de l'intervention policière dans la gestion de la violence urbaine qualifiée de « *kuluna* ».

B. Ambivalence des regards portés sur l'opération « *Likofi* »

Il s'agit d'examiner le regard de la police, celui des jeunes « *Kuluna* » et, enfin, celui des organisations non gouvernementales de défense des droits de l'homme, sur l'opération « *Likofi* ».

a. La police et son triple rapport à l'opération « *Likofi* »

Trois registres ont permis de lire les types d'implication policière dans l'opération « *Likofi* » : l'adhésion, l'appropriation et la prise de distance. L'adhésion évoque la situation des policiers qui, sans manifester un attachement particulier à l'opération, l'acceptent comme une nécessité tant que l'autorité en a décidé ainsi. L'appropriation fait appel à la posture des policiers, qui ont manifesté un attache-

131 Lettre du ministre de l'Intérieur, Sécurité, Décentralisation et Affaires coutumières n° 25/CAB/MININTERSECDAC/1914/2014 du 5 septembre 2014 adressée au Représentant du Haut Commissariat et Directeur du Bureau conjoint des Nations Unies aux droits de l'homme en réaction à la lettre du BCNUDH n° 126/2014 du 2 juin 2014, annexée au rapport du BCNUDH sur l'opération « *Likofi* », *ibid.*, pp. 20-21.

ment personnel à l'opération en se sentant ou en étant personnellement impliqués à divers niveaux de la chaîne d'exécution de cette opération. Par contre le registre de la distanciation concerne les policiers qui, soit, nient toute connaissance de l'opération, soit, se sentent directement ou indirectement touchés par les effets néfastes de cette opération.

L'adhésion policière à l'opération « **Likofi** »

Se prononçant sur cette opération, certains policiers se retranchent derrière leur appartenance à leur corps professionnel, et évitent de contredire ou de discuter la décision de leur hiérarchie et/ou les modalités de réalisation des missions de la police. La discipline du corps semble obliger de partager la même philosophie que la hiérarchie pour atteindre des résultats, même si sur le plan strictement personnel, on se sent plutôt froissé. Penser ou faire ouvertement le contraire équivaudrait à une démission. Aussi un policier commente-t-il :

> « L'opération "*Likofi*" était une décision des autorités politiques avec la haute hiérarchie de la police. Ce n'est pas nous, au niveau de l'exécution, qui avons décidé de ceci ou de cela. Lorsque les ordres sont donnés, il faut l'exécution. On ne peut pas s'opposer. L'opération "*Likofi*" est arrivée, elle a fait son travail, on a vu qu'un peu de calme était revenu, que certains parlaient des morts et des disparitions. Seuls sont ceux qui ont fait ce travail savent. Nous, en tant que police, nous continuons de faire notre travail comme toujours et nous étions contents de ne plus entendre parler de ces "*Kuluna*" pendant un bon moment… La police est un corps, il y a des choses parfois mauvaises qui peuvent se faire… il faut assumer. Si l'autorité avait trouvé que l'opération "*Likofi*" était nécessaire, pourquoi on dirait le contraire. Si je commence à penser le contraire, il faudrait peut-être que je pense à quitter la police ».

On comprend dès lors pourquoi une bonne partie des acteurs policiers interviewés présente l'opération comme une nécessité dans un contexte d'accroissement fulgurant des actes de violence démontrant l'incapacité des modes de gestion ordinaires. S'ils admettent que la répression n'est pas l'unique solution à mettre en œuvre, ils estiment, néanmoins, qu'il ne revient pas à la police de rechercher les solutions adéquates, ces dernières relevant des politiques publiques que doit définir le Gouvernement. Traduisant ce point de vue, un policier expose :

> « Chacun a son travail à faire. La police fait son travail de sécuriser la population et leurs biens. On ne peut pas nous demander de donner une autre solution à ce problème, parce que c'est le Gouvernement... Il y a des services au niveau de la commune, au niveau des ministères comme les Affaires sociales... Quel est leur travail... ? Ils doivent faire comme nous aussi nous faisons. S'ils ne font rien, nous serons obligés seulement d'arrêter même si ça ne résout rien... La police a sa mission...».

Ainsi, devant la passivité des autres services étatiques, les policiers exécutent leur mission dans le cadre de l'opération « *Likofi* », dont ils s'approprient.

L'appropriation policière de l'opération « **Likofi** *»*

À la question de savoir comment l'opération « *Likofi* » s'est déroulée, un agent de la police nous livre son expérience :

> « C'est à partir de cette opération que beaucoup de jeunes ont abandonné le "*kuluna*", d'autres ont fui à Brazzaville et les autres ont eu pour leur compte. Il y a eu des gens qui ont été tués à bout portant, en tout cas, nous avons vraiment arrêté, "*mobomi il faut kolukela ye ekoki na misala na ye*", nous les avons vraiment tués. Vous savez, nous tuions comme ça à bout portant, nous n'avions plus pitié d'eux, et c'est quand on a commencé à nous malmener avec les droits de l'homme qu'on s'est découragé... Maintenant leur traitement est de même comme toutes les autres infractions, alors qu'il faut un traitement spécial pour ces jeunes gens-là, comme l'a fait l'opération "*Likofi*" ».

La satisfaction exprimée par ce policier au *modus operandi* de cette opération et à ses résultats a été observée chez certains policiers, qui ne juraient que par le retour d'une autre opération de même type, permanente. C'est pour eux la seule voie pour parvenir à l'éradication de la violence des jeunes sur toute l'étendue de la République : « ... pour moi, il faut le retour de l'opération même sur toute l'étendue de la République », souhaite un autre agent de police. Certains policiers émettaient ce même souhait tout en le faisant endosser par la population, afin de masquer leur attachement personnel à l'usage de la violence, voire de la force létale. En effet, selon ces derniers, le seul moyen de vaincre le phénomène « *kuluna* » consiste à user d'une violence largement supérieure à celle des jeunes pour montrer que « c'est l'État qui a le dernier mot ». Un policier de Kingabwa a pu s'exprimer à ce sujet en ces termes :

> « J'ai deux amis proches qui ont fait partie de l'effectif de l'opération "*Likofi*", mais moi-même je n'en faisais pas partie. J'ai quand même suivi son déroulement. Ce que je peux dire, c'est seulement que c'était nécessaire une opération spéciale comme celle-là... Je l'appelle une opération commando *anti-kuluna*. Vous avez vu comment la population était contente que la police puisse débarrasser ces jeunes nuisibles. Il y a certains quartiers où c'était impossible de se sentir en sécurité. Mais l'opération "*Likofi*" a donné l'espoir. C'est que la police travaillait déjà pour maîtriser ce phénomène, mais il fallait un coup de pouce, une autre manière de faire pour renverser ces hors-la-loi, qui avaient fixé leurs racines très loin. Il fallait un vent très fort, un ouragan pour déraciner ce phénomène et l'opération "*Likofi*" m'a semblé être ce que tout le monde attendait. Ils ont fait leur travail. Aujourd'hui, on peut dire ce qu'on veut, mais ce qui est fait est fait. Personne n'avait le moyen de faire bouger rapidement ce phénomène comme cette opération l'a fait. On peut bien reprocher à la police ceci ou cela, mais l'objectif de l'opération était de mettre fin à ce phénomène, de rétablir la sécurité dans la ville de Kinshasa et c'est le devoir de la police ».

Dans son étude sur *Le contrôle policier de la « délinquance » des jeunes à Kinshasa*, Kienge-Kienge (2011 : 18) avait déjà indiqué qu'au sujet des actes de délinquance des jeunes, lorsqu'on pose la question « que faire de ces derniers ? » et que l'on considère leur « délinquance » comme un fait naturel, substantiel, le risque est très grand que l'autorité publique mette en place « des solutions d'hygiène sociale » en considérant les jeunes concernés comme des personnes vouées à la « délinquance » et, dès lors, « encombrantes » pour la société. Une telle posture, affirmait-il, « est discutable sur le plan épistémologique et éthique » en criminologie.

La posture d'attachement à l'opération « *Likofi* » est aussi tributaire des représentations de ces jeunes « *Kuluna* » par les policiers. Pour de nombreux policiers rencontrés, les jeunes « *Kuluna* » « sont des malfaiteurs, des bandits, des agents d'insécurité, sinon l'opération "*Likofi*" ne serait pas essentielle ». Parfois, les jeunes « *Kuluna* » sont assimilés à des terroristes : « Ils ont terrorisé, rendu les quartiers invivables ». Les discours révèlent l'existence de rapports de force entre les jeunes et l'État, seul souverain :

> « Ils se sont pris eux-mêmes pour l'État. Il fallait que l'État montre que c'est lui qui décide, nul ne peut être au-dessus de la loi. Il fallait que la police se confirme comme autorité de la sécurisation des personnes et de leurs biens ».

Cette représentation tend évidemment à politiser la violence des jeunes et à la dissocier de son contexte, tel qu'il a été exposé dans la première partie de cette étude. Une telle posture ne peut que tendre à l'anéantissement du « concurrent », surtout s'il remet en question le pouvoir politique :

> « Du moment que l'État ne fait rien pour toutes ces personnes, surtout les enfants, c'est normal qu'à un moment ou à un autre on se retrouve face à des situations pareilles où les jeunes se rebellent contre l'État. Pour moi, c'est la même chose que ce qui se passe à l'est ! Seulement que le niveau est un peu différent. Mais c'est aussi une rébellion des jeunes contre l'État. Si on ne gère pas ça très bien, ça peut aussi atteindre des niveaux supérieurs. Par exemple, la manière dont ça se fait aujourd'hui, ce n'est pas exactement la même chose qu'au début. Les stratégies changent. On ne sait pas où ça peut aller si on ne fait pas quelque chose dès maintenant… ».

Parfois, l'opération « *Likofi* » est présentée comme la réponse à l'abattement du moral des policiers et à la persistance de la violence urbaine qualifiée de « *kuluna* ». L'expression « trop c'est trop ! », désignant l'ampleur du phénomène, vient à considérer l'opération « *Likofi* » comme la seule stratégie pertinente pour conduire les jeunes à abandonner le « *kuluna* » :

> « Tu sais, parfois on se posait la question de savoir ce qu'il fallait vraiment faire à ces jeunes pour qu'ils abandonnent. Il y avait un de mes vieux, major au "Point chaud" de Kingabwa, qui avait appliqué des méthodes dures contre ces jeunes. Il a rendu certains même inaptes. Pendant un moment, le phénomène avait un peu diminué dans ce coin,

mais il a fallu un peu plus pour que le message de l'autorité passe mieux dans les oreilles de ces jeunes. Beaucoup allaient en prison pendant un certain temps, mais lorsqu'ils sortaient, au lieu de changer, ils revenaient encore sur les mêmes bêtises. Parfois, il faut que ça finisse. Il faut que quelqu'un prenne le courage de mettre fin là où les autres font semblant. Lorsqu'on est devant les incorrigibles, il faut trouver les moyens efficaces. Il était nécessaire de leur mettre suffisamment la pression pour que ceux qui vont rester, comprennent qu'on ne blague pas avec l'État ».

L'attachement à l'opération « *Likofi* » porte également sur la justification de la manière dont elle s'est déroulée : perquisitions nocturnes, exécutions sommaires sont présentées comme de la légitime défense :

« Bon… Pour bien attraper ces jeunes, il fallait les surprendre la nuit chez eux. Les policiers avaient des noms et des adresses de ces jeunes. En fonction de cela, les *jeeps* pouvaient entrer dans les quartiers et ramasser ces bandits sans beaucoup trop de difficultés. Il y a eu ceux-là qui ont voulu s'échapper de mains de la police, comme toujours ils se croient plus malins que la police, d'autres essayaient même de faire face à la police, il fallait que la police puisse se défendre et empêcher ces bandits de s'échapper si facilement. La conséquence c'est que quelques-uns ont pris des balles. C'est vrai que lorsqu'on a l'autorisation de tirer à bout portant, on peut faire beaucoup de choses, c'est parfois le risque du métier. Ce qui est fait est fait, qu'est-ce que vous voulez… ! ».

Une telle posture de justification d'une répression policière violente pouvait être appliquée à toute situation autre que la violence de « *kuluna* » et pose plus largement la question de l'emploi des armes à feu par la police. Un policier affirme en ce sens :

« Tu sais le Congolais, c'est parfois quelqu'un qui écoute seulement avec le fouet, si vous donnez des conseils, on vous prend [pour] des impuissants. Alors parfois, il faut bien frapper pour que les gens entendent un peu mieux. Lorsqu'ils apprennent que *mbuma ez'obetama* (les balles crépitent), là tout le monde prend les choses au sérieux ».

Ainsi, la définition des jeunes par le policier et le rapport qu'il juge approprié avec les jeunes sont des éléments essentiels. Pour certains policiers, cette opération doit être analysée à la lumière du salut de la population :

> « Toute la population qui a été victime des actes de "*kuluna*", était pour l'opération "*Likofi*". Nous aussi la police, étions pour l'opération "*Likofi*", car elle était une réussite totale. Maintenant que les droits de l'homme commençaient à nous contraindre de ne plus les exécuter, le phénomène a encore repris avec un élan très remarqué. Dans une année, deux années, ce phénomène sera d'une ampleur redoutable. Des chargeurs sont devenus des "*Kuluna*", des motards sont devenus des "*Kuluna*", les enfants de la maison sont devenus des "*Kuluna*" ».

Un tel discours de dramatisation prédisant un avenir catastrophique ne peut que porter à légitimer une répression dont l'efficacité est douteuse à long terme :

> « En tout cas, il n'y a pas une autre politique, qui puisse être efficace en dehors de l'opération "*Likofi*". S'il n'y avait pas eu l'opération "*Likofi*", ça allait être terrible. Moi, j'ai fait les statistiques, d'ici une année ça sera terrible. En tout cas dans une année si l'État ne prend pas des mesures efficaces, on ne sait pas comment ça sera, même si on ne va plus reprendre avec l'opération "*Likofi*", mais au moins une autre opération d'une même portée. Au cas contraire, je ne sais comment ça va se passer ici à Kinshasa. Sincèrement, je vous dis, le phénomène "*kuluna*", c'est un phénomène qui est en train de nous mettre, nous opérateurs de sécurité, mal à l'aise. Il faut que l'État prenne des dispositions adéquates. Il faut qu'il mette à notre disposition des lois adaptées aux actes que posent ces gens, des moyens matériels ».

Les policiers attachés à une intervention policière fortement répressive estiment, en outre, que retirer à la police le droit d'user systématiquement de la force létale l'affaiblit. Une telle représentation de la police réduit l'institution policière, en fait, à sa capacité physique de réaction, et semble lui reconnaître un « droit de tuer ». Ce qui paraît problématique dans une telle représentation de la police, c'est moins l'attachement au principe d'une action policière en vue de la sécurité publique et du rétablissement de l'autorité de l'État sur les citoyens, que le fait de prendre plaisir à tuer des citoyens au mépris de leur dignité au nom de l'État et de son autorité, qu'il tient du reste des citoyens et des lois établies en leur nom. Il paraît important de souligner que les policiers ne sont pas au-dessus des lois de la République et ne bénéficient nullement d'immunités devant les juridictions pénales nationales et internationales pour des actes de violations graves des droits fondamentaux des citoyens ou d'un groupe déterminé de citoyens qu'ils peuvent commettre.

L'intention déclarée d'exterminer ou de détruire « rapidement et définitivement » un groupe humain bien déterminé de façon méthodique est particulièrement préoccupante, notamment lorsqu'elle est légitimée par les forces de police. À ce titre, le rapport du Bureau conjoint des Nations Unies pour les droits de l'homme précité, considère qu'« étant donné le type et la nature » des violations des instruments juridiques internationaux relatifs au respect du droit à la vie, du droit à l'intégrité physique et du droit à la liberté et à la sécurité de la personne, des articles 16, 17 et 18 de la Constitution congolaise et des Principes de base sur le recours à la force et l'utilisation d'armes à feu commises par les membres de la Police nationale congolaise dans le cadre de l'opération « *Likofi* », ayant été réalisée « à plusieurs niveaux de la chaîne de commandement », d'une part, et d'autre part, le contexte dans lequel elles ont été commises, ces violations graves « peuvent constituer des crimes internationaux ainsi que des crimes selon le Code pénal congolais ». C'est entre autres pour ces considérations que certains policiers prennent une certaine distance face à cette opération.

La distanciation policière face à l'opération « Likofi »

Certains policiers préfèrent prendre de la distance quant à cette opération, soit en ignorant son existence, soit en s'abstenant d'en parler aux chercheurs. Ainsi, à la question posée lors d'un entretien de recherche de savoir comment s'est déroulée l'opération « *Likofi* », un policier a pu répondre sans ambages :

> « Je ne connais pas cette opération, je n'en ai jamais entendu parler. D'ailleurs, je n'étais même pas à Kinshasa. Tout ce que je sais ce que la police fait son travail pour décourager ces jeunes gens-là. La population aussi commence à s'impliquer. Nous travaillons avec la collaboration de la population, qui signale tout mouvement suspect, tout début de ce mouvement et la descente rapide de la police pour arrêter à l'œuf

ce phénomène. Étant donné que la population vit avec ces gens-là, elle a des yeux, des oreilles, pour détecter tout mouvement suspect de ces gens-là ».

Certains policiers ont allégué le secret professionnel pour ne pas évoquer l'opération « *Likofi* » : « Pour ce qui est de l'opération "*Likofi*", il faut consulter le net, je ne peux pas vous parler de l'opération "*Likofi*", ce sera une violation du secret professionnel ».

Pendant la période où une nébuleuse régnait autour de l'opération « *Likofi* », il était compréhensible d'entendre de tels propos. En effet, ces derniers sont l'expression de la situation de frustration de certains policiers et une réaction à l'accusation portée contre le Gouvernement et la hiérarchie policière de violations graves des droits de l'homme à l'encontre des jeunes « *Kuluna* », parmi lesquels on trouvait des personnes âgées de moins de 18 ans. À ce titre, le rapport du Bureau conjoint des Nations Unies pour les droits de l'homme, déjà cité, renseigne qu'en date du « 20 décembre 2013, la MONUSCO[132] et l'UNICEF ont adressé une lettre au ministre de l'Intérieur, Sécurité, Décentralisation et Affaires coutumières pour exprimer leurs vives préoccupations quant aux allégations d'exécutions sommaires et extrajudiciaires de civils, dont des enfants, présumés être des "*Kulunas*" et/ou des "*shégués*" (les enfants/adolescents des rues), qui auraient été commises par des agents de la PNC dans le cadre de l'opération "*Likofi*" »[133].

Quelques rares policiers sont plus réservés quant au déroulement de l'opération « *Likofi* ». Ce sont ceux qui ont vu être arrêtés, soit dans les quartiers où ils vivent, soit au sein de leurs familles, des jeunes sans lien avec le « *kuluna* » :

> « Moi, c'est le fils de ma sœur qui a été emporté par l'opération "*Likofi*"… Un jour, il rentrait de sa promenade lorsqu'il a croisé la *jeep* de l'opération "*Likofi*". Comme tout le monde craignait ces *jeeps*, il s'est décidé de courir pour arriver à la maison. Les policiers l'ont directement pris pour un "*Kuluna*" et l'ont poursuivi jusqu'à la maison pour l'arrêter devant ses parents, interdits de dire même un mot ou de suivre leur fils. Jusqu'aujourd'hui, nous ne savons pas où on l'a emmené. À mon retour

132 Mission d'observation des Nations Unies pour la stabilisation du Congo.
133 Rapport BCNUDH, *op. cit.*, p. 12.

de service, ma sœur va m'apprendre la nouvelle et me demander si je ne les ai pas vus dans nos postes de police où je travaille… mais c'était trop tard… C'est un garçon que je connais bien… Il ne sortait pas souvent et il avait peur de la police. On ne l'a jamais entendu dans les histoires de groupes. Aujourd'hui sa mère ne fait que pleurer, si elle pense à ça, elle pique des crises ».

Puis cette policière s'interroge :

« Combien de familles comme celle-ci pleurent leurs enfants innocents à cause de l'opération "*Likofi*" ? Mon expérience me fait croire que beaucoup des jeunes innocents ont été victimes de l'opération. Comment voulez-vous que je puisse réagir ! Personne ne donnait de réponse à personne, c'était exécution sur exécution ! ».

La frustration est d'autant plus grande et douloureuse qu'il est difficile de poursuivre les auteurs de ces exactions et/ou d'être reconnue comme victime de l'opération « *Likofi* ». Mais qu'en disent les jeunes ?

b. Les jeunes face à l'opération « *Likofi* »

Deux catégories de discours peuvent être dégagées chez les jeunes, selon les conséquences de l'opération « *Likofi* » sur leur carrière dans la violence. On constate que soit cette opération les a conduits à abandonner la violence comme mode de vie, soit elle nourrit une véritable déclaration de résistance.

*La déclaration d'abandon de la violence de « **kuluna** »*

Pour certains jeunes, l'opération « *Likofi* » a été le point culminant de leur expérience de confrontation avec les agents de l'ordre et les aurait conduits à abandonner le « *kuluna* ». Un jeune déclare à ce sujet :

« Ce qui m'a poussé à abandonner le "*kuluna*", c'est l'opération "*Likofi*". Avant même l'opération "*Likofi*", il y a des amis qui ont été arrêtés, ils ont fait des maisons d'arrêt, d'autres des prisons à Brazzaville, et sont restés là-bas, d'autres encore sont morts. Je vois maintenant que le nombre d'amis commence à baisser, les gens avec qui j'étais, leur effectif commence à diminuer. Je commençais à avoir peur. Vous savez, c'est comme Kadhafi, quand on avait commencé à tuer ses gardes, il avait peur. Moi aussi, je commençais vraiment à avoir peur. J'ai fui à Brazzaville. Un jour, je regarde comme ça à la télé, l'opération "*Likofi*", d'autres amis avec qui on était à Brazzaville, qui étaient retournés ici, étaient tués ehm ! J'ai..., j'ai regardé, j'ai dit : moi vraiment, je n'accepterai pas de mourir comme une chèvre comme ça, je suis enfant de quelqu'un, jamais je ne peux accepter de mourir. C'est comme ça que j'ai demandé à Dieu que cet esprit, ce n'est pas le mien, je ne sais pas me conduire, toi conduis-moi... ».

Pour ce jeune, le danger réel de mort que l'opération « *Likofi* » a fait planer sur lui et sur ses amis, a été l'élément déclencheur pour opter pour un autre mode de vie. Cependant, il fait part de son désarroi quant à son avenir : « je ne sais pas me conduire », et il poursuit dans une espèce d'oraison adressée à son Dieu : « toi conduis-moi ». Cette incertitude à travers laquelle des jeunes envisagent leur avenir pose la question majeure : qu'advient-il de ceux qui ont saisi l'occasion de cette opération pour réorienter leur manière de faire et de vivre ? On devrait bien se rendre compte de la fragilité de cette conviction d'un changement possible dans un contexte marqué par la précarité économique, professionnelle, voire existentielle. Certains jeunes « intimidés » par l'opération « *Likofi* » sont devenus chauffeurs, receveurs des véhicules de transport en commun dénommés « Esprit de mort », chargeurs dans des parkings ou font le « taxi-moto » (*wewa*)... :

> « L'opération "*Likofi*" a vraiment abimé nos *coop*. On s'était caché. Moi, j'avais fui au plateau de Bateke, j'ai fait six mois là-bas. Quand je suis rentré, j'ai appris que beaucoup d'amis étaient morts... Je me suis retiré, j'ai même changé de milieu, je n'aime plus coopérer avec les anciens amis, je suis devenu chauffeur, mais je n'ai pas fait l'école pour cela, j'ai commencé comme chargeur, puis je suis devenu receveur, c'est là que j'ai commencé à apprendre à conduire : vous pouvez être à l'arrêt, on a chargé, le bus est plein, le chauffeur n'est pas là, je monte, je commence à conduire, par esprit dur, les clients sont en train de réclamer, mais je suis quand même arrivé à destination ; puis je suis rentré encore avec des passagers. C'est comme ça que j'ai appris à conduire ».

Il s'agit là d'activités très précaires, qui ne sont pas toujours susceptibles de soutenir un parcours durable. À ce sujet, il a été constaté que certains jeunes s'adonnent à ces activités pendant la journée, mais un chef de quartier affirme que la nuit « ils se livrent aux actes de violence »[134]. Certains jeunes ne voient plus leur avenir au sein de la bande. C'est le cas de Cherubin, qui livre ses impressions ci-après :

> « Bon, pour moi, comme moi comme ça, je vois que j'ai beaucoup fait le gang à Kingabwa… parce que moi aussi, selon mes idées, je commençais à penser cesser le gang, mais tant que nous sommes avec les potes… C'est pourquoi tu vois que cette chose-là existe encore, il n'y a pas vraiment moyen que je laisse ça… Nous sommes très contents… maintenant que l'opération "*Likofi*" est venue à Kingabwa frapper à la porte des maisons, arrêter… Si tu dors, ils viennent te chercher à la maison la nuit, ils t'arrêtent… c'est bien pour que nous tous écoutions et cessions le gang. C'est mauvais. Les amis avec qui nous avons commencé le gang, Chalabien, Batista, sont morts par balle… dans l'eau, les cadavres ne sont même pas retrouvés. Maintenant, nous qui sommes en vie, que nous continuions toujours le gang ? Il faut qu'on cesse ! Parce que nous avons trop fait ça. Comme moi, je trouve que chez moi, pour moi, en moi il n'existe vraiment plus l'esprit de gang, je suis devenu seulement…, tu me vois avec un pote… toi tu nous connais avec le cachet de gang, mais à l'intérieur de nous-mêmes nous savons comment nous marchons, le gang nous l'avons cessé, nous ne le faisons plus. C'est bien comme l'opération "*Likofi*" a arrêté ceux qui n'ont pas cessé les désordres ».

La peur d'être tué brutalement a conduit Edo, qui a échappé à l'opération « *Likofi* », à prendre la décision de cesser le « *kuluna* » :

> « On avait assisté à l'avènement de l'opération "*Likofi*" à "*Wenze ya mbila*", non ! Mon ami Tshivuanda, on entend comme ça qu'on l'a tué, eh ! "Allez-y regarder le corps !". Je vais comme ça, je trouve mon ami KO, pas avec la machette, mais la balle, j'ai eu peur : moi vraiment… je dois laisser cette voie. Dans les chaînes de télévision, on en parlait : "dans telle commune, l'opération '*Likofi*' a tué…". Ça m'a vraiment effrayé. C'est comme ça que j'avais refusé de mourir. L'homme doit mourir selon le plan de Dieu, il doit vivre, ce n'est qu'après qu'il peut mourir,

134 *« Ba za ba receveurs, mingi ba za ba chaufeurs ya moto, rarement ba chauffeurs ya ba mituka ya minene, eza mingi mingi kaka ba chauffeurs ya moto, na ba receveurs, nde ba zo sala misala wana, nde problème eza yango wana. Ba za ba receveurs na moyi, na butu bakomi kosala misala mabé ».*

mais les hommes ne peuvent pas me tuer. Maintenant, dites-moi, si tu meurs dans le péché, qui va t'accueillir ? Dieu nous a laissé un peu de temps pour se repentir. C'est comme ça vraiment ! ».

Il en est de même de plusieurs autres jeunes, qui ont résolu de cesser avec le « *kuluna* », intimidés par l'opération « *Likofi* ». Cependant, ils continuent à chercher l'argent à travers des *coop* :

> « Nous commençons à chercher un métier à exercer dans la vie, qui puisse nous procurer un peu d'argent. Regarde, les amis commencent à avoir des enfants ci et là… et le jour où ça va m'arriver… si je ne cherche pas, ça n'ira pas ! C'est pour cela que nous sommes arrivés à nous maîtriser pour éviter ces problèmes. Regarde, papa Joseph (le Président Joseph Kabila) n'aime pas ces histoires… nous commençons à avoir peur… qu'on laisse ! Tu sais, il faut savoir prendre le jeu… Nous, lorsque nous avons entendu qu'ils sont en train de tuer les gens seulement comme ça, il fallait d'abord regarder tout ça de loin… Ces gens-là, ils venaient seulement comme ça, s'ils t'attrapent… tu n'as même pas le temps de leur dire que tu ne fais plus ces histoires-là… Nous, nous cherchons maintenant l'argent. Au lieu de nous envoyer des *coop*, des métiers, on envoie des militaires pour nous tuer comme si nous étions les M23[135]… Là-bas à l'est, ils ne font rien… Ils viennent seulement ici… Ils ont arrêté même des innocents, ils ont tué des gens gratuitement comme ça… Moi, je suis allé pour regarder ça un peu de loin… Tuer n'est pas une solution… Arrêter ce n'est pas une solution ».

Il y a lieu de remarquer l'expression utilisée par Dady pour désigner les policiers impliqués dans l'opération « *Likofi* », à savoir « ces gens-là ». Elle a également été utilisée ci-dessus par un policier attaché à cette opération pour désigner les jeunes « *Kuluna* ». Ces expressions traduisent clairement la fracture sociale causée par l'opération policière sous examen. De même, la comparaison des jeunes « *Kuluna* » avec les rebelles de M23 à l'est du pays, déjà évoquée sur le terrain par des policiers, traduit une politisation de la violence de « *kuluna* » comme un mouvement insurrectionnel attentatoire à la stabilité du pouvoir établi. Cette représentation politique éclaire la

135 Il s'agit d'un mouvement rebelle qui s'est déclaré dans la partie est de la République Démocratique du Congo.

dose excessive de la force et de brutalité ayant caractérisé l'opération « *Likofi* ».

On perçoit clairement dans les propos des jeunes, comme Lolo, une préoccupation pour son avenir et celui de sa famille. Et après l'opération « *Likofi* », il se met aussi à chercher l'argent, tout en déplorant que l'État, qu'il considère comme un « père », ait pu décider de tuer et ait tué effectivement ses jeunes, qu'il considère comme « ses enfants ». L'État serait pour lui un « père infanticide » :

> « Beaucoup [d'amis] avec qui nous avons fait..., nos potes, ont trouvé la mort par balle. Le commandant "Mal à l'aise" dont vous entendez parler..., ils ont fusillé les gens dans l'eau : Chaleur, Batista, notre pote Raymond sont morts comme ça, parce que quoi, leurs familles ne voulaient pas qu'ils fassent le gangster, ils les ont bouffés. L'opération "*Likofi*" a tué beaucoup de nos camarades et a arrêté... beaucoup d'innocents... des gens qui n'étaient pas des vrais "*Kuluna*" ! Il y a même d'autres, qui avaient déjà abandonné ces histoires-là il y a très longtemps, mais l'opération "*Likofi*" les a pris seulement comme ça, on ne sait pas... Vers le marché "*Wenze ya mbila*" ils ont tué un pote et laissé son corps... puis ils l'ont repris... Mais ce sont seulement des problèmes, nous avons regardé : non, que l'on devienne seulement des poules mouillées (*nyama*), qu'on cherche l'argent, qu'on prépare l'avenir de nos enfants à venir, qu'on assoie un foyer, comme maman t'a encadré, toi aussi tu encadres tes enfants pour que ça soit bien, c'est pourquoi tu vois que nous avons commencé à chercher seulement à la manière de "chemin de fer", mais nous allons seulement réussir. Nous sommes en train de nous battre... Dieu va aider... même si les gens disent oh ! Personne ne viendra nous donner gratuitement les choses pour vivre... même l'État ne pense pas à ses jeunes... Quel père peut tuer ses enfants seulement comme ça parce qu'ils ont fait quelque chose de mal ? On peut punir, mais lorsque ça devient l'histoire de tuer ses propres enfants... on ne sait pas... tu peux leur priver à manger, mais tuer... ! ».

Si plusieurs jeunes trouvent qu'il est légitime que l'État fasse en sorte que la violence cesse dans la ville et reconnaissent l'influence de l'opération « *Likofi* » sur leur vie plus que les autres actions antérieures de la police, les pouvoirs publics n'ont pas résolu la question de leur sécurité de vie et de leur avenir. C'est alors qu'ils interpellent l'État :

> « Nous avons mis au monde, les enfants sont là, ceux qui vont [nous] appeler papa, les enfants : des grands, des petits, *bango talaka* que mystique ! Pas moyen que le mal excède à Kingabwa. C'est ainsi que nous avons commencé à "doser". Le major est là, derrière l'État. Nous disons qu'après l'État c'est *Bibende* (les métaux) à Kingabwa ; parce que nous, nous craignons seulement l'État et Dieu, puisqu'à part l'État et Dieu nous ne pourrons plus jamais craindre quelqu'un. Nous remercions seulement le président comme il a envoyé l'opération "*Likofi*" à Kingabwa, le travail est en train de se faire, la police fait son travail, les jeunes essaient de se maîtriser... on se débrouille, on regarde seulement Dieu... pas moyen... ».

La légitimation de l'opération « *Likofi* » par les jeunes, est d'autant plus importante qu'ils voient naître d'autres « *Kuluna* » ; au point de faire apparaître un conflit générationnel entre eux et les plus jeunes :

> « On voit aujourd'hui des gens qui ont commencé le "*kuluna*" seulement à peine vouloir nous défier, nous les *biaka* (anciens). Ils ne savent pas où nous avons commencé... mais que le général C. fasse seulement que ça finisse... que l'État prenne ses responsabilités... D'autres [jeunes] commencent même à entrer dans les maisons des gens... On dit toujours que c'est le "*kuluna*". Père (s'adressant au chercheur), il n'y a rien... nous allons seulement nous retirer (*to kokanga kaka ba nzoto*) et voir ce qui va arriver demain... Dieu seul sait... Mais les petits, qui arrivent là, doivent doser... [Ce sont] ceux qui n'écoutent pas ! Là c'est seulement sous la responsabilité de l'État, le "Point chaud" est là, le major est là, il faut qu'il les suive jusqu'en profondeur, même sous l'eau, il faut qu'il les prenne... il faut qu'il les pourchasse comme l'opération "*Likofi*" a fait... il faut aussi qu'il regarde très bien parce qu'il y a aussi des innocents... des pensionnés... Nous nous appelons comme ça "les pensionnés", parce que nous avons trop fait, mais maintenant nous avons pris la pension, nous regardons faire les petits, qui commencent actuellement... ».

Ce jeune se considère comme « un pensionné » du travail de gang, du travail de « *kuluna* ». Il interpelle l'État au sujet des jeunes qui se sont lancés récemment dans ce travail. Il y a, en effet, un travail d'encadrement que les « pensionnés » peuvent réaliser auprès d'eux. Car il exprime le fait que cette opération « *Likofi* » a constitué pour eux, les « pensionnés », une occasion de freiner l'afflux de nouveaux candidats qui défiaient aussi les *biaka* (les anciens). Il est vrai que dans ce microcosme des bandes de jeunes, il est difficile pour les uns et les autres de se satisfaire de la concurrence. Cependant, on ne peut pas s'étonner du fait que pendant cette opération, certaines rivalités entre jeunes ont mué en alliance. Alors certains jeunes pouvaient facilement se réfugier dans un territoire des bandes adverses et être accueillis sans encombre. L'opération « *Likofi* » a produit ainsi un contre-effet : celui de présenter les « *Kuluna* » comme une « entité politique », créant une certaine solidarité entre les jeunes des différentes ceintures. C'est pourquoi, dans l'extrait d'entretien repris ci-dessus, Lolo envisage qu'on pourchasse les jeunes même sous l'eau. Cela laisse entendre qu'il pourrait y avoir de la résistance parmi les plus jeunes.

La déclaration de résistance dans la violence de « **kuluna** *»*

Certains jeunes ont tenu des discours de « résistance » après l'opération « *Likofi* ». Il s'agit, pour eux, d'un énième coup manqué de l'autorité publique, qui ne sait ni entendre ni voir les véritables problèmes des jeunes en milieu urbain :

> « Si l'opération "*Likofi*" était une solution, nous, on ne serait pas là… mais regarde, nous sommes toujours en train de continuer. Hier on est allé faire… demain encore. Monsieur C. a tué des innocents, nous les véritables combattants nous sommes là… Vous pensez que quelqu'un a envie de mourir ? Personne n'a envie de mourir, ni de faim ni par balle. Mais tu sais que la faim c'est chaque jour… lorsque tu te réveilles ce n'est pas la balle qui arrive… c'est la faim. Tu regardes à droite, tu regardes à gauche, rien ! Même si C. en personne est dans le secteur… est-ce que c'est lui qui va me donner à manger ? … Le pays est comme il est, les choses sont comme elles sont… et nous faisons comme nous faisons. La finalité est que la casserole puisse rire et que le corps n'attrape pas le froid ».

Il se dégage de cet extrait que la peur que les jeunes ressentent en premier c'est celle de mourir de faim. Cela peut s'avérer une mort douloureuse et à petit feu, plutôt qu'une mort par balle, qui ôte la vie avec plus de dignité :

> « Tu viens ici le matin [au port], si les barges ne sont pas arrivées, tu es là à attendre, à chercher… Si les barges arrivent avec les sacs de braises, vous pouvez travailler au débarquement… mais on te paie combien par sac ? Tu peux faire beaucoup de jours sans même réunir dix ou vingt mille francs congolais… Qu'est-ce que tu vas faire ?… ».

Pour assurer une sortie du « *Kuluna* », certains jeunes expriment la nécessité d'un accompagnement fondé sur la confiance :

> « Moi-même, si je dis même aujourd'hui que je laisse, je laisse… moi-même si je dis demain, demain, mais s'il s'agit de me faire cesser par force, je ne cesserai pas… c'est mon cœur, parce que lorsque j'ai commencé le gang, personne ne m'a poussé… moi-même je suis entré et j'ai commencé le gang, de même aussi je pourrai abandonner ça. Si tu es quelqu'un, tu me conseilles d'une bonne manière, tu veux qu'on s'assoie pour parler, je t'écoute toi aussi tu m'écoutes, je cesserai. Mais si tu es quelqu'un qui, même mon frère, qui ne me cause pas bien, tu me grondes : "toi je te dis…", non… pas comme ça, je ne cesserai pas… ».

c. Les organisations non gouvernementales et l'opération « *Likofi* »

Les acteurs de la société civile portent un regard ambivalent sur la répression de la violence de « *kuluna* », organisée par les pouvoirs publics[136]. Si la légitimité d'une opération policière n'est pas contes-

136 On peut lire dans une publication du journal *La Tempête des Tropiques* du 6 décembre 2013 consulté sur www.latempête.info le 20 juillet 2015 : « Dans une publication, l'organisation non gouvernementale de défense et de promotion des droits de l'homme dénommée "Les amis de Nelson Mandela pour les droits de l'homme (ANMDH)" salue l'opération "*Likofi*" déclenchée par le Gouvernement de la RDC à travers le ministère de l'Intérieur, pour traquer les malfrats communément appelés "*Kuluna*" dans la capitale, mais l'ONGDH s'oppose aux dérapages qu'enregistre l'opération en question. Vu l'ampleur de la situation et les pratiques utilisées par la police, ANMDH invite le ministre de l'Intérieur à veiller à ce qu'il n'y ait pas de dérapages dans l'opération dite "*Likofi*", de crainte que la RDC soit placée dans la liste des États criminels. L'ONGDH exhorte le ministre de la Justice et des Droits humains à veiller afin que les prétendus "*Kuluna*" soient appréhendés avec dignité, jugés et condamnés conformément à la loi. À en croire R., directeur de l'ANMDH, son organisation soutient la police dans la traque (aux) [des] "*Kuluna*", mais dénonce tout acte de dérapage. Faisant l'analyse du phénomène "*Kuluna*", ANMDH estime que ce fléau a commencé à prendre de l'ampleur à

tée, en revanche les modalités de l'opération « *Likofi* » sont critiquées et les ONG réclament la mise en œuvre de la redevabilité des policiers impliqués et la transparence dans la gestion des droits et libertés fondamentaux. De plus, ils expriment un intérêt quant à la gestion en amont des problèmes des jeunes. Ainsi en est-il de la déclaration du directeur de la Division Afrique à *Human Rights Watch*[137] :

> « L'opération "*Likofi*" a été une campagne brutale de la police congolaise, qui a laissé une traînée de meurtres commis de sang-froid dans la capitale… Lutter contre la criminalité en commettant des crimes ne renforce pas l'État de droit, mais ne fait qu'aggraver un climat d'angoisse. Les autorités congolaises devraient enquêter sur les meurtres, en commençant par le rôle du commandant en charge de l'opération, et traduire les responsables en justice ».

Cet extrait met en exergue la préservation de l'État de droit, qui est mis en péril lorsque l'État lui-même se permet d'agir en marge des principes, qui le font vivre en tant qu'entité légitime. On comprend que ce regard ne fustige pas la nécessité de gérer les problèmes liés à la criminalité. La critique de cette opération porte sur les exécutions sommaires, extrajudiciaires, les disparitions forcées, comme modalité de gestion de cette criminalité. Il est reproché aux éléments de la police de n'avoir pas observé les dispositions de la loi organique n° 11/013 portant organisation et fonctionnement de la Police nationale congolaise, qui prévoient que « la police ne peut avoir recours à la force qu'en cas de nécessité absolue et uniquement pour atteindre un objectif légitime, et qu'en tout état de cause, l'usage de la force doit respecter les principes de proportionnalité et de progressivité ».

Les Principes de base sur le recours à la force et l'utilisation des armes à feu par les responsables de l'application des lois adoptées par le 8e Congrès des Nations Unies pour la prévention du crime et le traitement des délinquants, prévoient (notamment le principe 5) que, lorsque l'usage légitime de la force ou l'utilisation des armes à

Kinshasa et à Kisangani en 2005 (à la veille des élections de 2006) quand les politiciens congolais étaient à la quête du pouvoir. Pour R., tout est parti par la création dans différents quartiers des communes de Kinshasa et de Kisangani des gangs surnommés "Écuries" ».

137 HRW, *RD Congo : Une opération policière a conduit à la mort de 51 jeunes hommes et garçons*, *op.cit*, p. 1.

feu est inévitable, « les responsables de l'application des lois s'efforceront de ne causer que le minimum de dommages et d'atteintes à l'intégrité physique et de respecter et de préserver la vie humaine ». Et en vertu des dispositions spéciales, le principe 9 dispose que « les responsables de l'application des lois ne doivent pas faire usage d'armes à feu contre des personnes, sauf en cas de légitime défense ou pour défendre des tiers contre une menace imminente de mort ou de blessure grave, ou pour prévenir une infraction particulièrement grave mettant sérieusement en danger des vies humaines »[138].

Il est reconnu à l'État le droit et même l'obligation de mobiliser tous les moyens nécessaires pour décourager le choix de la « criminalité » comme réponse aux problèmes existentiels. Ces moyens doivent s'inscrire dans le respect des droits fondamentaux des individus. En outre, les ONG et les organisations internationales constatent que l'État s'est montré « négligent » dans la prise en charge effective de diverses situations sociales à la base de la violence des jeunes, qui auraient pu permettre de l'étouffer avant même qu'elle ne s'amplifie. Des acteurs politiques ont même entretenu cette violence à travers différentes manifestations, qui ont fini par donner sa lettre de noblesse à une violence mal contrôlée et difficilement maîtrisable. Ainsi, qu'en est-il des résultats de cette opération, dont le coût humain, du point de vue de la violation des droits fondamentaux (droit à la vie, à l'intégrité physique et à la sûreté de sa personne) a été surélevé ?

C. L'opération « *Likofi* » face à ses résultats : un vernis sur l'espace urbain

Les discours sur les résultats de l'opération « *Likofi* » divergent selon les acteurs. Le noyau dur de ces désaccords porte sur les effets visibles à court terme. Les objectifs de l'opération paraissent de ce fait être lus, d'abord, au nom de la spécialité de l'opération, puis, en termes de son efficacité manquée sur le moyen et le long termes. Il ne s'agit pas de balayer d'un revers de la main les effets pervers de cette opération.

---

138 Lire pour plus de détails le rapport du BCNUDH, *op. cit.*, p. 7.

a. Des résultats à la mesure de l'action, mais minorés

L'opération « *Likofi* » s'est déroulée officiellement pendant trois mois, soit du 15 novembre 2013 au 15 février 2014, quoiqu'une prolongation ait été enregistrée jusqu'au 25 février 2014. Il ressort des entretiens réalisés que cette période a enregistré une relative disparition du phénomène dans les rues de la ville de Kinshasa. Un policier relève, par exemple, que :

> « À Kingabwa, l'opération "*Likofi*" a eu une ampleur terrible : on a arrêté beaucoup de "*Kuluna*", beaucoup aussi ont été tués. Il y a eu du calme pendant un petit moment… avec les droits de l'homme les choses ont très vite changé… ».

De manière générale, pour les policiers, le rendement de l'opération a été positif. Aussi un commissaire de police déclare-t-il :

> « Par rapport à mon travail, c'est positif, la population a même souhaité que l'opération devienne une institution permanente. La police peut réussir à éradiquer ce phénomène, mais avec l'appui de la population, chacun, en ce qui le concerne, selon les couches [sociales] ».

Pour un de ses collègues :

> « Le "*kuluna*", pendant l'opération "*Likofi*", avait pris fin, tout était normal… tous ces jeunes avaient pris fuite, les quartiers étaient restés calmes et la population se réjouissait. Mais après l'opération, tous ceux qui avaient pris fuite sont revenus et le "*kuluna*" est revenu. Mais l'opération avait apporté la sécurité. À cet instant-ci, la population demande le retour de l'opération "*Likofi*"… ».

Pour la commune de Kisenso, l'évaluation de l'efficacité de l'opération « *Likofi* » est mitigée. Un commissaire de police a fait le constat suivant : « Juste après l'opération "*Likofi*", nous avons assisté à un calme total, mais à un certain moment, ledit phénomène a repris… ».

Trois séquences se dégagent des divers discours sur le résultat de cette intervention policière. L'avant, le pendant et l'après sont mobilisés comme des agrégats d'analyse de la situation de la violence dans la ville de Kinshasa, dont le centre est constitué par l'opération « *Likofi* ». L'appréciation de cette opération peut se résumer sommairement comme suit : « avant pas bon », « pendant bon », « après pas bon » ; les résultats étant intimement liés au temps de son déploiement. La question reste alors de comprendre comment les officiels, notamment les policiers, expliquent-ils la non-pérennité des effets de cette opération ? Présentée comme le coup de grâce porté contre la violence des jeunes qualifiée de « *kuluna* », comment les Kinois pourraient-ils être définitivement délivrés de cette insécurité ? Pour les policiers qui légitiment l'opération, les effets momentanés de cette dernière auraient été interrompus par le discours tendant au respect des droits de l'homme. Aussi réclament-ils la reprise de cette opération en la rendant permanente.

Il convient toutefois d'observer, avant même d'examiner l'effet du discours relatif au respect des droits de l'homme sur cette opération, qu'y compris pendant le temps de l'opération, la cible (les « *Kuluna* ») n'a été que partiellement atteinte. En effet, dans une commune, on parle d'un échec de l'opération « *Likofi* » et, par ailleurs, il a été reconnu officiellement que le déclenchement de l'opération a provoqué un mouvement ou un déplacement des « *Kuluna* » vers d'autres quartiers ou d'autres milieux ; enfin, on relève également un déficit de moyens affectés à la réalisation de cette opération.

En effet, à la question de savoir comment s'est passée l'opération « *Likofi* » dans la commune de Kisenso, un policier déclare qu'il s'agit d'un échec :

> « Bon, l'opération "*Likofi*" dans la commune de Kisenso, c'était un échec, mais tous les "*Kuluna*" de Kisenso avaient fui. Bien avant l'opération "*Likofi*", nous les avons arrêtés, ils sont sortis [de la prison] après l'opération "*Likofi*", mais l'opération "*Likofi*" à Kisenso c'était un échec. (…) Par rapport à d'autres communes, on avait sérieusement arrêté des "*Kuluna*" et beaucoup aussi sont morts, mais à Kisenso vraiment, nous n'avions pas vu même un cadavre. Ceux qui ont été tués vers l'entrée de Kisenso, en venant de Matete, c'étaient des jeunes de Matete et non de Kisenso. Beaucoup étaient en prison, c'est maintenant qu'ils commencent à sortir et rentrent dans leurs activités pour terroriser et traumatiser la population ».

Ce policier fait savoir qu'à Kisenso, le « *kuluna* » a dépassé la deuxième phase et est entré dans sa troisième phase. Pour lui, en effet, la première phase du « *kuluna* » se réduisait aux affrontements entre jeunes rivaux des quartiers. La deuxième phase est celle où des jeunes s'associent et/ou logent dans une même maison à deux ou trois, puis s'organisent pour aller déranger les gens la nuit ou même la journée quand l'endroit est un peu isolé : ils ravissent des biens qu'un passant peut détenir sur lui, sous forme d'une extorsion ; ils vont vendre ce qu'ils ont ravi et se partagent l'argent. « *Nde forme ya mibale ya kuluna na commune ya Kisenso* (c'est cela la deuxième forme du "*kuluna*" dans la commune de Kisenso) », précise-t-il. Enfin, il décrit la troisième phase :

> « La troisième forme, celle qui se passe ces jours-ci, c'est le "*kuluna*" qui porte vraiment le nom de "*kuluna*", qu'on appelle en portugais, colonne, donc les gens en colonne : "*kuluna*". Donc vous verrez quinze personnes, munies des machettes, des barres de fer, avec lesquelles on détruit les maisons, des burins ; ils marchent en colonne de quinze. Ils ont leur objectif, soit ils vont dans la maison de *fulani*, quand ils arrivent dans cette maison, ils ne posent aucune question, ils entrent brusquement dans la maison ; ils opèrent même pendant trois minutes chez autrui, ils prennent des téléviseurs ou d'autres choses et ils s'en vont. Lorsqu'on appellera la police, c'est trop tard, ils sont partis, ils ont disparu. C'est maintenant organisé. C'est ça que nous sommes en train de vivre aujourd'hui, au moment où nous parlons. Mais ce sont des "*Kuluna*" qui n'utilisent pas encore des armes à feu, donc ils ont des armes blanches, des machettes, des métaux, pour déranger la population. Les autres ont commencé à porter des cagoules, ils s'en vont déranger, ils prennent de l'argent ».

Par ailleurs, dans sa lettre du 5 septembre 2014, le ministre de l'Intérieur, Sécurité, Décentralisation et Affaires coutumières avait reconnu officiellement qu'« au moment de l'opération, le filet de la police n'est tombé que sur une infime partie. La plupart de ces bandits ont fui vers les provinces du Bas-Congo, Bandundu et de l'Équateur ainsi qu'en République du Congo Brazzaville ». Certains jeunes rencontrés sur le terrain déclarent avoir fui leurs secteurs pendant l'opération « *Likofi* ». Lolo expose, en effet :

> « L'opération "*Likofi*"… nous tous, nous avons fui ! Il y a des amis qui sont allés à Brazzaville, d'autres sont allés chez les tantes, les oncles en

dehors du secteur, là où personne ne les connaissait, d'autres encore sont partis chez des amis… nous nous sommes dispersés. Nous avons seulement entendu qu'on a tué un tel ou un tel. Ils passaient très tard la nuit frapper aux portes des maisons des gens pour demander qu'on puisse sortir les "*Kuluna*"… Nous, nous avions déjà saisi le jeu… même si tu es pensionné, eux ça ne les regarde pas, l'essentiel est qu'ils te prennent. Ils vont t'amener où tu ne sais pas… surtout nous qui avions des photos à la police là-bas… Il fallait saisir le jeu, ce n'était pas les policiers que nous connaissons ! ».

À la question de savoir si on peut affirmer que cette opération a tout de même permis de finir avec le « *kuluna* » à Kingabwa, il répond en évaluant cette dernière comme suit :

« À Kingabwa, le "*kuluna*" n'était plus comme avant… Les jeunes commençaient à gagner un peu avec les mitrailles et ils ne faisaient plus le "torchon" ou le "*pustura*" comme c'était avant… Mais aujourd'hui encore, la *coop* de mitrailles commence à boiter… [C'est] toujours le Gouvernement. On nous dit que le Gouvernement a interdit les (choses) [affaires] de mitrailles, on ne sait pas comment… On ne comprend rien. Si les jeunes n'ont plus rien à faire, les choses vont rentrer un peu comme avant, même si on envoie mille opérations "*Likofi*". Les jeunes (*Yáya*) seront toujours là et ils chercheront toujours l'argent. L'opération "*Likofi*" a fait ce qu'elle pouvait faire… ce qu'on lui a demandé de faire. Nous autres ici, nous étions partis, nous sommes revenus… Si je reste comme ça, je sens que ça ne va pas, je n'ai rien, je tente à gauche, rien… je tente à droite, rien… qui sait peut-être que le "*diabo*" peut encore revenir, je diabolise les amis et nous faisons ce que nous pouvons faire… parce que là ça rate rarement, c'est ça… ».

Par ailleurs, certains policiers ont attribué la minorisation des résultats de l'opération « *Likofi* » à une faible affectation d'effectifs sur le terrain par rapport à l'étendue de la ville de Kinshasa et à l'ampleur du phénomène « *kuluna* ». Et l'accroissement d'effectifs impliquerait aussi une plus grande dotation des moyens matériels suffisants :

« Les moyens humains, on a les policiers. Les moyens matériels, on avait des *jeeps*, des armes, des cagoules, car vous savez très bien que pour une telle opération, on ne peut pas se faire identifier, mais tu vas rester avec cette population-là, si quelqu'un sait que c'est tel policier qui avait tué mon fils, mais tu vas fuir le quartier ! Mais quant aux moyens financiers, c'est l'autorité qui connaît. Ce que nous avons déploré lors de cette opération, ce qu'il y a eu insuffisance d'effectifs, c'est-à-dire proportionnellement à l'ampleur de l'opération et à sa couverture, les policiers n'étaient pas en un nombre suffisant. En plus, les moyens matériels mis en place ont été aussi insignifiants ».

b. Des maigres résultats brisés par les accusations de violation grave des droits humains

À la question de savoir comment peut-on expliquer le retour rapide de la violence des jeunes après l'opération « *Likofi* », censée y avoir mis définitivement fin, des officiers de police répondent de la manière suivante :

« C'est quand on a commencé à nous malmener avec les droits de l'homme qu'on s'est découragé, après cela [opération *"Likofi"*] je vous dis, le quartier avait recouvré son calme, il y avait la paix, la tranquillité. Au moment où nous vous parlons, le phénomène revient avec une vitesse de croisière, car ils [les jeunes] savent qu'on a interdit à la police de les abattre, alors nous policiers, nous sommes affaiblis, par peur d'être interpellés pour les droits de l'homme. Maintenant leur traitement est le même comme [les auteurs de] toutes les autres infractions, alors qu'il faut un traitement spécial pour ces gens-là, comme l'a fait l'opération *"Likofi"* ».

À en croire les divers discours policiers sur la résurgence de la violence des jeunes après l'opération, celle-ci aurait eu des effets beaucoup plus durables sans « l'acharnement » des organismes de défense des droits de l'homme, depuis l'international jusqu'au local, sur les autorités policières qui l'ont menée. Cette perception a eu une large audience au sein de la population, qui a vu revenir cette violence après une courte période d'accalmie.

En effet, les rapports sur cette opération publiés par certains organismes de défense des droits de l'homme, plus particulièrement le Bureau conjoint des Nations Unies pour les droits de l'homme et *Human Rights Wach*, ont mis en cause les autorités policières dans la ville de Kinshasa. Ils ont demandé la suspension de l'opération suite aux abus commis au cours de l'exécution de l'opération « *Likofi* », en attendant qu'une enquête indépendante fasse la vérité sur cette question. S'il est vrai qu'une telle suspension peut avoir modéré les allures très inquiétantes des exécutants et influer sur la légitimité et l'efficacité de l'opération policière, il semble tout à fait superfétatoire de croire que le retour au gallot de la violence des jeunes devrait essentiellement lui être imputable.

D'abord, toute répression est censée se faire en respectant les droits fondamentaux de la personne humaine. Même au plan le plus formel, l'application des règles du droit pénal de fond requiert le respect des règles de procédure pénale, qui organisent la répression étatique des actes criminels. Il devrait donc aller de soi que la police se préoccupe elle-même du respect des droits fondamentaux dans ses opérations, pour qu'elles soient suffisamment légitimes et efficaces et emportent l'adhésion de toute la population. Ensuite, c'est une véritable illusion de penser et même de croire qu'une action répressive quelconque peut avoir la prétention d'éradiquer des situations criminalisées ou un phénomène comme le « *kuluna* », qui plonge ses racines très profondément dans le contexte socio-économique très problématique dans lequel patauge la majorité des jeunes des quartiers populaires impliqués dans des actes de violence dans la ville de Kinshasa.

Toute action de ce type ne peut tout au plus que déplacer le problème soit dans le temps, d'où une certaine accalmie pendant une période donnée ; soit dans l'espace, en l'exportant là où le contrôle social est faible, sans ignorer la combinaison de ces deux facteurs. Prendre en compte ces dimensions permet de quitter une approche sensationnelle et émotive de la « recrudescence » de la violence urbaine des jeunes après l'opération « *Likofi* » et d'interroger les limites d'une action exclusivement répressive sur une situation problématique, qui nécessite une prise en charge complexe et holistique, notamment la place des jeunes citadins dans les politiques publiques émancipatrices, pourvu qu'elles existent. Ce qui n'est pas certain.

L'approche quasi sensationnelle et émotive n'a pas manqué de laisser des traces de fracture sociale non seulement entre une frange de la population favorable à la brutalité policière et les organisations de défense des droits humains, en présence d'une majorité silencieuse des victimes oubliées, mais aussi entre des jeunes mal socialisés ou mal gouvernés et les gouvernants. Le débat sur la légitimité et l'efficacité de l'opération « *Likofi* » ne devrait pas sauter son préalable : l'examen de sa légalité. C'est seulement en prenant en compte cette exigence de la légalité que le débat sur le travail policier pourrait contribuer à la préservation de l'État « de droit » dans l'intérêt de tous : gouvernants et gouvernés de tous les temps. C'est donc l'enjeu de la consolidation de la cohésion nationale et du droit de cité et à la cité de tous qui devrait être au centre d'un tel débat. Il y a lieu de se demander si l'opération « *Likofi* » méritait tout l'investissement et tout le coût humain et social consenti. Est-on certain que ces moyens matériels et financiers n'auraient pas pu servir à mettre en œuvre une opération préventive émancipatrice des jeunes des quartiers populaires impliqués dans la violence urbaine de « *kuluna* » ?

Conclusion

L'amplification d'une forme de violence urbaine dénommée « *kuluna* » impliquant des jeunes des quartiers populaires, particulièrement dans la ville de Kinshasa, au cours de ces dernières années, a donné lieu à une réaction tout aussi violente de la Police nationale congolaise à travers l'opération « *Likofi* », exécutée pour traquer les jeunes « *Kuluna* » afin d'y mettre fin aussi rapidement que définitivement. Cette opération policière a fait l'objet de nombreuses critiques, et il a été reproché aux éléments de la police d'avoir procédé à des exécutions extrajudiciaires et à des disparitions forcées des jeunes « *Kuluna* ». S'inscrivant dans cette actualité de la vie kinoise, la recherche s'est interrogée sur le sens de cette forme de violence urbaine des jeunes et d'une telle réaction policière, afin de contribuer à la réflexion sur les modalités de prise en charge de cette violence ainsi qu'au renforcement de l'État de droit en République Démocratique du Congo.

La violence urbaine des jeunes qualifiée de « *kuluna* », se réalise toujours en bande, articulant deux moments importants, qui ont décliné le processus de la production de cette forme de violence en milieu urbain. L'analyse du contexte de vie des jeunes avant leur intégration de la bande aussi bien au niveau familial que du quartier, a mis en évidence les divers éléments clefs déterminant l'intégration d'une bande des pairs. Ainsi, la précarité familiale, le rejet de la famille à la suite d'une accusation de sorcellerie, l'instabilité scolaire et socioprofessionnelle marquée par le manque d'emploi, l'enclavement des quartiers populaires où se développe cette violence, les agressions subies par les jeunes aussi bien de la part de ceux qui sont déjà dans la violence que des forces de l'ordre, constituent des situations d'inconfort social qui ont été analysées en une violence sociale génératrice de la violence physique des jeunes. Ces derniers se constituent en bande pour trouver des réponses à la misère (l'argent nécessaire à leur survie) ou réaliser leurs aspirations légitimes, notamment la reconnaissance sociale ou développer leur leadership.

L'obtention des moyens de survie par des actes de violence ou « à l'aide d'une machette la nuit » a amené certains jeunes à s'engager sur cette voie au sein d'une bande (écurie ou ceinture). Ainsi, les jeunes victimes de la précarité familiale en quête de survie mobilisent le « torchon » ou le « *pustura* » comme moyen d'obtenir de l'argent, au point d'en faire même un « boulot ». Parfois, c'est la quête de sécurité personnelle et du territoire (de leur quartier) ainsi que la quête de reconnaissance qui les amènent à mobiliser la violence, au départ du constat que « l'État ne fait rien » pour eux.

Devant un tel décor, la violence urbaine des jeunes qualifiée de « *kuluna* » révèle une crise profonde de la société congolaise, particulièrement en milieu urbain : une crise multidimensionnelle, marquée par l'accroissement de la pauvreté et de l'insécurité de vie ainsi que des attentes insatisfaites envers l'État. L'absence de réponse étatique sécurisante crée les conditions de recours, par davantage de jeunes de ces quartiers – confrontés aux tensions vitales – à la violence physique comme la seule ressource dont ils disposent pour ne pas disparaître, pour préserver une estime de soi, de sa famille et de son quartier.

En conséquence, l'examen du sens de cette violence relève la nécessité de la définition des politiques publiques pour le développement socio-économique des quartiers dans les villes congolaises. Il s'agit de renforcer la gouvernance locale au niveau des villes par la présence d'un État sécurisant à la base, dans les périphéries urbaines, au lieu d'une simple présence policière, fût-elle « de proximité ». Car, elle demeure inefficace pour assurer une véritable sécurité des biens et des personnes de façon holistique. Cette gouvernance locale ne devrait pas être l'exclusivité de l'État agissant uniquement par la police. Elle devrait impliquer les composantes pertinentes du corps social au niveau de chaque quartier de manière à définir les conditions d'émergence d'une nouvelle citoyenneté.

Après environ une décennie de lutte contre la criminalité urbaine, engagée par la police et la justice pénale, on constate la construction d'une représentation des jeunes concernés comme des personnes dangereuses, désignant la voie de la justice pénale comme l'unique voie de régulation de cette criminalité urbaine. De plus, la violence urbaine qualifiée de « *kuluna* » n'a pas été « éradiquée ». Bien au contraire, celle-ci semble s'être aggravée en prenant des proportions plus inquiétantes, non seulement dans l'espace urbain national, mais aussi dans la gravité des actes de violence enregistrés, impliquant aussi la défiance de l'autorité publique par les jeunes concernés.

L'opération « *Likofi* » n'a pas permis d'atteindre les résultats escomptés. Si les actes de violence ont connu une certaine morosité pendant l'opération, quelque temps après, ils ont repris de plus belle, appelant par ailleurs, une modalité de gestion populaire des actes de violence des jeunes « *Kuluna* », plus problématique, à savoir le lynchage ou le supplice du collier ; ce qui risque de laisser l'État totalement en dehors de la régulation de la violence urbaine des jeunes. Le Gouvernement a annoncé une nouvelle opération « d'envergure » (sic) de lutte contre la violence urbaine, au moment où se clôture cette recherche. Alors que l'opération « *Likofi* » se présente finalement comme une coûteuse opération de vernissage de l'espace public kinois.

On peut constater, à l'analyse, une certaine fracture dans la réponse étatique aux actes de violence urbaine des jeunes, entre l'instance policière et l'instance judiciaire, dont elle est censée pourtant dépendre dans la chaîne pénale. Le constat d'une telle fracture ne manque pas de soulever le problème de la (non)conformité des ordres reçus par les exécutants de l'opération « *Likofi* » à la mission de la police découlant de son mandat inscrit dans le devoir de l'État prescrit à l'article 16 de la Constitution du 18 février 2006 de la République Démocratique du Congo, à savoir « respecter et protéger la personne humaine ». Cette fracture génère une certaine méfiance vis-à-vis de l'autorité étatique et est susceptible de briser la cohésion nationale, y compris même au sein de l'institution policière.

À ce jour, le « *kuluna* » porte toute la charge de toute forme de violence enregistrée dans plusieurs villes congolaises. Elle devient un des emblèmes du malaise social congolais, comme en témoignent les expressions de « *Kuluna en cravate* » ou « *Kuluna en tenue* », en référence aux pratiques de gouvernance dans les (hautes) sphères étatiques.

Ainsi, le couple « violence urbaine des jeunes et réaction policière violente à travers l'opération "*Likofi*" » traduit une double fracture sociale entre la base et le sommet de la société congolaise (entre gouvernants et gouvernés), fracture en œuvre au niveau des quartiers populaires des villes congolaises, et particulièrement dans la ville province de Kinshasa. En effet, d'une part, la violence physique des jeunes traduit la première fracture en tant qu'une réponse à une violence sociale ou institutionnelle résultant de l'accroissement de l'insécurité de vie dans les quartiers populaires de Kinshasa. Les bandes de jeunes semblent canaliser les aspirations légitimes des habitants de ces quartiers à la sécurité de vie, à une véritable citoyenneté. En assurant la défense de leurs quartiers « délaissés », les jeunes tentent de les reconstruire au niveau microsociétal en mobilisant la seule ressource qui leur est disponible : leur force physique. Le quartier apparaît alors comme tout ce qui leur reste pour donner du sens à leur existence, tant les perspectives valorisantes futures sont nulles pour chacun d'eux.

D'autre part, la réaction policière violente contre cette violence physique des jeunes, notamment l'opération « *Likofi* », traduit la seconde fracture sociale entre gouvernants et gouvernés, aggravant ainsi la première fracture, en ce qu'elle a brisé un des piliers du pacte social scellé par la Constitution du 18 février 2006 et approuvé au référendum populaire, à travers les accusations persistantes de violation grave des droits fondamentaux des jeunes impliqués dans des actes de violence urbaine de « *kuluna* » par ceux-là mêmes qui ont mission de garantir et de protéger ces droits en vertu de l'article 16 de ladite Constitution.

Ce constat rend nécessaire et même urgente l'élaboration des politiques publiques courageuses pour le désenclavement des quartiers populaires de la périphérie de la ville de Kinshasa. Ces politiques publiques devraient apporter des réponses plus adéquates aux véritables problèmes de précarité matérielle des familles, de création d'emplois pour les jeunes et de formation professionnelle en vue d'intégrer ces quartiers populaires dans la dynamique d'ensemble de la ville. Elles permettront de resserrer le lien citoyen et de réaffirmer le droit de cité et à la cité des jeunes de ces quartiers populaires. En même temps, elles donneront une autre image de l'État dans des quartiers populaires non seulement comme une instance de répression, mais surtout comme une instance de promotion des droits sociaux et économiques de ses citoyens « mal gouvernés ».

Bibliographie

Albarello, L. (2012), *Apprendre à chercher*, 2e éd., Bruxelles, De Boeck.

Amblard, H. *et al.* (2005), *Les nouvelles approches sociologiques des organisations*, Paris, Seuil.

Badiane, A., Vandershueren, F. (1995), « Pauvreté urbaine et justice sociale », A. Badiane *et al.*, *Pauvreté urbaine et accès à la justice en Afrique. Impasse et perspective*, Paris, L'Harmattan.

Bajoit, G., Franssen, A. (1995), *Les jeunes dans la compétition culturelle*, Paris, Presses universitaires de France.

Baratta, A. (1999), « Droits de l'homme et politique criminelle », *Déviance et société*, vol. XXIII, n° 3, pp. 239-256.

Bayart, J.-F., Ellis, S., Hibou, B. (1997), *La criminalisation de l'État en Afrique*, Bruxelles, Complexe.

Bazomba Bitenda, Th. (2013), *La transformation des actes de violence des jeunes en milieu urbain*, Mémoire de Licence, Kinshasa, Faculté de droit, Université de Kinshasa.

BCNUDH (2014), *Rapport du bureau conjoint des Nations Unies aux droits de l'homme sur les violations des droits de l'homme commises par des agents de la police nationale congolaise dans le cadre de l'opération* « Likofi » *à Kinshasa entre le 15 novembre 2013 et le 15 février 2014*, Kinshasa.

Beaud, S., Weber, F. (1997), *Guide de l'enquête de terrain*, Paris, La Découverte.

Becker, H.S (1985), *Outsiders. Études de sociologie de la déviance*, traduction française, Paris, Métailié.

BECKER, H.S. (2002), *Les ficelles du métier. Comment conduire sa recherche en sciences sociales*, Paris, La Découverte.

BELMESSOUS, H. (2010), *Opération banlieues. Comment l'État prépare la guerre urbaine dans les cités françaises*, Paris, La Découverte.

BIZEUL, D. (1998), « Le récit des conditions d'enquête : exploiter l'information en connaissance de cause », *Revue française de sociologie*, XXXIX-4, pp. 751-787.

BLANCHET, A., GOTMAN, A. (2012), *L'enquête et ses méthodes : l'entretien*, 2e éd., Paris, Armand Colin.

BOUDON, R., BOURRICAUD, F. (2011), *Dictionnaire critique de la sociologie*, 7e éd., Paris, Presses universitaires de France.

BUNGU MUSOY, B. (2012), *Justice pénale et gestion de la violence urbaine des jeunes : travail de la police judiciaire*, Mémoire de DES, Kinshasa, Faculté de droit, Université de Kinshasa.

CARTUYVELS, Y. (2004), « Les jeunes et la déviance : entre figure de la menace et population insécurisée », H.-D. BOSLY *et al.*, *Réaction sociale à la délinquance juvénile. Questions critiques et enjeux d'une réforme*, Bruxelles, La Charte, pp. 55-68.

CASADAMONT, G., PONCELA, P. (2004), *Il n'y a pas de peine juste*, Paris, Odile Jacob.

COULON, A. (1996), « Interactionnisme symbolique », A. MUCCHIELLI (dir.), *Dictionnaire des méthodes qualitatives en sciences humaines et sociales*, Paris, Armand Colin/Masson, pp.107-108.

COULON, A. (2012), *L'école de Chicago*, Paris, Presses universitaires de France, coll. « Que sais-je ? ».

COURATIER, C., MIQUEL, Ch. (2007), *Les études qualitatives : théorie, applications, méthodologie, pratique*, Paris, L'Harmattan.

DE BOECK, F. (2004), « Être *shege* à Kinshasa : les enfants, la rue et le monde occulte », Th. TREFON (dir.), *Ordre et désordre à Kinshasa. Réponse populaire à la faillite de l'État*, Paris, L'Harmattan, pp. 173-191.

DE BOECK, F., PLISSART, Fr. (2005), *Kinshasa : récit de la ville invisible*, Bruxelles, Renaissance du Livre.

DE HERDT, T. (2004), « Ménages cachés, mères célibataires et *cibalabala* : déclin économique et évolution de la composition des ménages à Kinshasa », Th. TREFON (dir.), *Ordre et désordre à Kinshasa. Réponse populaire à la faillite de l'État*, Paris, L'Harmattan, pp. 155-171.

DEBUYST, Ch. (1990), « Présentation et justification du thème », *Acteur social et délinquance. Une grille de lecture du système de justice pénale. En hommage au professeur Christian DEBUYST*, Bruxelles, Mardaga, pp. 21-33.

DEBUYST, Ch. (1998), « Autour de la notion de comportement problématique », Y. CARTUYVELS, Fr. DIGNEFFE, A. PIRES, Ph. ROBERT (dir.), *Politique, police et justice au bord du futur. Mélanges pour et avec Lode Van Outrive*, Paris, Montréal, L'Harmattan, coll. « Logiques sociales », série « Déviance », pp. 69-80.

DEBUYST, Ch. (2002), « La délinquance comme interaction », L. MUCCHIELLI, Ph. ROBERT (dir.), *Crime et sécurité. L'état des savoirs*, Paris, La Découverte, pp. 139-147.

DEBUYST, Ch. (2004), « La notion d'acteur social considéré comme structure "légère" face aux structures sociales "lourdes" », D. KAMINSKI, M. KOKOREFF (éd.), *Sociologie pénale : système et expérience. Pour Claude Faugeron*, Toulouse, Érès, pp. 67-82.

DEBUYST, Ch., DIGNEFFE, Fr., LABADIE, J.-M., PIRES, A. P. (1995), *Histoire des savoirs sur le crime et la peine, 1. Des savoirs diffus à la notion de criminel-né*, Montréal, Ottawa, Bruxelles, Les presses universitaires de Montréal, Les presses universitaires d'Ottawa, De Boeck Université.

DEBUYST, Ch., DIGNEFFE, Fr., LABADIE, J.-M., PIRES, A. P. (1998), *Histoire des savoirs sur le crime et la peine, 2. La rationalité pénale et la naissance de la criminologie*, Montréal, Ottawa, Bruxelles, Les presses universitaires de Montréal, Les presses universitaires d'Ottawa, De Boeck Université.

DELAS, J.-P., MILLY, B. (2005), *Histoire des pensées sociologiques*, 2e éd., Paris, Dalloz.

DELCROIX, C. (2010), *Éducation(s) et réseaux de sociabilité. Parcours de jeunes en difficulté*, Paris, PETRA.

DESLAURIER, J.-P., KERISIT, M. (1997), « Le devis de la recherche qualitative », POUPART, DESLAURIERS, GROULX, LAPERRIÈRE, MAYER, PIRES, *La recherche qualitative. Enjeux épistémologiques et méthodologiques*, Montréal, Gaëtan Morin, pp. 85-112.

DE VILLERS, G. (dir.), (2002), *Manières de vivre. Économie de la « débrouille » dans les villes du Congo/Zaïre*, Paris, Tervuren, L'Harmattan, Institut africain – CEDAF, Cahier africain, n° 49-50.

DEVISCH, R. (1998), « La violence à Kinshasa, ou l'institution du négatif », *Cahiers d'études africaines*, 150-152 ; pp. 441-469.

DIGNEFFE, Fr. (1989), *Éthique et délinquance : la délinquance comme gestion de sa vie*, Genève, Médecine et Hygiène.

DIGNEFFE, Fr. (1989), « Conduites déviantes, identité et valeur. La perspective de É. De Greef », *Déviance et société*, vol. XIII, n° 3, pp. 181-198.

DIGNEFFE, Fr., KAUMBA LUFUNDA (dir.), (2008), *Criminologie et droits humains en République Démocratique du Congo*, Bruxelles, Larcier.

DUBET, F. (1987), *La galère : jeunes en survie*, Paris, Fayard.

DUBET, C. (1990), « Socialisation des acteurs et sujet social », *Acteur social et délinquance. Une grille de lecture du système de justice pénale. En hommage au professeur Christian DEBUYST*, Bruxelles, Mardaga, pp. 55-79.

ENGUÉLÉGUÉLÉ, St. (2010), *Justice, politique pénale et tolérance zéro*, Paris, L'Harmattan.

FOESSEL, M. (2010), *État de vigilance. Critique de la banalité sécuritaire*, Paris, Le bord de l'eau.

FUAMBA DIENTEL, G. (2013), *L'évaluation de la réaction de la police face à la violence*, Mémoire de Licence, Kinshasa, Faculté de droit, Université de Kinshasa.

GERVAIS-LAMBONY, Ph. (1994), *De Lomé à Harare : le fait citadin. Images et pratiques des villes africaines*, Paris, Nairobi, Karthala, Ifra.

GOFFMAN, E. (1975), *Stigmates*, Paris, Minuit.

GONDOLA, Ch. D. (2009), « Tropical Cowboys : Westerns, Violence, and Masculinity among the Young Bills of Kinshasa », *Afrique & histoire,* 2009/1, vol. VII, pp.75-98.

GOYETTE, C., PONTBRIAND, A., BELLOT, C. (2011), *Les transitions à la vie adulte des jeunes en difficulté : concepts, figures et pratiques*, Québec, Presses universitaires du Québec.

GROENEMEYER, A. (2006), « Précarité et violence. Une question de culture ? », R. LEVY, L. MUCCHIELLI, R. ZAUBERMAN (dir.), *Crime et insécurité : un demi-siècle de bouleversements. Mélange avec et pour Philippe Robert*, Paris, L'Harmattan, pp. 147-170.

GUÉGUEN, H., MALOCHET, G. (2014), *Les théories de la reconnaissance*, Paris, La Découverte.

GUITTET, A., (1983), *L'entretien*, Paris, Armand Colin.

HEILMANN, É. (2012), *Parlons sécurité en 30 questions*, Paris, La documentation française.

HIERNAUX, J.-P. (1995), « Analyse structurale de contenus et modèles culturels. Application à des matériaux volumineux », L. ALBARELLO *et al.*, *Pratiques et méthodes de recherche en sciences sociales*, Paris, Armand Colin, pp. 111-144.

HUMAN RIGHTS WATCH, RD Congo : *Une opération policière a conduit à la mort de 51 jeunes hommes et garçons*, http://www.hrw.org/fr/drc, document pour publication immédiate, téléchargé le 5 août 2015.

KAMANDA NDOMBE, F. (2014), *La mise en œuvre de l'opération « Likofi » face au phénomène kuluna à Kinshasa*, Mémoire de Licence, Kinshasa, Faculté de droit, Université de Kinshasa.

KAMENA MUKAZO, R. (2007), *La sorcellerie des enfants dans la ville de Lubumbashi. Une forme de gestion de problèmes familiaux*, Mémoire de DEA, Lubumbashi, École de criminologie, Université de Lubumbashi.

KANYAMA CISHIKU, C. (2016), *La police et la gestion de la violence des jeunes à Kinshasa : Cas du phénomène «* kuluna *» de 2009-2012*, Mémoire de DES, Faculté de Droit, Kinshasa, Université de Kinshasa.

KASEYA MPIANA, G. (2013), *La persistance des actes de violence des jeunes dans la ville de Kinshasa*, Mémoire de Licence, Kinshasa, Faculté de droit, Université de Kinshasa.

KAYEMBE TSHIBANGU, G. (2014), *Les actes de violence des jeunes et leur signification*, Travail de fin de cycle, Kinshasa, Faculté de droit, Université de Kinshasa.

KAUMBA LUFUNDA, P. (2012), *Cartographie des gangs des jeunes dans la ville de Kinshasa*, Kinshasa, FKA-PNC.

KELLERHALS, J. *et al.* (2000), « Lien et identité dans les familles contemporaines : entre nomadisme et sédentarité », O. AMIGUET, C. R. JULIER (dir.), *Créer des liens. Les pratiques systémiques dans le travail social face à l'exclusion*, Genève, Éditions IES, pp. 95-115.

KIENGE-KIENGE INTUDI, R. (2006), « Les ambigüités de la réaction sociale à la délinquance des jeunes au Congo », S. BULA-BULA (dir.), *Pour l'épanouissement de la pensée juridique congolaise. Liber amicorum Marcel Antoine Lihau*, Kinshasa, Bruxelles, Presses de l'Université de Kinshasa, Bruylant, pp. 459-504.

KIENGE-KIENGE INTUDI, R. (2011), *Le contrôle policier de la « délinquance » des jeunes à Kinshasa : une approche ethnographique en criminologie*, Louvain-la-Neuve, Kinshasa, Académia-Bruylant, Kazi.

KIENGE-KIENGE INTUDI, R. (2012), « La gestion des problèmes des jeunes en milieu urbain du Congo belge (1950) à la République Démocratique du Congo (2009) », O. NDESHYO RURIHOSE (dir.), *La République Démocratique du Congo : les défis récurrents des colonisations, de l'État de droit et du développement économique et social. Mélanges Célestin Nguyandila*, Kinshasa, CEDESURK, pp. 859-902.

KIENGE-KIENGE INTUDI, R. (2014), « La justice pénale et la gestion urbaine de la violence des jeunes en contexte de porosité frontalière en Afrique centrale (République Démocratique du Congo – République d'Angola-République du Congo), *Revue internationale de criminologie et de police technique et scientifique*, vol. LXVII, n° 3, pp. 260-282.

KIENGE-KIENGE INTUDI, BUNGU MUSOY, MALANDA MVIBIDULU (2013), *Pauvreté des jeunes et violence urbaine*, Rapport de recherche, Kinshasa, Université de Kinshasa.

LE BRETON, D., MARCELLI, D. (dir.) (2010), *Dictionnaire de l'adolescence et de la jeunesse*, Paris, Presses universitaires de France.

LE REST, P. (2011), *Banlieue sud et le 17e printemps. Ethnographie d'un parcours adolescent*, tome II, Paris, L'Harmattan.

LEGROS, M. (2003), « Pauvreté, précarité, exclusion : le diagnostic change, le mal reste : Combattre la pauvreté », *Sociétal* A., n° 39, Éditeur SERPE, pp. 63-68.

LELO NZUZI, Fr., TSHIMANGE MBUYI, Cl. (2004), *Pauvreté urbaine à Kinshasa*, La Haye, Cordaid.

LEPOUTRE, D. (1997), *Cœur de banlieue : codes, rites et langages*, Paris, Odile Jacob.

LÉVI, R., MUCCHIELLI, L., ZAUBERMAN, R. (2006), *Crime et insécurité : un demi-siècle de bouleversement. Mélanges pour et avec Philippe Robert*, Paris, L'Harmattan.

LIWERANT, S. (2009), *Crimes sans tabou. Les meurtres collectifs en jugement*, Bruxelles, Bruylant.

LOUBET DEL BAYLE, J.-L. (2006), *Police et politique. Une approche sociologique*, Paris, L'Harmattan.

LUKANU TEMBO, G. (2014), *L'évaluation de l'opération « Likofi »*, Travail de fin de cycle, Kinshasa, Faculté de droit, Université de Kinshasa.

MABIZA NSAMBU (2014), *Le devenir des jeunes « Kuluna » après l'opération « Likofi »*, Mémoire de Licence, Kinshasa, Faculté de droit, Université de Kinshasa.

MAFFESOLI, M. (1988), *Le temps des tribus. Le déclin de l'individualisme dans la société de masse*, Paris, Méridiens-Klincksieck.

MARCHETTI, A.-M. (1997), *Pauvretés en prison*, Paris, Érès.

MATIA, L. (2013), *La violence des jeunes dans la commune de Ngaba. Cas de l'écurie Bolafa*, Travail de fin de cycle, Kinshasa, Faculté de droit, Université de Kinshasa.

Marwan, M. (2009), « Les affrontements entre bandes : virilité, honneur et réputation », *Déviance et société*, vol. XXXIII, n° 2, pp. 173-203.

Marwan, M. (2011), *La formation des bandes. Entre la famille, la rue, l'école et la rue*, Paris, 1re éd., Presses universitaires de France.

Mazianda Lusambo, O. (2013), *La tolérance zéro : autopsie d'une « politique criminelle » du modèle congolais*, Mémoire de Licence, Kinshasa, Faculté de droit, Université de Kinshasa.

Mbonda, E.-M. (2004), « La pauvreté comme violation des droits humains : Vers un droit à la non-pauvreté », *Revue internationale des sciences sociales*, n° 180, pp. 309-321.

Mead, G.-H. (1963), *L'esprit, le soi et la société*, Paris, Presses universitaires de France.

Messu, M. (2008), « Parcours de vie, assistance sociale et identité », D. Vrancken, L. Thomsin (dir.), *Le social à l'épreuve des parcours de vie*, Louvain-la-Neuve, Academia-Bruylant.

Mesure, S., Savidan, P. (dir.), (2006), *Le dictionnaire des sciences humaines*, Paris, Presses universitaires de France.

Meyer, M. (dir.), (2012), *Médiatiser la police. Policer les médias*, Lausanne, Antipodes.

Miles, M. B., Huberman, A. M. (2003), *Analyse des données qualitatives*, 2e éd., Bruxelles, De Boeck.

Monjardet, D. (1996), *Ce que fait la police. Sociologie de la force publique*, Paris, La Découverte.

Molina, A. M. (2013), « Comprender la sociedad estadounidense desde la persectiva europea », *Neuvas tendencias*, n° 91, pp. 72-79.

Mubiala Katala, A. (2007), *L'appréhension de la pauvreté par les citadins de la République Démocratique du Congo*, Rapport de recherche n° 6, Kinshasa, ODHS, Presses de l'Université de Kinshasa.

Mucchielli, A. (dir), (2004), *Dictionnaire des méthodes qualitatives en sciences humaines*, 2e éd., Paris, Armand Colin.

Mucchielli, L., Robert, Ph. (dir.), (2002), *Crime et insécurité : l'état des savoirs*, Paris, La Découverte.

Mulumbwa Mutambwa, G. (2007), « Construction de l'identité *Shegue* auprès des enfants de la rue du Katanga », B. Rubbers (dir.), *Enfance et lien social au Katanga*, UNILU-UL-ULB, OCH, pp. 56-70.

Munkana Muke, P. (2012), *Le traitement pénal des jeunes « Kuluna »*, Mémoire de Licence, Kinshasa, Faculté de droit, Université de Kinshasa.

Nagels, C. (2005), *Jeunes et violence. Une rencontre programmée par la crise de solidarité. Analyse du discours de la Chambre des représentants de Belgique (1981-1999)*, Bruxelles, Bruylant.

Nkuzini Lankiek¸ R. (2013), *Structuration des groupes des jeunes « Kuluna » dans la ville de Kinshasa : cas de l'écurie câble noir*, Mémoire de Licence, Kinshasa, Faculté de Droit, Université de Kinshasa.

Nzeza Bilakila, A. (2004), « La "coop" à Kinshasa : Survie et marchandage », Th. Trefon, (dir.), *Ordre et désordre à Kinshasa. Réponse populaire à la faillite de l'État*, Paris, L'Harmattan, pp. 33-46.

Ogien, A., Laugier, S. (2011), *Pourquoi désobéir en démocratie ?*, Paris, La Découverte.

Olivier De Sardan, J.-P. (2008), *La rigueur du qualitatif. Les contraintes empiriques de l'interprétation socio-anthropologique*, Louvain-la-Neuve, Academia-Bruylant.

Pinçon, M., Pinçon-Charlot, M. (2000), « La ville des sociologues », Th. Paquot, M. Lussault, S. Body-Gendrot, *La ville et l'urbain, l'état des savoirs*, Paris, La Découverte, pp. 53-61.

Pires, A. P. (1995), « La criminologie d'hier et d'aujourd'hui », Ch. Debuyst, Fr. Digneffe, J.-M. Labadie, A. P. Pires, *Histoire des savoirs sur le crime et la peine, 1. Des savoirs diffus à la notion de criminel-né*, Montréal, Ottawa, Bruxelles, Les presses universitaires de Montréal, Les presses universitaires d'Ottawa, De Boeck Université, pp. 13-67.

Pires, A. P. (1997), « Échantillonnage et recherche qualitative : essai théorique et méthodologique », Poupart, Deslauriers, Groulx, Laperrière, Mayer, Pires, *La recherche qualitative. Enjeux épistémologiques et méthodologiques*, Montréal, Gaëtan Morin, pp. 113-169.

RÉMY, J., RUQUOY, D. (dir.) (1995), *Méthodes d'analyse de contenu et sociologie*, Bruxelles, Facultés universitaires Saint-Louis.

RITIA-ARMENGOL, D., VICENTE-BRION, C. (dir.), (2011), *L'enfance : un trouble à l'ordre public ?*, Toulouse, Érès.

ROBERT, Ph. (dir.), (1991), *Les politiques de prévention de la délinquance à l'aune de la recherche*, Paris, L'Harmattan.

SACE, J., VAN DERVOST, P. (dir.), (1989), *Jeunesse et jeunes délinquants*, Bruxelles, Bruylant.

SAÏBOU, I., MANGMADI, N. (2009), « Banditisme et contestation de l'ordre allogène au Nord-Cameroun », *Afrique & histoire*, 2009/1, vol. VII, pp. 99-118.

SAUVADET, Th. (2006), *Jeunes dangereux et jeunes en danger*, Paris, Dilecta.

SAVOIE-ZAJC, L. (1996), « Saturation », A. MUCCHIELLI (dir.), *Dictionnaire des méthodes qualitatives en sciences humaines et sociales*, Paris, Armand Colin/Masson, pp. 204-205.

SCHAUT, Ch. (1998), *Espace, relation et nouveaux dispositifs socio-pénaux*, Bruxelles, C.E.S.

SEN, A. (2000), *Repenser l'inégalité*, Paris, Seuil.

STEBE, J.-M., MARCHAL, H. (2010), *Sociologie urbaine*, Paris, Armand Colin.

THIBON Ch. (2009), « L'état et l'invention des délinquances : Europe-Afrique, réflexions comparatives », *Afrique & histoire*, 2009/1, vol. VII, pp. 119-129.

TOURAINE, A. (1984), *Le retour de l'acteur*, Paris, Fayard.

TRUTZ VON TROTHA (2006), « L'"effet papillon" ou la prévisibilité restreinte de l'action sociale », R. LÉVY, L. MUCCHIELLI, R. ZAUBERMAN, *Crime et insécurité : un demi-siècle de bouleversement. Mélanges pour et avec Philippe Robert*, Paris, L'Harmattan, pp. 173-184.

TULKENS, Fr. (2008), « Criminologie et droits humains. Une rencontre indispensable », Fr. DIGNEFFE, KAUMBA LUFUNDA (dir.), *Criminologie et droits humains en République Démocratique du Congo*, Bruxelles, Larcier.

Van Campenhoudt, L. (2011), *Introduction à l'analyse des phénomènes sociaux*, Paris, Dunod.

Van de Kerchove, M. (2009), *Sens et non-sens de la peine : entre mythe et mystification*, Bruxelles, Facultés universitaires Saint-Louis.

Walgrave, L. (1992), *Délinquance systématisée des jeunes et vulnérabilité sociétale*, Genève, Éditions Médecine et Hygiène.

Wieviorka, M. (2006), « Violence », S. Mesure, P. Savidan (dir.), *Le dictionnaire des sciences humaines*, Paris, Presses universitaires de France, pp. 1222-1224.

Table des matières

Achevé d'imprimer par Corlet Numérique - 14110 Condé-sur-Noireau
N° d'Imprimeur : 137192 - Dépôt légal : mars 2017 - *Imprimé en France*

www.ingramcontent.com/pod-product-compliance
Lightning Source LLC
LaVergne TN
LVHW010915051026
849532LV00003B/701